A BRUXA METAPSICOLOGIA
E SEUS DESTINOS

Blucher

A BRUXA

METAPSICOLOGIA E SEUS DESTINOS

Leopoldo Fulgencio (Org.)

Richard Simanke

Antonio Imbasciati

Martine Girard

A bruxa metapsicologia e seus destinos
© 2018 Leopoldo Fulgencio (organizador), Richard Simanke,
Antonio Imbasciati, Martine Girard
Editora Edgard Blücher Ltda.

Imagem da capa: iStockphoto

Blucher

Rua Pedroso Alvarenga, 1245, 4º andar
04531-934 – São Paulo – SP – Brasil
Tel.: 55 11 3078-5366
contato@blucher.com.br
www.blucher.com.br

Segundo o Novo Acordo Ortográfico, conforme
5. ed. do *Vocabulário Ortográfico da Língua
Portuguesa*, Academia Brasileira de Letras,
março de 2009.

É proibida a reprodução total ou parcial por
quaisquer meios sem autorização escrita da
editora.

Todos os direitos reservados pela Editora Edgard
Blücher Ltda.

Dados Internacionais de Catalogação
na Publicação (CIP)
Angélica Ilacqua CRB-8/7057

A bruxa metapsicologia e seus destinos / Richard
Simanke, Antonio Imbasciati, Martine Girard ;
organizado por Leopoldo Fulgencio. – São Paulo :
Blucher, 2018.

358 p.

Bibliografia
ISBN 978-85-212-1326-0 (impresso)
ISBN 978-85-212-1327-7 (e-book)

1. Psicanálise 2. Metapsicologia I. Título. II.
Girard, Martine. III. Imbasciati, Antonio. IV. Fulgencio, Leopoldo.

18-0759   CDD 150.1952

Índice para catálogo sistemático:
1. Metapsicologia

*Para Leandro e Leusa, que tornaram possível,
com afeto e inteligência, a produção de mim mesmo.*

Leopoldo Fulgencio

Sem especular nem teorizar – por pouco eu iria dizer fantasiar – metapsicologicamente, não se avança aqui um passo sequer.

Freud, *Análise com fim e sem fim*, 1937c

Estou tentando descobrir por que é que tenho uma suspeita tão profunda com esses termos [metapsicológicos]. Será que é porque eles podem fornecer uma aparência de compreensão onde tal compreensão não existe? Ou será que é por causa de algo dentro de mim? Pode ser, é claro, que sejam as duas coisas.

Carta de Winnicott para Anna Freud, 1954

Agradecimentos

A Ruth, Mario e Ana, Mario e Tânia, Fábio e Flavia, Pedro Goldstein e Ana, Pedro Humberg, Mari, Laura, Rodrigo, que tecem e animam os acontecimentos que regulam os dias e os anos. Com vocês tenho tido estímulo, conforto, alegria e segurança para o meu desenvolvimento. Em especial a meu cunhado e amigo Mario Humberg, a quem recorro inúmeras vezes.

Ao CNPq e à Fapesp, pelo apoio que têm dado à minha vida acadêmica, seja no financiamento de minhas pesquisas, seja no apoio a outras iniciativas, como a realização de eventos científicos e publicações.

Às revistas e editoras que gentilmente autorizaram a republicação dos textos que compõem este livro e que foram, originalmente, artigos nelas publicados.

À tradutora de Martine Girard, Margarita Lamelo Cacuro, que me acompanha já há alguns anos nesses trabalhos de tradução, obrigado pelo cuidado competente e pela amizade.

A Karem Cainelli, tradutora dos textos de Antonio Imbasciati, que gentilmente se ofereceu para cuidar desses textos.

A meus alunos Marcos Fontoni, Aline de Lima Piña e Thiago Gomes Marques, que me auxiliaram com as referências bibliográficas.

Leopoldo Fulgencio

A origem deste livro

Este livro é o resultado de pesquisas que vêm sendo realizadas há muitos anos pelos seus autores, dedicados não só à história e à epistemologia da psicanálise, mas também à existência desta no mundo atual das práticas de cuidados que ela possibilita realizar, bem como na articulação da psicanálise com o desenvolvimento das ciências no século XX e no início do século XXI.

Uma parte significativa dos textos apresentados aqui corresponde a um diálogo com as propostas de Fulgencio, em sua enunciação do que é a metapsicologia, sua natureza, suas funções, seus modos de realização em Freud, em Winnicott e na história da psicanálise. De seu livro *O método especulativo em Freud* (2008) surgiu a primeira versão do texto de Simanke, "Realismo e anti-realismo na interpretação da metapsicologia freudiana" (originalmente apresentado como conferência para o lançamento do livro de Fulgencio). O início do diálogo de Fulgencio com Imbasciati se deu a partir da publicação, no *International Journal of Psychoanalysis* (IJP), de "Freud's metapsychological speculations" (2005), e desde então eles têm aprofundado este contato, discutindo sobre

12 A ORIGEM DESTE LIVRO

a natureza e o destino da metapsicologia na psicanálise. Foi também nessa direção que se desenvolveu a publicação de uma série de artigos no IJP, com divergências e convergências na análise do lugar da meatapsicologia na obra de Winnicott, entre Fulgencio (2007, 2015) e Girard (2010, 2017).

Conteúdo

Prefácio   15
  Elias Mallet da Rocha Barros

Introdução   23
  Leopoldo Fulgencio

1. As especulações metapsicológicas de Freud   33
  Leopoldo Fulgencio

2. Realismo e antirrealismo na interpretação da
  metapsicologia freudiana   75
  Richard Simanke

3. O significado da metapsicologia como instrumento para
  "explicar"   139
  Antonio Imbasciati

14   CONTEÚDO

4. Em direção a novas metapsicologias   161
Antonio Imbasciati

5. Winnicott e a rejeição dos conceitos básicos da
metapsicologia freudiana   181
Leopoldo Fulgencio

6. Winnicott fundamenta os conceitos básicos da
metapsicologia freudiana?   201
Martine Girard

7. Discussão do lugar da metapsicologia na obra de
Winnicott   239
Leopoldo Fulgencio

8. O precoce e o profundo: dois paradigmas independentes   279
Martine Girard

Referências   321

Prefácio

Elias Mallet da Rocha Barros

Ao ser convidado para fazer o prefácio do livro desses quatro autores brilhantes, fiquei assustado. Embora sempre tenha me interessado por esta área que chamamos de metapsicologia, nunca havia parado para refletir sobre o seu grau de importância; nunca havia me colocado a questão de julgá-la como necessária, única ou variada; nunca havia me perguntado se ela, de alguma maneira, prejudicava a existência de uma pluralidade de perspectivas, potencialmente úteis ou não.

Já posso indicar aqui um dos aspectos positivos deste livro: ele instalou a dúvida, o questionamento e a crítica em meu espírito. Isto é o que os livros bons fazem: estimulam o pensamento, instalam questões em nós. Minha tranquilidade agora não mais será baseada em certezas, mas em dúvidas, em forma de questionamentos, uma posição muito mais madura, portanto.

Autores tornam-se únicos não pelas respostas que dão, mas pelas perguntas que engendram, algumas das quais nunca mais poderão ser esquecidas. Está aqui o mérito desse livro. Fulgencio,

16   PREFÁCIO

Simanke, Imbasciati e Girard serão lembrados pela inquietação que instalaram no espírito dos analistas.

A metapsicologia sempre foi uma bruxa a me assombrar as noites, sobretudo quando tento teorizar sobre as narrativas clínicas. Sendo um analista formado em Londres – no grupo kleiniano que se tornou uma fonte central de inspiração para mim – me habituei, pelo menos numa primeira abordagem, a não dar importância a distinguir claramente aquilo que seria uma pura narrativa da interação entre a mãe e seu bebê ou entre o analista e seu paciente, nem distinguir observações que, na verdade, constituíam modelos que facilmente poderíamos denominar metapsicológicos.

Elisa de Ulhoa Cintra e Luis Claudio Figueiredo, em seu livro *Melanie Klein: estilo e pensamento* (2008), indicam que

> *a dimensão fenomenológica e experiencial aparece sempre em evidência, mas mesclada com a dimensão teórica, mais especulativa e mesmo metapsicológica, produzindo, com frequência, uma teorização híbrida, em que a proximidade com a clínica (e, por trás, desta com a experiência pessoal) é usada para dar valor de verdade à teoria. (Cintra & Figueiredo, 2008, p. 53)*

Penso que nessa descrição do estilo de Klein está contida boa parte da problemática levantada de forma crítica por nossos quatro autores. Será que a metapsicologia não exerce um papel inibidor em relação à dimensão experiencial, fenomenológica de nossas questões clínicas? E, ainda, será que a metapsicologia, ou pelo menos a preocupação em construí-la, não coloca a dimensão especulativa de nossas observações num espaço de acuamento?

Não sei responder a essas questões e nem creio que o livro pretenda fazê-lo. Seu texto nos torna mais cuidadosos e mais abertos à dimensão especulativa, essencial para o progresso do pensamento e nos instala a dúvida quando o pensamento já estava por demais estável.

Este livro em nenhum momento desencoraja-nos a buscar teorias ou a construí-las. Apenas busca abrir nossos olhos para o caráter inibidor de pensamentos que estas podem trazer. Ou, melhor dizendo, os autores enfatizam a importância de ter clareza sobre o que André Green (2002b) chamou de *pensamento clínico* (como uma categoria à parte de olhar para a clínica psicanalítica e para os fenômenos que ocorrem no consultório entre analistas e pacientes), considerando-o como uma forma particular de racionalidade, derivada da experiência. Essa proposta resulta da constatação de que a teoria nunca poderá explicar e orientar totalmente a clínica. Esta não é – e jamais será – uma aplicação direta daquela. Klein é um exemplo de alguém que desenvolve um pensamento clínico ao mesmo tempo que faz o que chamaríamos de metapsicologia, sem ter qualquer preocupação em fazê-la. No fundo, a metapsicologia inaugura uma racionalidade própria, uma forma singular de abordar e compreender o material clínico de uma sessão, na linha do sugerido por Green... e, agora, reiterado e enfatizado, com muitos subsídios, pelos nossos quatro autores.

Nessa linha, Fulgencio considera uma das dimensões da metapsicologia como tendo apenas valor heurístico e, como ele diz, "passível de ser substituída por outras superestruturas do mesmo tipo".

Isso não quer dizer que Fulgencio esteja defendendo a ideia de que qualquer teoria seja válida, de que todas as especulações tenham o mesmo peso ou de que qualquer coisa valha.

O que fica ressaltado é a necessidade de se fazer uma distinção epistemológica entre *descrição* e *explicação*, o que implica a necessidade, enfatizada por ele, de distinguir entre o que é uma descoberta e o que é uma teoria.

Essa advertência torna-se fundamental num momento em que todas as Sociedades de Psicanálise filiadas à International Psychoanalytic Association (IPA), e ela própria, estão tão empenhadas em estimular pesquisas, sejam estas conceituais, experimentais ou observacionais.

O livro também propõe que os psicanalistas deveriam se preocupar em desenvolver novos instrumentos teóricos para o desenvolvimento da psicanálise – uma afirmação singela cuja importância pode passar despercebida.

Todos sabemos que a teoria da qual dispomos não é suficiente para explicar a clínica que praticamos. Pelo menos, é o que todos dizemos em nossos colóquios científicos. O que não é dito é que, para podermos avançar, necessitamos de novas categorias para pensar a teoria de nossa clínica e poder especular mais produtivamente.

Aqui sou lembrado mais uma vez de uma passagem do livro monumental de Guimarães Rosa, *Grande Sertão: Veredas*, quando seu personagem, Riobaldo, ao se propor relatar e refletir sobre sua vida, diz:

> *De primeiro, eu fazia e mexia, e pensar não pensava. Não possuía os prazos. Vivi puxando difícil de dífcel, peixe vivo no moquém: quem mói n'asp'ro, não fantaseia. Mas agora feita a folga que me vem, e sem pequenos dessossegos, estou de range rede. E me inventei neste gosto de especular ideia. (Rosa, 1956, p. 3)*

O presente livro nos convida a sermos como Riobaldo, advertindo-nos que, no afã de fazermos psicanálise, estamos prejudicando nossa capacidade de especular ideias. Necessitamos de uma parada, de um distanciamento epistemológico sustentado por uma tranquilidade diante de nosso objeto que nos permita refletir sobre o caráter epistemológico de nossa própria atividade reflexiva.

Isso me leva novamente ao que disse André Green nas *Conferências brasileiras* (1990), quando se perguntava "Onde está o objeto psicanalítico? No paciente ou no analista?", respondendo: "Pois ele não está nem no analista, nem no paciente, está no espaço de reunião das trocas transferenciais/contratransferenciais" (Green, 1990, p. 31).

Será que a própria ideia de uma metapsicologia não nos tem tirado o espaço para refletir sobre essa nova dimensão do objeto psicanalítico apontada por Green?

Não deixa de ser também interessantíssimo o embate entre Fulgencio e Girard em torno da questão de se Winnicott teria *rejeitado* ou *refundado* a metapsicologia.

A propósito, para mim, relativamente leigo nas preocupações com os temas deste livro – diga-se de passagem, interessantíssimos e fascinantes –, fica difícil lê-lo sem ter em mente outros escritos de Leopoldo Fulgencio, como seu livro *Por que Winnicott?* (2016).

A ideia de que certas reformulações correspondem a uma nova fundação e se constituem numa superação dialética de construções anteriores, no caso metapsicológicas, me pareceu estimulante e desafiadora.

Imbasciati é um autor bastante conhecido entre nós graças às suas ideias sobre afeto e representação e suas concepções atinentes aos processos de desenvolvimento simbólico.

Ele escreve: "A teoria de Bion contém uma nova metapsicologia, não designada como tal mas declarada como tal por autores posteriores" (citando Chuster, 1999). Essa frase contém uma questão que perpassa todas as indagações do livro e se coloca como muito pertinente quando pensamos na obra dos kleinianos, kleinianos contemporâneos, Bion e bionianos. Certas descrições e especulações clínicas, ou até mesmo quando o autor considera que está fazendo apenas uma teoria sobre a observação clínica, como no caso de Bion, adquirem o caráter – ou são declaradas por outros como tendo o caráter – de uma metapsicologia.

Vários são os problemas incluídos nessa afirmação. Será que o caráter metapsicológico de uma descrição clínica, uma narrativa, não ganha uma autonomia sobre o fato trabalhado e adquire um caráter de metapsicologia? Será que isso é evitável? Será que não necessitaríamos também de novas categorias para fazer uma crítica epistemológica da própria metapsicologia? Novamente, este livro deixa aberta essa possibilidade, pelo seu caráter de conter um embate amigável entre pessoas que não estão disputando quem tem razão, mas estão interessadas no debate em si como fonte inspiradora de novas ideias.

Este livro de Fulgencio, Simanke, Imbasciati e Girard me remete inevitavelmente a outro, recentemente publicado por Jorge Ahumada, intitulado *Insight: Essays on Psychoanalytic Knowing* (2011). Na introdução do livro de Ahumada, Dale Boesky (outro grande autor preocupado com a epistemologia da psicanálise) escreve:

> *Este é um livro importante e iluminador escrito por alguém que está equipado intelectualmente para lidar com autoridade com a crucialmente importante questão associada aos vínculos entre a nossa incapacidade de melhorar nossos métodos para avaliar a evidência*

*clínica e as guerras entre culturas díspares na psicaná-
lise nas últimas décadas. (Boesky, 2011, p. XI, tradução
nossa)*

Lembrei-me, neste prefácio, do livro de Ahumada, justamente porque o livro destes quatro autores atua no mesmo cenário: todos têm a autoridade intelectual para debater e sabem fazê-lo, evitando entrar no clima de guerra intelectual que tem marcado o pensamento psicanalítico contemporâneo nas últimas décadas.

Junho de 2017

Referências

Ahumada, J. (2011). *Insight: essays on psychoanalytic knowing.* London, England: Routledge.

Boesky, D. (2011). Foreword. In J. Ahumada, *Insight essays on psychoanalytic knowing* (p. XI). London, England: Routledge.

Chuster, A. (1999). *W. R. Bion: novas leituras.* Rio de Janeiro, RJ: Companhia de Freud.

Cintra, E. M. U., & Figueiredo, L. C. (2008). *Melanie Klein: estilo e pensamento.* São Paulo, SP: Publifolha.

Fulgencio, L. (2016). *Por que Winnicott?* São Paulo, SP: Zagodoni.

Green, A. (1990). *Conferências brasileiras de André Green: metapsicologia dos limites.* Rio de Janeiro, RJ: Imago.

Green, A. (2002b). *La pensée clinique.* Paris: Odille Jacob.

Rosa, J. G. (1956). *Grande Sertão: Veredas.* Rio de Janeiro, RJ: Nova Fronteira.

Introdução

Leopoldo Fulgencio[1]

A *metapsicologia* corresponde a quase outro nome para a teoria psicanalítica. Freud a considera tanto como a teoria que se ocupa do que está além da consciência (e, por isso mesmo, *meta*) quanto como um tipo de *superestrutura especulativa* teórica da psicanálise, passível de ser substituída, mas *necessária*. Em 1937, em seu artigo "Análise terminável e interminável", referindo-se ao objetivo da análise (fazer com que os instintos fiquem em completa harmonia com o ego), Freud vê-se ante a dificuldade de *explicar* por que métodos e meios esse resultado poderia ser alcançado num tratamento psicanalítico, apelando, então, para a necessidade de especular: "É necessário que venha a feiticeira. Entenda-se: a bruxa metapsicologia. Sem especular nem teorizar – por pouco eu iria dizer fantasiar – metapsicologicamente, não se avança aqui um passo sequer" (Freud, 1937c, p. 225, tradução nossa).[2] *A bruxa*, é assim

---

1 A revisão técnica do livro, bem como das traduções de citações em língua estrangeira, são de minha responsabilidade.

2 Freud será citado segundo a classificação estabelecida por Tyson & Strachey (1956), tendo a *Standard Edition of the Complete Psychological Works of Sigmund Freud* (SE) como referência.

24 INTRODUÇÃO

que Freud se refere à metapsicologia, como um tipo de teorização fantasiosa!

Freud sabe que a sua metapsicologia é apenas uma das possibilidades e que já, até mesmo em seu tempo, havia outras, por exemplo, a de Theodor Lipps (2001).[3] Desde então, com a fundação da teoria e da prática psicanalíticas, a metapsicologia ocupa um lugar central para os psicanalistas, seja na prática clínica, seja no desenvolvimento da teoria.

Neste livro, procura-se analisar, de diversos pontos de vista, a natureza, a função e o futuro da teorização metapsicológica na psicanálise. O objetivo é aprofundar a compreensão do que é a metapsicologia, retomando o texto de Freud, para, então, colocar a questão do seu desenvolvimento e, até mesmo, do seu abandono.

Não se tratará de retomar o que já foi feito, analisando as diversas metapsicologias pós-Freud, para descrevê-las e explicá-las em suas estruturas e suas finalidades específicas, mas, sim, depois de caracterizar qual a natureza e a finalidade da teorização metapsicológica, mostrar um horizonte para o seu desenvolvimento.

O livro é composto de dois tipos de análise sobre a metapsicologia: um dedicado à compreensão dos seus fundamentos, da sua necessidade e do seu desenvolvimento; outro dedicado à questão da possibilidade de existir uma teorização, na psicanálise, que não seja do tipo metapsicológico, focada na análise da obra de Winnicott.

Na Parte I, começamos com a apresentação dos textos que analisam o que é a metapsicologia, a que serve, qual seu valor epistemológico e prático, numa análise histórica, epistemológica e conceitual da proposta de Freud; e terminamos com uma análise do desenvolvimento da metapsicologia freudiana, considerando os avanços das ciências psicológicas e da neuropsicologia.

---

3 Cf. também Freud e Fliess (1986), carta de 26 de agosto de 1898.

Em "As especulações metapsicológicas de Freud", analiso quais são a natureza e a função da teoria metapsicológica na psicanálise freudiana. O texto procura mostrar que a teoria psicanalítica de Freud é composta por uma parte empírica – a sua psicologia dos fatos clínicos – e outra especulativa – a metapsicologia, esta última caracterizada, por Freud, como um tipo de apresentação teórica em termos de três pontos de vista (Freud, 1915e, p. 181) (com seus conceitos auxiliares: o dinâmico, com as forças psíquicas [*Trieb*];[4] o econômico, com as supostas energias psíquicas; e o tópico, com o aparelho psíquico e suas instâncias ou partes). Afirmo que a metapsicologia, nesse segundo sentido, para Freud, é considerada como uma superestrutura especulativa de valor apenas heurístico, passível de ser substituída por outras superestruturas do mesmo tipo. Nessa direção, considero, pois, retomando o texto de Freud, que a metapsicologia é fruto de um método especulativo de pesquisa nas ciências naturais (empíricas), cujos fundamentos foram elaborados por filósofos e epistemólogos anteriores a Freud, entre eles Immanuel Kant e Ernst Mach. Ao final, faço algumas

---

4 Freud usa o termo *Trieb* para referir-se às supostas forças psíquicas. Em francês, esse termo foi traduzido por *pulsion*; em inglês, temos, em primeiro lugar a tradução de Strachey para a *Standard Edition*, que versou *Trieb* por *instinct* e, de um modo mais amplo, encontramos, em inglês, o uso dos termos *drive* e *instinctual drive*, também para referir-se ao que Freud inicialmente cunhou como *Trieb*. Em português, encontramos tanto *pulsão* como *instinto* e, às vezes, de uma maneira mais vaga, *impulso*. Se a compreensão do sentido de *Trieb*, na obra de Freud, depende, por um lado de compreender como ele falava, no quadro do uso cotidiano da língua e como isso aparece nos seus textos, como fez Paulo Cesar Souza em seu *As palavras de Freud* (1998) e em suas escolhas terminológicas para tradução das obras de Freud para o português, por outro, é imprescindível compreender qual o sentido de *Trieb* na história da filosofia alemã, como fez Loparic (1999b). Sem a conjunção do sentido vernáculo e do sentido conceitual desse termo-conceito (considerado por Freud como imprescindível para a constituição da psicanálise como uma ciência), não teremos uma compreensão clara e distinta do seu sentido e do seu referente.

26 INTRODUÇÃO

considerações sobre o futuro da teorização do tipo metapsicológica, explicitando críticas feitas à metapsicologia freudiana tanto por filósofos quanto por psicanalistas, e aponto para a perspectiva, aberta por Winnicott, de uma psicanálise sem metapsicologia.

Em "Realismo e antirrealismo na interpretação da metapsicologia freudiana", Simanke contrapõe as leituras realistas e antirrealistas da metapsicologia freudiana, procurando analisar a possibilidade dessas duas alternativas na obra de Freud. Por fim, ele procura distinguir algumas implicações e consequências de ambas as leituras para o modo como se concebe a natureza do conhecimento psicanalítico e o desenvolvimento futuro da psicanálise, em geral, e da metapsicologia em particular.

Em "O significado da metapsicologia como um instrumento para 'explicar'", Imbasciati mostra como alguns conceitos psicanalíticos, vistos como fundamentais e imutáveis, estão de fato mudando. A psicanálise da criança, com sua "psicanálise do bebê" (bebês e pais), e outras ciências psicológicas contribuíram para esse desenvolvimento. Entretanto, muitos psicanalistas não levaram em conta esses novos conhecimentos ou descobertas. Imbasciati atribui isso à falta de uma distinção epistemológica entre "descrever" (os fatos) e "explicar" (as hipóteses), ou seja, entre o que conhecemos como descobertas na psicanálise e o que são as teorias. Para ele, nenhuma teoria pode ser uma descoberta; trata-se antes de um instrumento conceitual hipotético que tenta explicar descobertas. Assim, pode-se considerar a metapsicologia de Freud como um instrumento hipotético que, hoje, precisa ser mudado, dado que o progresso da psicanálise e de outras ciências oferece instrumentos melhores para explicar os fenômenos da mente, consciente e inconsciente. Nessa direção, Imbasciati ainda se ocupa de mostrar estudos que caracterizam outras metapsicologias ao longo da história da psicanálise.

Em "Em direção a novas metapsicologias", Imbasciati considera as razões que levaram Freud a delinear sua metapsicologia, identificando-as principalmente dentro de uma intenção *explicativa* quanto às suas descobertas clínicas. Ao enfatizar a distinção epistemológica entre *descrição* (como, de que maneira) e *explicação* (o porquê), o autor acredita que na psicanálise seria apropriado traçar uma diferenciação mais clara entre o que constitui a "descoberta" e o que é a "teoria", no quadro das hipóteses explicativas dos achados clínicos. A teoria seria, então, considerada como um instrumento para hipotetizar o "porquê" de uma descoberta. Nesse sentido, a metapsicologia seria a teoria que Freud concebeu para explicar seus achados clínicos. Imbasciati faz aqui uma revisão das principais críticas à metapsicologia de Freud, bem como ressalta que muitos autores desenvolveram metapsicologias diferentes da de Freud, sem explicitá-las. Nessa direção, ele propõe que os analistas deveriam produzir novos instrumentos teóricos para o desenvolvimento da psicanálise e, em particular, a formulação de novas metapsicologias.

Na Parte II do livro, colocamos em análise a questão de saber se a psicanálise pode ou não prescindir de uma teorização metapsicológica. Para responder a essa pergunta, é necessário, certamente, contar com o que foi analisado na Parte I deste livro, na qual mostramos que, na psicanálise, a metapsicologia tem dois sentidos díspares. Primeiro trata-se daquela psicologia que vai para além da consciência, que considera o psiquismo como algo mais amplo que aquilo que é dado à consciência ou que pode ser observado por ela (o comportamento, por exemplo), e por isso mesmo "meta". No caso da psicanálise, a metapsicologia corresponde, pois, a uma teoria ampla do inconsciente. Não é a única desse tipo, mas é uma delas (Ellenberger, 1970). Por outro lado, a metapsicologia corresponde a um conjunto de construções auxiliares especulativas de validade apenas heurística. É nesse segundo sentido estrito que

28   INTRODUÇÃO

coloco a pergunta: pode a psicanálise existir sem uma teorização metapsicológica? A resposta a essa pergunta também contribui para a análise do problema, versando sobre a presença (necessária ou não) de especulações na ciência psicanalítica.

Não parece haver nenhuma dúvida de que há uma metapsicologia especulativa, do tipo freudiana, ainda que com outros conteúdos, nas obras dos grandes representantes do desenvolvimento da psicanálise pós-Freud (Klein, Bion, Lacan), e creio que todos os psicanalistas estariam de acordo com a afirmação de que eles ampliaram, redescreveram, reformularam e até mesmo fizeram outras metapsicologias, como já comentou Paul-Laurent Assoun (2000). No entanto, há uma controvérsia no que se refere à afirmação de que há uma teoria metapsicológica, enquanto uma superestrutura especulativa, na obra de Winnicott.

É nesse sentido, procurando aprofundar a análise da necessidade ou não da teorização metapsicológica na psicanálise, que retomamos meu diálogo com Girard, baseado em hipóteses praticamente opostas (rejeição *versus* refundação) sobre o lugar da metapsicologia na obra de Winnicott. Esse diálogo ocorreu por meio da publicação de quatro artigos no *International Journal of Psychoanalysis,* nos quais eu e Girard parecemos defender teses opostas: um afirmando que Winnicott teria rejeitado a metapsicologia e outro que ele a teria refundado. Ao reunirmos esses artigos neste livro, uma certa repetição é inevitável, dado que compõem a própria estrutura de um diálogo, em que um autor, necessariamente, retoma a posição do outro para comentá-la.

Em 2007, publiquei o artigo "Winnicott e o abandono dos conceitos fundamentais da metapsicologia freudiana", no qual retomo Freud para afirmar que o *corpus* teórico da psicanálise é composto por um conjunto de conceitos que têm na realidade factual referentes que lhes correspondem adequadamente – como os conceitos de transferência, resistência, sexualidade infantil, complexo de Édipo, ideias inconscientes, dentre outros – e, também, por um outro conjunto de conceitos que são construções auxiliares de valor apenas heurístico, em relação aos quais não está em questão dar um referente factual – como os conceitos de *Trieb*, aparelho psíquico e libido, dentre outros. Esse último conjunto de conceitos constitui o tipo de teorização metapsicológica que, no dizer de Freud, corresponde a uma superestrutura especulativa da psicanálise. Winnicott, criticando esse tipo de teorização como nociva ao desenvolvimento da psicanálise, abandonou os conceitos freudianos de *Trieb*, de aparelho psíquico e de libido, substituindo-os por conceitos não especulativos. Isso não significa o abandono das descobertas clínicas de Freud, ainda que signifique uma redefinição conceitual de termos metapsicológicos – como os de id, ego e superego, que caracterizam a segunda tópica freudiana –, dando a esses termos conteúdos factuais que lhes correspondem de forma adequada. Ao caracterizar essa transformação no modo de teorizar na psicanálise, pode-se afirmar que Winnicott abandonou a teorização especulativa que caracteriza a teorização metapsicológica freudiana em favor de uma teorização factual.

Opondo-se a essa hipótese, Girard publicou, em 2010, seu artigo "Winnicott e a fundação dos conceitos básicos da metapsicologia de Freud", no qual procura mostrar que, em vez de rejeitar os conceitos metapsicológicos de Freud, Winnicott teria fornecido, na verdade, uma base real factual para a metapsicologia, referindo-se, então, mais especificamente, à descrição do fenômeno da dupla dependência da criança que é cuidada desde o seu início. Para ela, Freud, de fato, nunca desprezou a necessidade de cuidados maternos iniciais, mas não deu atenção a isso, considerando os cuidados maternos infantis como um dado. Girard, ao diferenciar as necessidades do ego das necessidades do id, a mãe-objeto da mãe-ambiente, procura mostrar que Winnicott tentou teorizar aquilo que

30   INTRODUÇÃO

Freud não priorizou, a saber: a função do *holding* ambiental como uma organização (um continente) das experiências do id e a função do objeto, em suas variações, como uma condição para o teste da realidade. Além disso, ao diferenciar entre os elementos masculino e feminino puros, Girard chama a atenção para o fato de que Winnicott formulou propostas altamente especulativas com a finalidade de distinguir dois princípios básicos: *ser* e *fazer*. Girard se opõe, então, a mim, afirmando que Winnicott não rejeitou os conceitos metapsicológicos, mas teorizou as condições para o seu uso.

Em 2015, publiquei meu "Discussão sobre o lugar da metapsicologia na obra de Winnicott", respondendo às objeções e reflexões apresentadas por Girard em 2010. Partindo da afirmação de Winnicott de que "os termos metapsicológicos fornecem uma aparência de compreensão em que tal compreensão não existe" (Winnicott, 1987b, p. 51), procuro mostrar: por um lado, a concepção de que a *teorização metapsicológica* corresponde a uma superestrutura especulativa da psicanálise que nada mais é do que um conjunto de construções teóricas auxiliares, visando à descrição dos fenômenos e suas relações; e, de outro, que há, na psicanálise, a proposta de uma *teorização factual*, composta por conceitos que não são propostos como de natureza especulativa, sendo essa teorização uma descrição condensada dos fenômenos e suas relações. Na continuidade desse diálogo com Girard, acrescento mais dois autores importantes no cenário de desenvolvimento da compreensão do lugar da metapsicologia na psicanálise: André Green (que critica Winnicott por afastar-se da metapsicologia) e Paul-Laurent Assoun (que julga Winnicott como ametapsicológico). Reafirmo, na consideração dessas perspectivas, que é necessário distinguir dois referentes para o termo metapsicologia: um como teoria psicanalítica do desenvolvimento, e outro como conjunto de conceitos especulativos de valor apenas heurístico. Nesse sentido, seria possível afirmar que Winnicott tanto *rejeitou* como *refundou* a metapsicologia como uma opção epistemológica e metodológica de pesquisa; mais ainda, que isso nos leva a caracterizar a metapsicologia como um *instrumento*, e não um *fim* ou *objetivo* da psicanálise, apontando um caminho para a integração dos conhecimentos (factuais) advindos dos seus diversos sistemas teóricos.

Girard, por sua vez, responde, em 2017, com seu artigo "Precoce e profundo: dois paradigmas independentes". Para ela, Winicott não rejeita a metapsicologia freudiana e não chega mesmo a dizer nada de muito novo nesse campo, mas tem contribuições originais no campo da antropologia pediátrica, focando na questão da dependência, e no da personificação das pulsões relacionadas à questão do ser. Girard propõe, então, que há, em Winnicott, uma terceira topografia analisando o lugar do *self* e do objeto, na vida psíquica, associados às vicissitudes de ser. Nessa direção, em continuidade com toda a perspectiva antropológica e ontológica apresentada por Winnicott, Girard coloca em destaque a distinção heurística entre o precoce e o profundo, considerando, nesse sentido, que não se trata da rejeição nem da reformulação da teorização metapsicológica, mas da coexistência de dois paradigmas díspares.

Contexto e proposta

Meu objetivo não foi apresentar um livro que abordasse todas as metapsicologias psicanalíticas em suas especificidades, missão impossível que se confundiria com a análise da totalidade dos estudos e pesquisas sobre a psicanálise e seu desenvolvimento. Procurei aqui, no entanto, apresentar análises sobre os fundamentos epistemológicos desse tipo de teorização, bem como colocar em primeiro plano a pergunta sobre a sua necessidade e sobre suas possibilidades de realização.

Todo psicanalista, querendo ou não, de forma consciente ou inconsciente, acaba por se posicionar de uma maneira ou outra em relação às metapsicologias psicanalíticas, seja para adotá-las, criticá-las, reformulá-las ou, ainda, se afastar delas. Trata-se de um posicionamento que todo psicanalista é obrigado (no sentido existencialista do termo) a fazer.

Este livro procura, então, fornecer elementos que possam esclarecer o problema, discernindo a natureza e a função epistemológica desse tipo de teorização, para que cada um possa se posicionar de maneira mais consistente em sua opção conceitual.

Abril de 2017

1. As especulações metapsicológicas de Freud[1]

Leopoldo Fulgencio

Para Freud, a psicanálise é uma ciência natural. Ele a define como uma psicologia empírica que é, também, um método de tratamento psíquico, o que significa dizer que suas teorias estão a serviço da resolução de problemas empíricos específicos. Para ele, essa ciência é composta por teorias de tipos diferentes: uma empírica e outra especulativa. A primeira corresponde ao conjunto de teorias que advêm dos fatos empíricos (sua psicologia dos fatos clínicos), e a segunda a um conjunto de conceitos especulativos sem conteúdo empírico determinado – como os de pulsão [*Trieb*],[2] libido e aparelho psíquico –, o qual ele mesmo denomina metapsicologia.

Neste capítulo, pretendo analisar qual é a opinião de Freud no que se refere à teoria metapsicológica, colocando em evidência, a

---

1 Uma versão deste texto foi publicada originalmente em Fulgencio, L. (2005). Freud's metapsychological speculations. *International Journal of Psychoanalysis, 86*(1), 99-123.

2 Estou optando por usar o termo *pulsão* para traduzir *Trieb*, mais próximo à opção francesa (*pulsion*), visando guardar a especificidade do termo usado por Freud. As opções usadas nos textos em inglês (*instinct, drive, instintual drive*) podem causar alguma obscuridade.

partir de seus textos e de suas referências, a origem do seu modo de proceder na elaboração da teoria psicanalítica. Mostrarei que a articulação entre a parte empírica e a parte especulativa de suas teorias se conjuga de forma condizente com uma determinada maneira de conceber a pesquisa científica, reconhecível como parte de sua formação intelectual. Com esse tipo de entendimento, será possível perguntar, ao final, sobre o futuro das teorias metapsicológicas no desenvolvimento atual da psicanálise.

A psicologia dos fatos clínicos para Freud

O projeto freudiano de fazer da psicanálise uma ciência natural sempre esteve relacionado com suas atividades médicas, ou seja, com seu objetivo de construir um método de tratamento de determinados distúrbios psicopatológicos para os quais outras propostas contemporâneas falhavam. Diz Freud sobre seu compromisso com a ciência médica:

> Sou de opinião que o médico tem deveres não somente em relação ao doente, mas também em relação à ciência. Com relação à ciência quer dizer, no fundo, com relação a muitos outros doentes que sofrem ou sofrerão do mesmo mal. (Freud, 1905e, p. 8, tradução nossa)

Além desse compromisso médico, a inserção da psicanálise no rol das práticas científicas também significa que ela deverá encontrar seus fundamentos na experiência. Quando Freud enumera os pilares da psicanálise, ele não apresenta nenhum conceito especulativo, mas tão somente conceitos empíricos referidos diretamente aos fatos reconhecíveis na experiência clínica:

> *A hipótese de processos anímicos inconscientes,[3] o reconhecimento da doutrina da resistência e da repressão [Verdrängung], o valor dado à sexualidade e ao Complexo de Édipo são os conteúdos principais da psicanálise e os fundamentos de sua teoria, e quem não está à altura de subscrever todos eles não deveria se considerar psicanalista. (Freud, 1923a, p. 247, tradução nossa)*

Em outros momentos, Freud caracterizará a psicanálise em função de um conjunto de conceitos e princípios compartilhados por um determinado grupo, que ele denomina seus xiboletes. Xibolete é uma palavra de origem hebraica que significa *espiga* e tem o sentido figurado de uma prova decisiva que faz julgar a capacidade de uma pessoa. Originalmente, como consta no *Velho Testamento*, trata-se de uma prova de pertinência a um grupo que resulta numa questão de vida ou morte. A tribo de Galaad havia vencido, numa guerra, a de Efraïm:

> *Porém os de Galaad se apoderaram dos vaus do Jordão, por onde os de Efraïm haveriam de voltar. Quando algum dos fugitivos de Efraïm chegava a eles, e dizia: Peço-vos que me deixes passar. Os de Galaad lhe diziam: Acaso és tu Efrateu? E respondendo: Não sou. Eles lhes replicavam: Pois dize:* xibolete, *E quando o outro dizia* sibolete, *não podendo pronunciá-la com*

---

3 Faço aqui uma distinção entre o reconhecimento clínico dos processos anímicos inconscientes – o que também já havia sido feito por Charcot, Janet, Bernheim e Lipps, a quem Freud reconhece tributo, e pode ser claramente visível na análise que ele faz dos atos falhos nas lições de 1916-1917 – e o inconsciente pensado em termos metapsicológicos. Trata-se de diferenciar o inconsciente considerado num sentido factual de um inconsciente especulativo, tomado como uma instância psíquica atravessada por forças e energias.

o mesmo acento, era imediatamente preso e o degola-
vam na mesma margem do Jordão. E assim, naquele
tempo, foram mortos quarenta e dois mil homens de
Efraïm. (Livro dos juízes, 12, 6)

Para Freud, os xiboletes da psicanálise são: a diferenciação do psiquismo em consciente e inconsciente (Freud, 1923b, p. 13), a teoria dos sonhos (Freud, 1933a, p. 7) e o complexo de Édipo (Freud, 1905d, p. 226). Ele menciona, ainda, como fundamentos que caracterizam a psicanálise, sem denominá-los xiboletes, a transferência e a resistência:

> *A teoria psicanalítica é uma tentativa de tornar com-*
> *preensível duas experiências que sobrevêm, de manei-*
> *ra contundente e inesperada, quando se experimenta*
> *levar os sintomas mórbidos de uma neurose às suas*
> *fontes de onde eles derivam naquilo que foi vivido [na*
> *história de sua vida]: o fato da* transferência *e o fato da*
> resistência. *Toda orientação de pesquisa que reconhe-*
> *ce esses dois fatos e os toma como pontos de partida de*
> *seu trabalho está no direito de se nomear psicanálise,*
> *mesmo se chega a outros resultados que não os meus.*
> *Mas aquele que se lança a outros aspectos do problema*
> *e se afasta dessas duas premissas escapará dificilmente*
> *da reprovação de atentado à propriedade por tentativa*
> *de cópia fraudulenta, se persiste em nomear-se psica-*
> *nalista. (Freud, 1914d, p. 16, tradução nossa)*

Todos esses conceitos ou termos descritivos correspondem à parte empírica que sustenta o edifício teórico da psicanálise freudiana – a sua psicologia dos fatos clínicos. Por outro lado, há um outro conjunto de conceitos que não são descritivos e não têm na experiência referentes objetivamente dados. Conceitos desse tipo estão além ou ultrapassam os da psicologia dos fatos clínicos, daí Freud caracterizá-los de conceitos metapsicológicos. Nesse sentido, é esclarecedor notar que a observação de que os sonhos são realizações de desejos é um tipo de solução psicológica, descritiva (fenomenológica), e não uma solução metapsicológica: "Parece-me que a teoria da realização de desejos trouxe apenas a solução psicológica, e não a biológica – ou melhor, metapsíquica" (Masson, 1985, carta de 10 de março de 1898, tradução nossa). A solução metapsíquica ou metapsicológica para o problema do sonho deveria tornar possível explicar por que os desejos insatisfeitos encontram no sonho um modo de realização, organizando o que poderia ser dito sobre o que impulsiona e é a causa ou essência dos desejos, bem como sobre os processos psíquicos envolvidos na realização do desejo por intermédio do sonho.[4]

Ao distinguir a teoria clínica da metapsicológica, não estou afirmando que os fatos clínicos são apreendidos independentemente de teorias, visto que toda pesquisa científica depende de uma orientação para selecionar (dentre a multiplicidade de fenômenos que se apresentam) os elementos a serem observados e para estabelecer tipos de relação a serem procuradas na ligação e ordenação desses fenômenos. Isso não significa que as teorias que orientam a pesquisa empírica sejam, necessariamente, especulativas, ainda

---

4 Freud considerou duas direções para a construção das soluções metapsíquicas: uma elaborada por referência aos processos corporais, fornecendo um quadro em que as soluções procuradas seriam formuladas em termos biológicos – como é o caso da metapsicologia apresentada no *Projeto* (1895) –, e outra formulada em termos psicológicos, por referência aos processos propriamente psíquicos – como é o caso da apresentada a partir do Capítulo 7 de *A interpretação dos sonhos* (1900a) e continuada em toda a sua obra.

38　AS ESPECULAÇÕES METAPSICOLÓGICAS DE FREUD

que as especulações metapsicológicas tenham um lugar central para Freud.

Freud diz que "a psicanálise repousa solidamente sobre a observação dos fatos da vida da alma" (Freud, 1926f, p. 266, tradução nossa) e é "construída a partir de um conjunto de fatos, lenta e sofridamente reunidos ao preço de um trabalho metódico".[5] Nesse trabalho metódico, há uma parte que se refere à escolha e à delimitação do que é importante ser considerado no campo dos fenômenos e outra que corresponde ao uso de um conjunto de conceitos auxiliares, que ajudam a relacionar e organizar os fatos na busca da resolução dos problemas. Freud foi formado, como homem de ciência, numa linha de pesquisa que prescreve o uso de um método no qual se associam construções auxiliares especulativas com a apreensão e sistematização dos dados empíricos. Isso confirma-se, por exemplo, já em 1894, na forma como ele procede ao expor o problema das neuropsicoses de defesa:

> *Exporei em poucas palavras a representação auxiliar da qual me servi nesta exposição das neuroses de defesa. É a seguinte: nas funções psíquicas, cabe distinguir algo (montante de afeto, soma de excitação) que tem todas as propriedades de uma quantidade – ainda que não haja meio algum de medi-la –; algo que é suscetível de aumento, diminuição, deslocamento e descarga, e que se difunde pelas marcas mnêmicas das representações, como faria uma carga elétrica pela superfície dos corpos. (Freud, 1894a, p. 60, tradução nossa)*

5　Comentário de Freud a Smiley Blanton; cf. Blanton (1973, pp. 51-52).

Esse conceito quantitativo é apenas uma especulação, e Freud, na continuidade do texto anteriormente citado, diz que seu uso só se justifica pelo fato de auxiliar a organização dos dados empíricos, e não porque corresponda a um possível elemento nos fenômenos.

Poder-se-ia objetar que diversos conceitos psicanalíticos são formulados tanto em termos descritivos (psicológicos) como em termos especulativos (metapsicológicos), e que a distinção entre o que é uma descrição e o que é apenas uma suposição teórica especulativa não é factível em psicanálise. Dir-se-ia, por exemplo, que o inconsciente, a repressão, o complexo de Édipo, a transferência e a resistência, além de serem fatos clínicos, são considerados em termos de um conflito de forças, de uma economia libidinal e referidos às instâncias de um aparelho psíquico. No entanto, ainda que os fatos clínicos sejam articulados por meio dessas formulações teóricas, isso não faz com que a distinção entre o que vem da experiência e o que não vem dela deva ser reconhecida e respeitada, considerando o lugar, o valor e a maneira de operar de cada um dos tipos de teoria em jogo. Mais ainda, é necessário mostrar que o próprio Freud ocupou-se de fazer esse tipo de distinção.

A necessidade de uma metapsicologia e o ponto de vista dinâmico

Freud considera que só a descrição dos fatos não é suficiente para explicar como ocorrem os fenômenos psíquicos. Referindo-se aos limites aos quais se chega, caso o psicólogo se mantenha apenas no nível da consciência (aqui também interpretada como sinônimo do que se obtém apenas pelo caminho da psicologia descritiva de seu tempo), ele diz:

40 AS ESPECULAÇÕES METAPSICOLÓGICAS DE FREUD

Enquanto a psicologia da consciência não pode jamais sair destas séries lacunares e depende manifestamente de outra coisa, a concepção a partir da qual o psíquico é em si mesmo inconsciente permitiu fazer da psicologia uma parte, semelhante a todas as outras, das ciências naturais. (Freud, 1940a, p. 158, tradução nossa)

Além de uma concepção descritiva do inconsciente, Freud formulará a concepção de um inconsciente habitado por elementos que não são diretamente observados, como as forças e energias de natureza psíquica. Reconhecendo os limites da observação, Freud considerou adequado introduzir hipóteses complementares: "me pareceu legítimo completar as teorias, que são expressão direta da experiência, por hipóteses que são apropriadas ao controle do material, e que se reportam aos fatos que podem se tornar objeto de observação imediata" (Freud, 1925d, p. 32, tradução nossa).

Essas hipóteses, que não são da mesma natureza que as advindas da observação, são, propriamente, como ele dirá referindo-se à noção de "aparelho psíquico", *ficções teóricas* (Freud, 1900a, p. 603, tradução nossa) que ajudam a "estabelecer as leis que regem [os fenômenos psíquicos], e acompanhar, em longas séries, sem lacunas, suas relações recíprocas e suas interdependências" (Freud, 1940a, p. 158, tradução nossa). Com o auxílio dessas ficções, Freud espera obter um controle do material empírico, de modo que possa procurar as explicações que venham completar as lacunas que ficam no entendimento dos fenômenos quando o cientista fica restrito apenas ao campo descritivo, buscando, pois, descobrir séries completas sobre as determinações causais que os produzem.

Mas quais são os tipos de conceitos e modelos especulativos com os quais ele completará suas teorias empíricas? Com que tipo de metapsicologia ele cobrirá as lacunas da sua psicologia? Freud diz claramente que seu procedimento, na construção da teoria, é análogo ao utilizado em outras ciências naturais; que esses conceitos são hipóteses de trabalho de valor apenas aproximativo, permanecendo tão indeterminados quanto os conceitos do mesmo *status* epistemológico noutras ciências já consolidadas: "Como ficar surpreso se os conceitos fundamentais da nova ciência [a psicanálise], seus princípios (pulsão, energia nervosa etc.) permanecem tanto tempo indeterminados quanto aqueles das ciências mais antigas (força, massa, atração etc.)?" (Freud, 1940a, p. 159, tradução nossa).

Para ilustrar a maneira pela qual Freud introduziu um tipo específico de metapsicologia, será útil retomar os procedimentos especulativos que utiliza para compreender e tratar a histeria. Vejamos, inicialmente, o que se dizia sobre a histeria no período em que Freud não tinha ainda formulado suas próprias explicações. Segundo Charcot, essa patologia resultava de ideias inconscientes agindo na mente do doente, surgidas após uma situação traumática, que ocorria em pessoas predispostas organicamente à doença. A Escola de Nancy, com Hippolyte Bernheim, indicava o poder da sugestão hipnótica como método de tratamento psíquico. Apoiado nos trabalhos de Charcot, Janet também defendia a ideia de que os sintomas na histeria resultavam de ideias inconscientes que agiam de forma independente no interior do paciente; essa independência derivava de uma dissociação psíquica, que separava as representações em conscientes e inconscientes, e era creditada a um fracasso da síntese mental (numa situação traumática) devido a uma incapacidade congênita. Esse conjunto de dados e hipóteses levou Freud a uma constatação que lhe serviu de ponto de partida para a constituição da psicanálise: a histeria era uma patologia que teria origem numa situação traumática que acabava por produzir ideias inconscientes no interior do psiquismo; essas ideias estariam ativas e agiriam sobre o paciente, produzindo seus sintomas.

Supunha-se, nessa época, que a histeria era uma doença que acometia somente as pessoas predispostas a ela, ou seja, aquelas pessoas cujo sistema nervoso, por hereditariedade ou por algum tipo de lesão ou inflamação, eram incapazes de tolerar e integrar acontecimentos de grande intensidade afetiva. Isso fornecia apenas uma hipótese fisiológica, mas não a explicação do processo psíquico do paciente que apresentava sintomas histéricos relacionados com um trauma vivido. Essa suposição fisiológica e a descrição dos fatos psíquicos observados – exemplificados, inclusive, pelas demonstrações de Charcot que, ao hipnotizar seus pacientes, produzia ou anulava sintomas – não eram suficientes para dar conta do que ocorria psiquicamente com o paciente no momento do trauma, tampouco explicavam a origem do poder, mais ou menos acentuado, dessas ideias inconscientes. Tornava-se, então, necessário ir além dos dados observáveis diretamente para completar as lacunas da teoria baseada apenas nas descrições dos fatos.

A hipótese fisiológica mencionada – à qual aderiram Charcot, Janet e mesmo Breuer – opta por uma perspectiva mecânica. Projetando, por analogia, uma situação física em uma situação psíquica, tudo se passa como se, numa máquina, uma peça que liga uma de suas partes às outras tivesse sido danificada, de forma que um lado dessa "máquina psíquica" funcionaria de forma independente, produzindo os sintomas observados. Pode ser dito, sobre esse tipo de análise, que foi orientada por um ponto de vista mecânico. Note-se que a suposição de que o psiquismo é como uma máquina passível de ser explicada em termos mecânicos é uma hipótese que não tem valor empírico, ou seja, ela não é passível de comprovação pela observação; seu valor é apenas heurístico, ou seja, é um princípio de intelecção que tem validade pelo que torna possível compreender sobre os fenômenos e suas relações, e não por si mesmo.

Freud, no entanto, foi formado noutra linha de pesquisa, da qual participavam Fechner, Helmholtz e Brücke, e cuja perspectiva de explicação é diferente da mecânica. Para esses pensadores, o ponto de vista mais adequado para servir como guia na busca de explicações sobre os fenômenos e suas causas é o dinâmico, que supõe a interação de forças em conflito como um quadro no qual as explicações são procuradas. Nessa perspectiva, os fatos observados devem ser estruturados e relacionados não em função de supostas falhas mecânicas, mas sim de supostas forças em conflito. O juramento epistemológico de Brücke e Du Bois-Reymond apresenta uma formulação metodológica explícita sobre o que significa adotar o ponto de vista dinâmico na prática científica:

> Brücke e eu [Bois-Reymond] nos comprometeremos a impor esta verdade, a saber, que somente as forças físicas e químicas, com exclusão de qualquer outra, agem no organismo. Nos casos que não podem ser explicados, no momento, por essas forças, devemos nos empenhar em descobrir o modo específico ou a fonte de sua ação, utilizando o método físico-matemático, ou então postular a existência de outras forças, equivalentes em dignidade, às forças físico-químicas inerentes à matéria, redutíveis à força de atração e repulsão. (apud Shakow & Rapaport, 1964, p. 34, tradução nossa)

A presença constante, na obra freudiana, de explicações em termos de forças psíquicas, "equivalentes em dignidade" às forças físico-químicas, dão sustentação à hipótese de que Freud aderiu a esse tipo de orientação metodológica. Em sua autobiografia de 1925, logo após referir-se à sua formação com Brücke no Laboratório de Fisiologia da Universidade de Viena, ele afirmou: "Em

44 AS ESPECULAÇÕES METAPSICOLÓGICAS DE FREUD

certo sentido, eu permaneci, todavia, fiel à orientação na qual eu me engajei inicialmente" (Freud, 1925d, p. 10, tradução nossa).

Essa mesma perspectiva dinâmica é reiterada quando Freud fala da sua diferença com Breuer no entendimento da histeria:

> *Na questão de saber quando um processo psíquico torna-se patógeno, isto é, quando ele não termina de uma maneira normal, Breuer preferia uma teoria, por assim dizer, fisiológica; ele pensava que os processos que não sucumbiam ao destino normal eram aqueles que tinham se originado nos estados psíquicos extraordinários – hipnóticos. . . . Eu, pelo contrário, supunha, sobretudo, um jogo de forças, a ação de intenções e tendências parecidas com as que podem ser observadas na vida normal. (Freud, 1925d, p. 23, tradução nossa)*

Em diversos outros momentos de sua obra, Freud reitera que é justamente este ponto de vista – que propõe "no lugar de uma simples descrição, uma explicação dinâmica fundada sobre a interação de forças psíquicas" (Freud, 1913m, p. 207, tradução nossa) – que caracteriza a sua maneira de compreender os fatos psíquicos. Diz ele, sobre seu compromisso metodológico:

> *Não queremos apenas descrever e classificar as aparências, mas concebê-las como sinais de um jogo de forças dentro da alma, como expressão de tendências dirigidas para fins, e que trabalham umas de acordo com as outras, ou umas contra as outras. Esforçamo-nos por elaborar uma concepção dinâmica das aparências psíquicas. Nessa nossa concepção, os fenômenos percebidos devem ficar em segundo plano, atrás*

das tendências apenas supostas. (Freud, 1916x, p. 67, tradução nossa)

O ponto de vista dinâmico figura, pois, como um guia metodológico para buscar explicações que podem cobrir as lacunas deixadas pelas teorias empíricas. Mais à frente comentarei o lugar do ponto de vista tópico e do econômico, que, juntos com o dinâmico, fornecem os três eixos da teoria metapsicológica de Freud. Nesse sentido anteriormente citado, o ponto de vista dinâmico tem precedência ao tópico e ao econômico, ainda que não seja possível hierarquizar a importância desses três eixos constituidores da metapsicologia. Para Freud, as forças psíquicas, que caracterizam o ponto de vista dinâmico, são análogas às forças que os físicos supõem agir sobre a matéria; elas são tomadas como um fundamento estrutural ao qual se deve recorrer para organizar e relacionar os fatos, orientando a busca das explicações dos fenômenos observados.

O fundamento da ciência psicanalítica está no que ela pôde efetivamente observar, mas essa observação depende de certos conceitos dados antes mesmo da própria experiência. Esses conceitos, diz Freud, correspondem a *certas ideias abstratas* que, mesmo sem conteúdo empírico determinado, possibilitam guiar o cientista num determinado campo de fenômenos:

O verdadeiro início da atividade científica consiste antes na descrição dos fatos, que são, em seguida, agrupados, ordenados e integrados em conjuntos. Já na descrição, não se pode evitar aplicar ao material certas ideias abstratas que pegamos aqui e ali, certamente não só da experiência nova. Tais ideias – que, depois, tornar-se-ão os conceitos fundamentais da ciência – são ainda mais indispensáveis na elaboração futura do material.

Elas comportam, no início, um certo grau de indetermi-nação; e não está em questão discernir claramente seu conteúdo. Enquanto permanecem nesse estado, chega-mos a um acordo sobre seu significado, reenviando-as repetidamente ao material da experiência do qual elas parecerem ter provindo, mas que, na realidade, é sub-misso a elas. (Freud, 1915c, p. 117, tradução nossa)

Essas ideias abstratas são, justamente, as pulsões, concebidas como forças de natureza psíquica. Esse conceito auxiliar é uma *convenção* aplicável ao material empírico com a finalidade de orde-nar e integrar sistematicamente os fatos. Quando Freud caracteriza a pulsão como um *conceito fundamental convencional*, ele se refere ao fundamento metapsicológico pressuposto para que os funda-mentos empíricos sejam apreendidos. A pulsão é, para ele, uma força equivalente em dignidade às forças físico-químicas que agem sobre a matéria. Como nas outras ciências naturais, as forças não são conceitos empíricos, mas construtos teóricos especulativos de valor apenas heurístico. Freud diz claramente que o conceito de pulsão não é nada mais do que uma convenção, uma ideia abstra-ta sem conteúdo empírico determinado, ainda que necessário: "[a pulsão é um] conceito fundamental convencional, provisoriamen-te ainda muito obscuro, mas do qual nós não podemos prescindir em psicologia" (Freud, 1915c, pp. 117-118, tradução nossa). Em seguida a essa definição das pulsões, Freud diz que tentará *preen-cher-lhe o conteúdo* com dados empíricos, associando-as, então, ao corpo biológico, por meio de analogias. Seu objetivo é tornar esse conceito mais inteligível e operacional, mas ele sabe que jamais conseguirá preenchê-lo de forma adequada: "As pulsões são seres míticos, grandiosos na sua indeterminação. Nós não podemos, em nosso trabalho, abstrair delas um só instante, todavia nós jamais estamos seguros de vê-las distintamente" (Freud, 1933a, p. 95, tradução nossa).

Assim, como em todo mito, não está em questão encontrar um referente empírico que lhe corresponda adequadamente e que seja objetivamente dado.

Comentou-se já, várias vezes, a distinção entre os conceitos de pulsão e de instinto, em especial no que diz respeito à tradução do termo *Trieb* por *instinct*, feita por Strachey na edição inglesa da obra completa de Freud, acentuando as comparações entre os instintos na vida animal e as pulsões na vida do homem, marcando-lhes a diferença. Na perspectiva que estou apresentando, os conceitos de *Trieb* e *Instinkt*, em Freud, são de naturezas diferentes: o primeiro é especulativo, sem referência determinada no campo empírico; o segundo é empírico, com referente objetivo no corpo biológico. Não há, pois, nem continuidade nem assimilação possível entre esses conceitos. Laplanche reconheceu claramente a posição de Freud: "Em todo caso, ele [Freud] nunca os junta [os termos *Trieb* e *Instinkt*], nunca os opõe, ele na verdade nunca os comparou" (Laplanche, 2001, p. 6). Contudo, Laplanche parece não ter atentado para a diferença de natureza epistemológica entre esses conceitos, acabando por se dedicar, não por poucos anos, a uma tarefa impossível: "Durante vinte ou trinta anos, não deixei de insistir nisso. Assimilação da pulsão ao instinto ou, por vezes, uma espécie de mistura pulsão-instinto" (Laplanche, 2001, p. 7).

A *metapsicologia como* superestrutura especulativa

O conceito de *pulsão* é o fundamento primeiro da metapsicologia, mas, como sabemos, não é o único, e nem toda a metapsicologia

48 AS ESPECULAÇÕES METAPSICOLÓGICAS DE FREUD

poderia ser reduzida a ele. A suposição de que o psiquismo é como um *aparelho* passível de ser figurado espacialmente, no qual circula uma *energia* psíquica de natureza sexual, a libido, também faz parte das hipóteses metapsicológicas. Esses conceitos fornecem, respectivamente, três grandes eixos da metapsicologia e servem como modelos ou conceitos auxiliares para que se possa buscar explicações sobre os processos psíquicos: "Proponho que se fale de uma apresentação metapsicológica quando conseguimos descrever um processo psíquico segundo suas relações dinâmicas, tópicas e econômicas" (Freud, 1915e, p. 181, tradução nossa). Ao ponto de vista dinâmico corresponde a suposição de pulsões (forças psíquicas) básicas em conflito, como causas motoras originárias e primeiras do funcionamento da vida psíquica; ao econômico, a suposição de uma energia psíquica de natureza sexual (a libido) – que funciona e pode ser avaliada segundo um fator quantitativo –, que estimula as pulsões e caracteriza os investimentos afetivos nos objetos de desejo; e, ao ponto de vista tópico, a proposição de tomar o psiquismo como se fosse um aparelho, passível de ser visualizado e figurado espacialmente, como ocorre quando lidamos com um telescópio, um microscópio ou qualquer objeto similar, tornando, assim, possível diferenciar as instâncias psíquicas que compõem as partes desse aparelho, jamais correspondendo a alguma localização anatômica e tendo, pois, a natureza de uma *ficção teórica*.

Todos esses termos metapsicológicos (pulsão, aparelho psíquico, libido), bem como outras representações similares, são, para Freud, construções auxiliares propostas em caráter provisório:

> *É assim que o caminho da ciência é, de fato, lento, tateante, laborioso. Isto não pode ser negado nem mudado. . . . O progresso no trabalho científico se efetua certamente como numa análise. Avança-se por supo-*

sições, faz-se construções auxiliares que são abando-
nadas se elas não se confirmam; tem-se necessidade
de muita paciência, de disponibilidade para todas as
possibilidades, renuncia-se a convicções primeiras . . .
e todo este esforço é, enfim, recompensado; as desco-
bertas esparsas ajustam-se num conjunto, chega-se a
ver claramente toda uma parte do advir anímico, li-
quida-se a tarefa e fica-se, então, livre para a seguinte.
(Freud, 1933a, p. 174, tradução nossa)

Ciente da distinção entre conceitos empíricos e conceitos especulativos, considerados partes distintas da teoria psicanalítica, Freud caracterizou a metapsicologia como uma superestrutura especulativa da psicanálise:

Estas representações [aparelho psíquico dividido em
instâncias], e outras similares, pertencem a uma su-
perestrutura especulativa [spekulativer Überbau] da
psicanálise, em que cada parte pode ser sacrificada
ou trocada sem dano nem remorso, a partir do mo-
mento em que uma insuficiência é constatada. (Freud,
1925d, pp. 32-33, tradução nossa)

Freud considera que suas *ficções teóricas* são inofensivas, caso jamais seja esquecida sua natureza especulativa. Ao referir-se às figurações que propôs para visualizar o psiquismo e seu funcionamento, ele afirmou:

Eu estimo que nós temos o direito de dar livre curso a
nossas suposições, desde que preservemos a frieza de

> *nosso juízo e não tomemos os andaimes pelo edifício. E uma vez que, em nossa primeira abordagem de algo desconhecido, tudo de que precisamos é o auxílio de representações auxiliares, daremos preferência, inicialmente, às hipóteses de caráter mais tosco e mais concreto. (Freud, 1900a, p. 536, tradução nossa)*

Não se trata, no entanto, de usar todo tipo de especulação, pois nem todas valem da mesma maneira. Os conceitos especulativos metapsicológicos têm uma orientação específica que se refere ao ponto de vista dinâmico, como acontece em outros ramos das ciências naturais. A esse ponto de vista Freud acrescentou o tópico e o econômico, aos quais também correspondem, respectivamente, outros conceitos e modelos especulativos, cuja finalidade é sempre a mesma: completar as teorias empíricas, tornando possível melhor agrupar e ordenar os fatos clínicos, fornecendo um guia tanto para a procura de explicações quanto para a obtenção de novos dados.

As proposições teóricas ou conceitos especulativos concebidos como construções auxiliares para realizar pesquisas não são uma inovação de Freud. Ao contrário, bem antes dele, filósofos, cientistas e epistemólogos já haviam analisado esse tipo de método de pesquisa, considerando-o não apenas aplicável, mas necessário às ciências naturais. Não é o caso, aqui, de apresentar uma análise detalhada da sua formação, baseada em seus mestres ou intelectuais admirados, como Fechner, Helmholtz, Brücke e Brentano, e que partilhavam desse método de pesquisa que tem necessidade e é impulsionado por ficções heurísticas. Concentrar-me-ei na análise de duas referências centrais – Kant e Mach –, que podem confirmar, textualmente, que as especulações metapsicológicas de Freud são um fruto desse modo de pesquisar e teorizar nas ciências naturais. Não se trata aqui de afirmar que Freud é um seguidor de Mach ou, ainda, que ele tomou a filosofia de Kant como modelo para a sua prática científica, mas tão somente de mostrar que a atitude teórico-especulativa de Freud corresponde a um instrumento teórico de pesquisa científica já estabelecido em sua época, sobre o qual a influência desses autores não poderia ser negada.

O programa de pesquisa kantiano e as especulações

A *Crítica da razão pura*, de Kant, pode ser interpretada como um programa de pesquisa para as ciências (cf. Loparic, 2000b). Esse programa mostra que toda ciência depende de um conjunto de princípios e conceitos dados *a priori*, denominados por ele, no caso das ciências naturais, uma metafísica da natureza. Esta serve como fundamento para a procura das leis que podem explicar o comportamento dos fenômenos. Fazem parte dessa metafísica conceitos como os de tempo e espaço, a relação de causalidade que se aplica aos fenômenos, a concepção da natureza como um todo e a ideia de força.

Dentre esses princípios há alguns que Kant considera como especulativos, mas necessários para que os conhecimentos possam ser sistematizados e agrupados em sua maior extensão possível, servindo também como um tipo de orientação que diz ao cientista que tipo de relações ele deve procurar. A concepção de que a natureza é um todo, por exemplo, é algo que vale a pena admitir para que seja possível considerar as leis como universais, mas que jamais poderá ser comprovado por meio da experiência sensível. Outro desses princípios especulativos é o ponto de vista dinâmico e a noção de força que lhe corresponde. Estes merecem aqui um esclarecimento maior, dado que neles reside o fator que tornará

52 AS ESPECULAÇÕES METAPSICOLÓGICAS DE FREUD

mais fácil compreender a proximidade das concepções filosóficas de Kant com as científicas de Freud.

Para Kant, quando o cientista procura descobrir a série de causas, finitas e sem lacunas, que explicam um determinado acontecimento na natureza, ele encontra um grande problema: dado um efeito, sempre é possível remetê-lo a uma causa anterior; logo, a série finita de causas que explicaria um fato seria impossível de ser estabelecida pela pesquisa empírica. Diante desse problema, a própria razão postula, por meio de uma convenção, uma causa originária, incondicionada, anterior à qual nenhuma outra deve ser procurada. Essa causa não precisa, ela mesma, ser explicada, mas deve ser tomada como um ponto de partida. Ela é um ente da razão e não corresponde a nenhuma entidade fenomênica, pois não vem da experiência sensível. Kant a considera como um conceito puro da razão ou, ainda, apenas uma *ideia*. Esta não é só uma causa primeira, mas também o tipo de causalidade a ser procurada nas relações de determinação recíproca entre os fenômenos.

Kant considera que há apenas duas alternativas básicas para conceber essa causa originária: a que caracteriza o ponto de vista mecânico e a que caracteriza o ponto de vista dinâmico. Segundo o ponto de vista mecânico ou atomista, o movimento, na natureza, deveria ser explicado em função da suposição de partículas indivisíveis, os átomos. Estes seriam responsáveis pela transmissão do movimento entre os corpos. Por outro lado, o ponto de vista dinâmico suporia, com o mesmo fim, que o movimento deve ser explicado em função de forças motrizes agindo na matéria e no encontro entre os corpos. Segundo Kant, não se trata de considerar uma grande diversidade de forças específicas, o que apenas obscureceria o entendimento, mas sim de supor apenas duas forças básicas: as de atração e as de repulsão.

Tanto os *átomos* como as *forças* são conceitos puros (*a priori*) elaborados pela razão, o que implica dizer que não há, para eles, uma apreensão empírica possível. O que é que decide, então, pela escolha de um ou de outro ponto de vista como orientação da pesquisa? Segundo Kant, trata-se de uma escolha que não pode estar baseada em fatos, mas tão somente nos frutos que um ou outro podem trazer para a pesquisa empírica. O ponto de vista dinâmico, para ele, é muito mais adequado e favorável no que se refere à finalidade de atingir uma explicação sistêmica mais extensa e mais conforme à razão. Não se trata, nessa perspectiva, de avaliar um ou outro ponto de vista como mais ou menos verdadeiro, ou seja, como correspondendo mais ou menos à realidade fenomênica, o que é simplesmente impossível verificar, mas sim de considerar qual deles é mais frutífero para a pesquisa científica.

Em resumo, o *ponto de vista dinâmico* e as *forças* são conceitos especulativos, apenas *ideias* que têm entes da razão como referentes, construções auxiliares de valor apenas heurístico, que servem como guias da pesquisa factual.

Defendo a hipótese de que o ponto de vista dinâmico utilizado na psicanálise e as forças psíquicas, as pulsões supostas por Freud, são análogos aos princípios e conceitos correspondentes em Kant e têm, tanto para o filósofo como para o psicanalista, a mesma função: servem como construções auxiliares usadas para procurar as relações de determinação entre os fenômenos. O mesmo poderia ser dito para os conceitos metapsicológicos freudianos de libido e de aparelho psíquico.

Não é por acaso que Freud caracteriza as pulsões como *ideias abstratas*, conceitos puramente *convencionais*. Loparic mostrou que, ao usar o termo *Trieb*, Freud retoma um termo comum à filosofia e à ciência alemãs pós-kantianas, que estão na base de sua formação como homem de ciência (cf. Loparic, 1999b), que não se trata, pois, em Freud, do uso de um termo de sentido vago, mas sim da aplicação de uma concepção teórica em voga no cenário científico-filosófico de sua época. Freud sabe que o conceito de pulsão é obscuro, que o seu referente empírico só poderá ser dado de forma inadequada, mas, mesmo assim, é necessário referi-lo aos dados empíricos, caso contrário o conceito seria inutilizável na ciência. É justamente por isso que Freud, logo após definir o conceito de pulsão como uma convenção, procura, por meio de diversas aproximações analógicas, preencher-lhe o conteúdo.

No entanto, não seria correto dizer que o conceito freudiano de *Trieb* corresponde exatamente às forças motrizes das quais fala Kant, mas a maneira como Freud opera teoricamente na adoção do ponto de vista dinâmico e na formulação do conceito de pulsão tem não só uma proximidade com o lugar que Kant dá aos conceitos puros da razão, como também obedece ao mesmo tipo de necessidade.

Creio poder afirmar aqui, ainda que isso exigisse um desenvolvimento mais extenso do que é possível neste capítulo, que a psicanálise freudiana foi construída nesse solo da metafísica da natureza do tipo kantiana, considerando que a vida da alma deveria ser tomada como um objeto natural, determinada por relações de causa e efeito como qualquer outro objeto natural, e, ainda, que os fenômenos psíquicos deveriam ser explicados a partir da consideração do ponto de vista dinâmico e das forças psíquicas que lhes correspondem.

Ernst Mach e o uso de representações-fantasia nas ciências empíricas

Não pretendo, aqui, retomar a análise das continuidades e das rupturas conceituais e metodológicas entre Freud e Mach,[6] mas sim ressaltar a defesa que Mach faz do uso de certas especulações como instrumentos heurísticos de pesquisa e expor o modo como Freud parafraseia Mach ao considerar as pulsões como um tipo de mitologia.

Para Mach, a ciência deve procurar descobrir as relações de determinação entre os fenômenos, uma meta que, no futuro, deve ser atingida sem lançar mão de nenhum outro recurso que não a descrição. Isso constitui, no entanto, o objetivo último a que se pretende chegar, a ciência em seu estado final. Enquanto a ciência está em desenvolvimento, ante a incompletude das explicações e para facilitar a descoberta das relações procuradas, Mach prega o uso de conceitos e modelos especulativos.

Ao analisar a história da física, Mach pôde reconhecer que esta se apoiou em conceitos que são um tipo de mito: a física aristotélica, com a consideração dos quatro elementos que comporiam a natureza, e a física newtoniana, com a suposição de que existem forças que impulsionam a natureza. Para ele, o conceito de força, que revolucionou a física após Newton, não é dado empiricamente, mas deve ser tomado apenas como um nome para a "circunstância que tem o movimento por consequência" (Mach, 1883, p. 84, tradução nossa). Ou seja, o conceito de força é, também para ele, apenas uma convenção, um princípio causal admitido, ainda que não se saiba dizer o que ele é exatamente. Mach afirma:

---

6 Cf. Fulgencio (2015) para uma análise detalhada da proximidades epistemológicas entre as propostas de Mach e as adotadas por Freud.

56 AS ESPECULAÇÕES METAPSICOLÓGICAS DE FREUD

Nós podemos caracterizar com o nome de mitologia da natureza esta ciência do início, com seus elementos fantasistas [terra, fogo, ar e água]. Depois, a mitologia da natureza, animista e demoníaca, foi substituída, pouco a pouco, por uma mitologia das substâncias e das forças, uma mitologia mecânica e automática e, por fim, por uma mitologia dinâmica. (Mach, 1905, p. 77, tradução nossa)

Freud, por sua vez, refere-se à teoria das pulsões como uma mitologia tanto nas *Novas conferências introdutórias à psicanálise* – "A teoria das pulsões é, por assim dizer, nossa mitologia" (Freud, 1933a, p. 95, tradução nossa) – quanto em sua carta a Einstein:

Talvez você tenha a impressão de que nossas teorias são um tipo de mitologia, no caso presente uma mitologia que nem mesmo é agradável. Mas toda ciência da natureza não volta a um tal tipo de mitologia? Acontece, hoje, de maneira diferente para você, na física? (Freud, 1933b, p. 211, tradução nossa)

Mach também já foi apontado como um elo de ligação significativo entre Einstein e Freud, e essa referência à mitologia do ponto de vista dinâmico, com a correspondente especulação que representa o conceito de força, seja ela psíquica ou física, apenas reitera a interpretação de que Freud está se apoiando em Mach quando fala das pulsões como seres míticos.

Referindo-se à perspectiva heurística para a prática científica, Mach (1905) ressalta que certos conceitos, que nada mais são do que representações-fantasia (*Phantasie-Vorstellungen*), podem tanto ajudar nas pesquisas quanto produzir equívocos indesejáveis, caso seja esquecida a natureza ficcional dessas construções auxiliares. Essas fantasias que servem ao processo da ciência deverão ser substituídas, na fase final, pela descrição direta dos fatos. Enquanto isso não é possível, aceita-se essa pequena ajuda que elas podem dar, pois contribuem para orientar a busca das relações de determinação entre os fenômenos por meio de certas ilusões ou modelos fictícios:

> *Pensemos nas partículas da luz de Newton, nos átomos de Demócrito e de Dalton, nas teorias dos químicos modernos... e, finalmente, nos modernos íons e elétrons. As múltiplas hipóteses físicas sobre a matéria, os turbilhões cartesianos e eulerianos, que reaparecem nas novas teorias eletromagnéticas de correntes e turbilhões, os sumidouros e as fontes que levam à quarta dimensão do espaço, as partículas ultramundanas que geram a gravitação etc. etc. poderiam ainda ser mencionados. Ocorre-me que se trata de uma roda-viva de representações aventureiras modernas que, tal como uma festa das bruxas [Hexen-sabbat], impõe respeito. Essas filhas da fantasia lutam pela existência, na medida em que procuram se sobrepujar mutuamente. Inúmeras dessas florações da fantasia devem ser aniquiladas, pela crítica, implacável, tendo em vista os fatos, antes que uma delas possa desenvolver-se e ter uma permanência mais longa. Para que se possa avaliar esse processo, é necessário levar em conta o fato de que se trata de reduzir os processos naturais a elementos conceituais mais simples. (Mach, 1905, p. 77, tradução nossa)*

Freud também caracterizou a metapsicologia como a *bruxa*. A seguinte citação de Freud pode ser tomada como um tipo de paráfrase do texto de Mach: "Se perguntamos sobre as vias e os meios pelos quais isso [o domínio das pulsões] se produz, não é fácil fornecer uma resposta. Deve-se dizer: 'É necessário que venha a feiticeira'. Entendam: a bruxa metapsicologia" (Freud, 1937c, p. 225).

O recurso à bruxa, portanto, não é um tipo de alusão retórica, mas uma maneira de ir além dos dados empíricos, como na física molecular, em que os modelos que versam sobre a constituição espacial do átomo possibilitam pesquisar as relações entre suas partículas. Os conceitos e modelos especulativos e as representações-fantasia de Mach são, como a metapsicologia freudiana, superestruturas especulativas das teorias científicas que possuem utilidade heurística.

Portanto, ao parafrasear Mach, Freud afirma muito mais do que uma certa simpatia pelas posições metodológicas em jogo: ele está reiterando uma determinada linha de pesquisa para a construção da psicologia como uma ciência empírica, que tem em Kant sua referência filosófica inicial. Isso se dá não apenas em termos gerais – já que, após Kant, toda ciência natural lhe deve um tributo –, mas em termos mais específicos, reconhecíveis tanto numa orientação de pesquisa como na aplicação de um método de pesquisa no qual se articulam conceitos empíricos com ficções heurísticas. Esse conjunto de referências indica que, para Freud, o ponto de vista dinâmico, a noção de força psíquica (as pulsões) e a consideração de que isso é um tipo de mitologia científica não correspondem, pois, a um uso analógico e descomprometido desses termos, mas sim a uma opção epistemológica e metodológica conscientemente adotada.

Estudos clássicos de epistemologia (por exemplo, Nagel) mostram que há, na ciência, um ponto de vista convencionalista no qual é defendido, como método de pesquisa, o uso de conceitos e modelos que têm apenas um valor operativo, ou seja, que servem de orientação para a organização dos dados e para a procura das relações que regem os fenômenos. Sendo apenas convenções, esses conceitos não devem ser confundidos com os que têm um referente empírico dado ou possível. A análise do proceder epistemológico e metodológico de Freud, como desenvolvi neste capítulo, mostra que ele é, da mesma maneira que Mach, um adepto desse ponto de vista convencionalista ou heurístico.

Observações gerais sobre a função da metapsicologia

Mostrei que, para Freud, a teoria psicanalítica é composta de dois corpos teóricos de naturezas diferentes, um empírico e outro especulativo, que se articulam coerentemente ao propor uma determinada maneira de conceber as ciências empíricas. Essa distinção entre uma teoria clínica e outra metapsicológica na psicanálise já foi observada por outros autores, como – mas cada um à sua maneira – Rapaport, Gill, Grünbaum, Ricoeur e Schafer. Mas essa diferenciação – articulada claramente com a caracterização da natureza empírica ou especulativa dos conceitos envolvidos, bem como com a análise da função das teorias especulativas, entendidas como a expressão de um coerente método de pesquisa nas ciências empíricas, o qual, por sua vez, pode ser reconhecível na formação científica e filosófica de Freud (em especial nas concepções epistemológicas e metodológicas de Mach e Kant) – fornece, pelo que sei, uma nova linha de interpretação. Essa maneira de conceber a teoria psicanalítica não introduz uma *cisão na obra freudiana* – como Green (1995, p. 35) supõe ocorrer, caso seja aceita essa diferenciação –, mas reconhece nela a explicação coerente de um método amplamente aceito no quadro das ciências empíricas. A

60 AS ESPECULAÇÕES METAPSICOLÓGICAS DE FREUD

metapsicologia não é, pois, como escreveram Roudinesco & Plon em *Dictionnaire de la psychanalyse*, o conjunto da concepção teórica de Freud, mas tão somente a sua superestrutura especulativa (Roudinesco & Plon, 1997, p. 668). Convém, ainda, esclarecer que, para Freud, a teorização metapsicológica também não é uma hermenêutica (cf. Grünbaum, 1984) nem fornece sentido aos fenômenos psíquicos: os conceitos metapsicológicos – as forças, as energias ou as instâncias de um aparelho – não dão sentido algum para as experiências vividas na situação clínica. A hipótese metapsicológica, por exemplo, de que o trauma corresponde a um *quantum* de energia não descarregada não fornece ao paciente, nem ao analista, nenhum sentido experiencial.

Em resumo, a metapsicologia não pode explicar os fenômenos clínicos nem constituir o sentido, ou parte do sentido, desses fenômenos, caso a palavra fenômeno seja tomada de acordo com o uso habitual, designando algo acessível à experiência clínica. A sua função é a de auxiliar a organização dos fatos, tornando possível estruturá-los e relacioná-los; ela é um constructo para conectar as descrições e uma orientação para procurar (observar) novos dados. As especulações metapsicológicas não são e nem fornecem explicações, mas estabelecem um quadro e uma direção para a busca de explicações factuais (empíricas) sobre os fenômenos psíquicos.

Algumas considerações sobre as reformulações feitas por Freud em sua metapsicologia

O que obrigou Freud a fazer mudanças significativas em sua teoria metapsicológica, inicialmente apresentada no Capítulo 7 de *A interpretação dos sonhos*, foram os problemas clínicos que não podiam ser tratados de maneira adequada por esse primeiro modelo. A consideração de que o aparelho psíquico (subdivido em três instâncias: inconsciente, pré-consciente e consciente) era movido por duas pulsões básicas (a de autoconservação e a sexual), ambas guiadas pelo princípio do prazer, mostrava-se inadequada ante os seguintes problemas, entre outros: como os sonhos, enquanto realizações de desejos, poderiam apresentar repetidas vezes uma situação de desprazer? Como entender a repetição "intencional" de eventos que causam desprazer (como analisado no jogo do carretel)? Como compreender o que ocorre com as neuroses narcísicas, considerando, enquanto impulsos básicos, as pulsões de autoconservação e as sexuais? Como conceber o que ocorre com o sádico e o masoquista? E o que dizer da constatação de que, às vezes, parece haver um "destino demoníaco" que leva certas pessoas a repetirem sempre os mesmos tipos de sofrimentos?

Para dar conta desses fatos clínicos, incompatíveis com o modelo da primeira tópica, mas mantendo seu programa de pesquisa – a saber, a psicanálise como ciência natural, que objetifica o psiquismo, considerando-o do ponto de vista dinâmico –, Freud reformulará os conceitos de sua metapsicologia. Ele substituirá suas construções auxiliares, propondo um novo par de pulsões que serão concebidas como impulsos básicos que levam o aparelho psíquico tanto a constituir unidades cada vez maiores – e a mantê-las (*Eros* ou pulsão de vida) – como a procurar eliminar as tensões, internas a esse aparelho, ao seu menor nível, levando, no limite, o ser vivo a seu estado zero de tensão, ou seja, a seu estado inorgânico (a pulsão de morte). Nesse segundo modelo, a figuração especulativa do psiquismo também foi reformulada, supondo-se, então, uma nova organização do aparelho psíquico, agora subdividido nas instâncias denominadas id, ego e superego, com seus conteúdos conscientes e inconscientes. Esse novo modelo metapsicológico mostrou-se mais eficiente para buscar explicações

62 AS ESPECULAÇÕES METAPSICOLÓGICAS DE FREUD

sobre fenômenos clínicos, como a hipocondria, o narcisismo, a tendência à repetição, o sadismo, o masoquismo etc.

Freud declarara, referindo-se à segunda tópica, que o conceito de pulsão de morte acabou por impor-se a ele como um modo de pensar: "com o passar do tempo, elas [as ideias de pulsão de vida e de morte] adquiriram um tal poder sobre mim que não posso mais pensar de outra maneira" (Freud, 1930a, p. 119, tradução nossa). Isso não quer dizer que ele acredite no valor empírico dessas hipóteses, mas tão somente em seu valor heurístico. Em 1920, ao apresentar a hipótese do novo par de pulsões básicas, ele revela duvidar de si mesmo: "Pode-se perguntar se e em que medida eu mesmo estou convencido das hipóteses aqui desenvolvidas. Eu responderia que não estou e que não peço a outros que acreditem nela. Mais exatamente: não sei em que medida acredito nelas" (Freud, 1920g, p. 59, tradução nossa).

Mas ele considera que o conceito de pulsão de morte e as outras especulações relativas à segunda tópica são úteis para resolver seus problemas clínicos; estas especulações "instauram esta simplificação que não negligencia nem viola os fatos, à qual nós aspiramos no trabalho científico" (Freud, 1930a, p. 119, tradução nossa). Pode-se dizer que, para Freud, as pulsões não são fatos e sim convenções, ideias abstratas, que organizam os fatos.

Segundo Freud, não seria possível construir uma psicologia científica sem uma metapsicologia: "Sem especular nem teorizar – por pouco eu iria dizer fantasiar – metapsicologicamente, não se avança aqui um passo sequer" (Freud, 1937c, p. 225). No entanto, ele mesmo reconheceu a possibilidade e a necessidade de mudar os conceitos de sua metapsicologia, desde que os fatos assim o exigissem. Isso caracteriza a teoria metapsicológica como necessária e substituível.

No entanto, o que define a psicanálise não é a metapsicologia, mas sim seus fundamentos empíricos, seus xiboletes. A metapsicologia corresponde, para Freud, falando em termos analógicos, ao andaime ou ao cume do edifício teórico da psicanálise. É justamente o que ele afirma quando comenta o lugar a ser dado para o conceito de libido e para outros conceitos de mesma natureza:

> *É que essas ideias não são o fundamento da ciência sobre as quais tudo repousa: esse fundamento é, ao contrário, somente a observação. Essas ideias não são as fundações, mas sim o cume de todo o edifício, e elas podem, sem dano, ser substituídas e retiradas. Nós temos, ainda, em nossos dias, esta mesma experiência com a física: suas intuições fundamentais sobre a matéria, os centros de força, a atração etc. são tão discutíveis quanto as concepções correspondentes em psicanálise. (Freud, 1914c, p. 77, tradução nossa)*

No entanto, uma vez reformulada a metapsicologia, ocorre, necessariamente, uma reorganização e um reagrupamento dos fatos; mais ainda, ao mudar a orientação que guia a pesquisa, novos fatos podem ser observados.

Reiterações e críticas à teoria metapsicológica

O desenvolvimento da teoria metapsicológica pós-Freud, bem como a análise das críticas de que foi alvo, exigiria uma apresentação muito mais ampla do que a que seria possível neste capítulo. Comentarei, em seguida, alguns exemplos que mostram uma oposição entre os defensores da metapsicologia e os que a consideram um tipo de teorização inadequada para a psicanálise. Meu objetivo é marcar os polos extremos de uma discussão que ainda não chegou a seu termo. Evidentemente, esse tipo de exposição indicativa deixa lacunas que necessitariam ser preenchidas por análises mais detalhadas.

Pode-se afirmar que a grande maioria dos psicanalistas tem a mesma opinião de Freud quanto à metapsicologia: ela é necessária, ainda que seu conteúdo possa ser substituível. Os grandes representantes da psicanálise pós-Freud mantiveram-na no centro de suas propostas, expandindo-a, reformulando-a e até mesmo reescrevendo-a. Ainda que o uso das teorias de tipo metapsicológico seja difundido, a análise crítica do que a metapsicologia é, em termos epistemológicos e metodológicos, é muito menos comum. Citarei alguns autores que a avaliam como necessária, sem, no entanto, desenvolver a maneira específica como entendem a sua natureza e a sua função. Fédida, por exemplo, reconhecendo o caráter especulativo da metapsicologia, considerava ser impossível uma psicanálise sem suas ficções básicas: "nós jamais poderemos anular o conceito de pulsão ou a ficção do aparelho psíquico" (Fédida, 1983, p. 36, tradução nossa). Green, mesmo considerando as insuficiências e as inadequações da teoria metapsicológica, considerava que, até aquele momento, nada suficientemente convincente fora proposto para substituí-la, e, por isso, acha melhor *revisitá-la* e desenvolvê-la:

> *Talvez, feridos pelos limites que encontraram as novas ideias, alguns – vindos de horizontes muito diferentes – acabaram por concluir que seria, talvez, mais saudável e menos inibidor para o desenvolvimento da psicanálise abandonar até a própria ideia de metapsicologia. Eu jamais fui um desses. E como os partidários desta revisão dilacerante jamais provaram que esta atitude era a mais*

fecunda – é o menos que posso dizer –, prefiro escolher uma outra via. (Green, 1995, p. 7, tradução nossa)

Nessa mesma perspectiva de defesa da teoria metapsicológica, Assoun, após fazer um recenseamento da situação da metapsicologia pós-Freud, avalia esta como uma *fonte inigualável do pensamento sobre a clínica*, uma *bússola* sem a qual o psicanalista ficaria desorientado. Em termos mais descritivos, ele afirma que a metapsicologia

> *é a garantia da capacidade propriamente explicativa da psicanálise. Ela dá efetividade à busca de uma teoria da causalidade psíquica, renovada pela consideração dos processos inconscientes – a mesma que falta às concepções descritivas (psiquiátricas), como aquelas que buscam um modo de explicação exógena (neurobiológica). A metapsicologia é, pois, de fato, uma resposta à impotência explicativa das outras teorias psíquicas, as quais fracassam em explicar – a não ser, como a psiquiatria, por "causas distantes" – os processos psíquicos mantendo a especificidade desses processos, [uma resposta que se põe] em contraste com as explicações "exógenas" (em particular, as das neurociências). (Assoun, 2000, p. 121, tradução nossa)*

Noutro polo, encontramos críticas à teoria metapsicológica, tanto por parte de filósofos e epistemólogos quanto por parte de psicanalistas. Em geral, eles duvidam da adequação desse tipo de teoria para abordar os fenômenos dos quais trata a psicanálise. Alguns até mesmo questionaram se a ciência psicanalítica, como Freud a construiu, edificada no solo do sistema kantiano, seria uma proposta que se sustentaria diante das grandes transformações teóricas – na filosofia e nas ciências – feitas ao longo do século XX.

Dois dos maiores nomes da filosofia do século XX criticaram diretamente a metapsicologia. Heidegger mostrou que o pensamento filosófico da modernidade, incluindo Kant, objetifica o homem, descaracterizando sua essência. Sobre Freud, Heidegger escreveu: "A metapsicologia de Freud é a transposição da filosofia neokantiana [da natureza] ao ser humano. Por um lado, ele [Freud] usa as ciências naturais e, por outro, a teoria kantiana da objetividade" (Heidegger, 1987, p. 222).

Para Wittgenstein (1966), a perspectiva dinâmica que anima o pensamento teórico de Freud obscurece nosso entendimento sobre o homem. Mesmo reconhecendo que Freud é um autor que tem muito a dizer, criticou seu recurso a uma mitologia teórica que, em sua opinião, dá a ilusão de compreensão quando, na verdade, apenas esconde aquilo de que trata.

Diversos psicanalistas fizeram, de diferentes ângulos, críticas à metapsicologia, em especial os teóricos das relações de objeto (Fairbairn e Guntrip), os representantes da *psicologia do ego* e do *self* (Hartmann e Kohut), os que se aproximam de concepções fenomenológicas da teoria e da prática psicanalítica (George Klein e Roy Schafer), além de outros que, tendo elaborado teorias psicanalíticas alternativas, rejeitam o recurso ao modo de teorização metapsicológico, como é o caso de Winnicott.

Dou alguns exemplos a fim de tornar mais claras e objetivas algumas das críticas feitas. Guntrip considera que a psicanálise de Freud é composta de teorias diferentes, nem sempre cuidadosamente distinguidas pelos psicanalistas: uma formulada em termos de uma teoria impessoal do funcionamento mental, cujo objetivo é apresentar a psicanálise como uma ciência natural, e outra manifesta na forma de uma "teoria do si-mesmo ativo, perseguindo fins em seus relacionamentos humanos vivos" (Guntrip, 1961, p. 118, tradução nossa). A metapsicologia corresponde à teoria impessoal. Ao propor esse tipo de teoria, Freud não fez uma psicologia genuína, mas uma fisiologia disfarçada, acabando por obscurecer ou falsificar os fenômenos que tenta abordar: "Para a psicanálise, a psicologia é o estudo da mente humana pessoal. Se a mente humana é despersonalizada, ela cessa o ser humano, mas não é possível criar uma ciência pela falsificação dos dados" (Guntrip, 1961, p. 129, tradução nossa).

Guntrip tentou substituir a metapsicologia de Freud por um outro tipo de teoria, referida às relações de objetos, formuladas em termos das relações humanas propriamente ditas.

Hartmann e Kohut, ao proporem uma separação dos conceitos de eu e de si-mesmo, consideram ter dado um passo decisivo para o desenvolvimento da psicanálise, pois essa diferenciação torna possível formular as teorias psicanalíticas de uma maneira muito mais próxima da experiência, afastando-se, pois, dos conceitos metapsicológicos, os quais seriam muito distantes da experiência. Diz Kohut:

> o ego, o id e o superego são os componentes, na psicanálise, de uma abstração específica, de alto nível, isto é, distante da experiência: o aparelho psíquico. . . . O si-mesmo, entretanto, surge na situação analítica e é conceituado na forma de uma abstração psicanalítica de um nível relativamente baixo, isto é, relativamente próxima à experiência, como um conteúdo do aparelho mental. (Kohut, 1971, pp. xiv-xv)

George Klein, seguindo a distinção entre a metapsicologia e a teoria clínica como Ricoeur a apresenta, julga que essas teorias

68 AS ESPECULAÇÕES METAPSICOLÓGICAS DE FREUD

engendram "dois modos incompatíveis de explicação", e que a metapsicologia, expressão do "positivismo inveterado" de Freud, deveria ser abandonada a favor de uma teoria clínica que decifraria não as causas, mas as intenções e os sentidos da experiência e dos comportamentos:

> *O objetivo central da explicação psicanalítica é a leitura da intencionalidade; o comportamento, a experiência e o testemunho são estudados por seus sentidos neste contexto, enquanto eles exemplificam, em conjunto, as diretrizes, tensões, admitidas, não-admitidas, reprimidas, proibidas... Aplicada à compreensão dos sintomas, por exemplo, uma tal explicação consiste em remeter um sintoma não ao funcionamento de um mecanismo que seria, ele mesmo, observável, real ou potencialmente, mas ao contexto de uma história de vida, na qual o sintoma torna-se inteligível enquanto exemplificação de uma solução em conformidade com certos fins. (Klein, 1976b, p. 26, tradução nossa)*

Schafer (1982), por sua vez, considerou a linguagem metapsicológica (forças, pulsões, energias, aparelhos etc.) inadequada para a compreensão do homem, mostrando a necessidade de substituí-la.

As críticas à metapsicologia consistem, *grosso modo*, em considerá-la um tipo de instrumento teórico que estaria em desacordo com a natureza dos fenômenos que investiga – a vida psíquica do homem e as relações inter-humanas –, produzindo um falseamento da compreensão dos fatos clínicos observados. Não se trata apenas de um problema teórico, pois da teoria metapsicológica deriva uma prática clínica que, no limite da sua aplicação, leva a um método de tratamento que toma as pessoas e as relações inter-humanas pelo que elas não são: objetos regidos por leis naturais.

Tendo analisado qual é a natureza e a função da teoria metapsicológica em Freud, bem como retomado algumas das críticas a ela dirigidas, é possível colocar com maior precisão a pergunta sobre o futuro dos modos de teorização na psicanálise, apresentando uma bifurcação radical no que se refere à metapsicologia: ou ela é desenvolvida – enquanto uma superestrutura especulativa necessária – e, no limite dessa opção, tenta-se substituí-la por outra mais eficiente, ou, então, considera-se que as teorias metapsicológicas devem ser abandonadas em favor de um outro tipo de teorização sem especulações, que se mostraria, por sua vez, mais eficiente e adequado à resolução de problemas próprios à psicanálise.

Não creio ser o caso de iniciar, agora, uma análise dos argumentos a favor e contra a posição dos autores anteriormente citados, mostrando as proximidades e a maneira como eles e eu interpretamos a metapsicologia de Freud. No entanto, considero que a perspectiva de análise aqui apresentada pode contribuir para a compreensão mais precisa do papel da teoria metapsicológica no desenvolvimento da psicanálise.

Apresentarei, no entanto, neste final de capítulo, algumas passagens de Winnicott que confirmam suas críticas à metapsicologia como um modo de teorização na psicanálise, com o objetivo de fornecer índices a favor da hipótese de trabalho de que Winnicott construiu uma psicanálise sem a metapsicologia, uma hipótese que, para ser amplamente aceita, necessita ainda de pesquisas complementares.

A possibilidade efetiva de uma psicanálise sem a metapsicologia

Winnicott formulou uma teoria que se mantém próxima da experiência imediata – sobretudo a que lhe vem da clínica pediátrica, com os bebês e suas mães, e da clínica psicanalítica, com psicóticos que necessitam regredir à dependência –, evitando toda teorização abstrata de tipo metapsicológica. Ele considera que o tipo de linguagem teórica utilizado para tratar das questões humanas deve ter certas características que aproximam a teoria daquilo que esta tenta entender: "Um escritor da natureza humana precisa ser constantemente levado na direção da linguagem simples, longe do jargão do psicólogo, mesmo que tal jargão possa ser valioso em contribuições para revistas científicas" (Winnicott, 1957o, p. 127).

De uma maneira mais ou menos explícita, ele fez críticas aos conceitos fundamentais da teoria metapsicológica, seja no que se refere aos fundamentos que constituem a metapsicologia – o dinâmico e as pulsões, o econômico e a libido, o tópico e as instâncias de um aparelho psíquico – seja julgando-a como um todo. Darei exemplos de cada uma dessas críticas.

Para Winnicott, os conceitos de pulsão de vida e de morte mais atrapalham do que ajudam a compreensão do desenvolvimento infantil. Em 1952, numa carta a Money-Kyrley, ele escreveu:

> o conceito de pulsão de vida e de morte evita o campo de investigação tão rico do desenvolvimento inicial do bebê. É uma pena que Melanie tenha feito um esforço tão grande para conciliar sua opinião com a pulsão de vida e de morte, que são, talvez, o único erro de Freud. (Winnicott, 1987b, p. 42)

Não só em sua correspondência, mas também nos textos publicados, ele reafirma a sua opinião: "Eu, simplesmente, não acho válida sua ideia [de Freud] de pulsão de morte" (Winnicott, 1965b, p. 177). Sua crítica não se restringe às forças psíquicas básicas que Freud postulou em sua segunda tópica, mas recai no próprio conceito de pulsão. Deve-se, aqui, apontar que a tradução de *Trieb* por *instinct* borrou as diferenças entre as concepções de Freud e as de Winnicott, pois, neste último, *instinct* tem um sentido que não corresponde ao *Trieb* de Freud. Para Winnicott, o instinto não é um representante psíquico de uma tensão corporal, mas a própria tensão que exige uma ação: "Instinto é um termo pelo qual se denominam poderosas forças biológicas que vêm e voltam na vida do bebê ou da criança, e que exigem ação" (Winnicott, 1988, p. 39). As *poderosas forças biológicas* não correspondem às *ideias abstratas* ou *convenções*. O instinto, para Winnicott, não é um conceito-limite entre o somático e o psíquico, mas uma fonte biológica que terá de ser *elaborada psiquicamente*. Tratar-se-ia aqui, portanto, do abandono do conceito fundamental da metapsicologia freudiana, apontando para a construção de uma psicanálise sem a mitologia das pulsões.

Winnicott também se opõe à ideia de que a natureza humana possa ser adequadamente compreendida por meio da suposição de uma energia que circula em seu interior, ou seja, critica a proposta de se tratar a natureza humana em termos econômicos:

> *Freud aí lida com a natureza humana em termos de economia, simplificando o problema deliberadamente com o propósito de estabelecer uma formulação teórica. Existe um determinismo implícito em todo esse trabalho, a premissa de que a natureza humana pode ser examinada objetivamente e que podem ser aplicadas a ela as leis que são conhecidas em Física. (Winnicott, 1958b, p. 16)*

72 AS ESPECULAÇÕES METAPSICOLÓGICAS DE FREUD

Em seguida a essa afirmação, Winnicott faz uma análise do sentimento de culpa nos aspectos empiricamente observáveis das relações inter-humanas, como a aquisição da capacidade para sentir culpa, os sentimentos associados com a vida instintiva e com as relações edípicas, triangulares, e a capacidade de tolerar a ambivalência dos sentimentos de amor e ódio. Não há nessa análise nenhum recurso à noção de libido enquanto uma energia ou qualquer outro fator quantitativo que fosse suscetível de aumento, diminuição, deslocamento e descarga. Isso parece indicar o abandono do ponto de vista econômico, como Freud havia proposto, sem que isso signifique o abandono de descobertas como o complexo de Édipo, a vivência de ambivalência etc.

Quanto ao ponto de vista tópico, o terceiro eixo da teoria metapsicológica, Winnicott também não o utiliza, pois não toma as instâncias psíquicas – como id, ego e superego – como ficções teóricas, figurações espaciais de um aparelho fictício, mas as usa num sentido mais descritivo. Vejamos, por exemplo, como ele interpreta o que significam esses termos:

> *Nas suas formulações teóricas iniciais ele estava interessado no id, nome pelo qual ele se referia aos impulsos instintivos, e no ego, nome pelo qual ele chamava aquela parte do eu total que se relaciona com o ambiente. O ego modifica o ambiente para conseguir satisfações para o id, e freia impulsos do id para que o ambiente possa oferecer o máximo·de vantagens, do mesmo modo para a satisfação do id. Mais tarde (1923) Freud usou o termo superego para denominar o que é aceito pelo ego para uso no controle do id. (Winnicott, 1958b, p. 16)*

Não se trata, para Winnicott, de discordar apenas deste ou daquele conceito, mas, sim, da própria teoria metapsicológica, considerando que ela obscurece a compreensão dos fatos clínicos, o que fica explícito em sua carta a Anna Freud de 18 de março de 1954:

> *Estou tentando descobrir por que é que tenho uma suspeita tão profunda com esses termos [metapsicológicos]. Será que é por que eles podem fornecer uma aparência de compreensão onde tal compreensão não existe? Ou será que é por causa de algo dentro de mim? Pode ser, é claro, que sejam as duas coisas. (Winnicott, 1987b, p. 58)*

Para ser levada a sério, a concepção de uma psicanálise sem metapsicologia precisaria mostrar que problemas antes tratados por meio dela poderiam ser mais bem resolvidos por outro tipo de teorização. Um exemplo possível é o do fenômeno da agressividade no ser humano. Para Freud e Melanie Klein, que pensam no interior do quadro da metapsicologia, a agressividade tem sua fonte na frustração e, em última instância, na pulsão de morte; para Winnicott, no entanto, ela não advém, de modo algum, da pulsão de morte, tendo sua origem na motilidade, nos estados excitados decorrentes de tensões instintuais e na quebra da continuidade de ser, que deriva de intrusões ambientais.

O que resulta desta minha análise, como tema a ser aprofundado por pesquisas futuras, é a avaliação da natureza e da função da teoria metapsicológica em Freud, bem como a hipótese de que é possível uma psicanálise sem esse tipo de teorização, o que relança a discussão sobre os modos de teorização na história e desenvolvimento da psicanálise.

2. Realismo e antirrealismo na interpretação da metapsicologia freudiana[1]

Richard Simanke

Muito já se discutiu se a psicanálise pode ou não ser adequadamente compreendida sem a referência ao corpo de conceitos fundamentais elaborado por Freud e batizado por ele com o neologismo "metapsicologia". Evidentemente, a discussão dessa questão passa pela elucidação do sentido dessa disciplina teórica destinada a estabelecer as bases do conhecimento psicanalítico. Qual o estatuto conceitual dos termos e enunciados que a constituem? Por qual método eles chegaram a ser formulados? Qual o alcance ou a relevância atual desses conceitos, num momento em que o ambiente cultural e científico no qual eles tomaram forma foi há muito deixado para trás? É possível discuti-los ainda com proveito no contexto da epistemologia contemporânea? Qualquer resposta

---

1 Este trabalho recebeu o apoio do CNPq sob a forma da Bolsa de Produtividade em Pesquisa concedida ao projeto "Psicanálise, ciência e neurociência: Freud e a epistemologia das ciências da mente contemporâneas", ao qual se encontra vinculado. Uma versão deste texto foi publicada originalmente em Simanke, R. T. (2009). Realismo e anti-realismo na interpretação da metapsicologia freudiana. *Revista de Filosofia e Psicanálise Natureza Humana, 11*(2), 97-152. As traduções são de minha responsabilidade.

76 REALISMO E ANTIRREALISMO NA INTERPRETAÇÃO...

que se possa oferecer a essas perguntas precisa justificar-se a partir da compreensão que se tenha da metapsicologia freudiana, a qual, por sua vez, ganha sentido em função da estratégia de interpretação adotada, cuja explicitação é imprescindível para esclarecer os termos do debate.

Tendo isso em vista, o objetivo aqui é discutir duas possibilidades de interpretação da metapsicologia freudiana com relação a um ponto específico: o caráter *realista* ou *antirrealista* que se possa atribuir a seus conceitos. Essa discussão tem a vantagem de inserir a psicanálise num debate epistemológico bem mais abrangente e absolutamente atual, a saber, aquele que se trava em torno das possibilidades e das limitações do *realismo científico*.[2] Trata-se de um debate que experimentou diversas reviravoltas ao longo do período histórico em que a psicanálise nasceu e se consolidou como disciplina, com posições realistas e antirrealistas predominando alternadamente, de modo que se evidencia sua relevância para o trabalho de elucidação da natureza do conhecimento psicanalítico e de estabelecimento de seu *status* científico.

Para abordar essa questão, parte-se aqui de um comentário crítico mais minucioso de um exemplo de interpretação enfaticamente antirrealista da metapsicologia freudiana: aquela proposta por Leopoldo Fulgencio em seu livro *O método especulativo de Freud*

---

2 Para os propósitos deste trabalho, é suficiente partir de uma definição bastante padronizada e abrangente de *realismo científico* como a doutrina que "afirma que os objetos do conhecimento científico existem independentemente das mentes ou atos dos cientistas e que as teorias científicas são verdadeiras à medida que se refiram a esse mundo objetivo (independente da mente)" (Fine, 1998, p. 581, tradução nossa). Assim, o realismo é, por um lado, uma tese metafísica, que afirma a existência de certo tipo de entidades, e, por outro, uma tese epistemológica, que afirma quanto é possível conhecer a respeito dessas entidades e qual o estatuto desse conhecimento. Há diversas formas de realismo (Harré, 1986), duas das quais – o realismo empírico e o realismo teórico – são discutidas mais longamente no que se segue.

(2008). Esse ponto de partida justifica-se pelo fato de tratar-se de uma das mais completas e sistemáticas interpretações da metapsicologia freudiana encontráveis na literatura recente, além de que a qualidade das análises que aí se podem encontrar torna-o uma base confiável para alavancar a discussão que se segue. Além disso, sua tomada de posição antirrealista é perfeitamente explícita e muito bem fundamentada, de modo que pode ser assumida como representativa de um dos polos do debate que se pretende aqui analisar.[3] Num segundo momento, são discutidas algumas interpretações realistas da metapsicologia, com o intuito de ilustrar a possibilidade de uma abordagem alternativa, de fazer um levantamento de seus principais argumentos e de identificar qual forma de realismo elas propõem. Como complemento à discussão dessa segunda abordagem, algumas passagens da obra de Freud que parecem fornecer evidências para sustentá-la são brevemente comentadas, a fim de evidenciar a sua viabilidade. Por fim – e a título de conclusão –, discutem-se algumas razões pelas quais essas interpretações discordantes do sentido da metapsicologia são possíveis e se procura apontar em que direção as implicações de uma e outra podem conduzir.

---

3 O ponto de partida deste texto foi, de fato, a intenção de fazer uma resenha de *O método especulativo de Freud*. O interesse e as ramificações das questões aí desenvolvidas e a extensão dos comentários necessários para fazer-lhes justiça acabou exigindo que se desse ao texto as dimensões de um artigo.

Uma interpretação antirrealista da metapsicologia[4]

Antes de apresentar a tese principal do trabalho de Fulgencio e seus desdobramentos, cabe explicitar os pressupostos metodológicos a partir dos quais ela é formulada e defendida. Aqui reside uma das maiores virtudes do livro e, talvez, aquela da qual provenham todas as demais. De fato, o autor parte do princípio de que o contexto e o pano de fundo adequado contra o qual a psicanálise deve ser avaliada é aquele fornecido pela epistemologia e pela filosofia das ciências. Isso, em primeiro lugar, devido ao fato de que foi como uma ciência natural da mente que Freud pretendeu, desde o início, constituir a psicanálise. Trata-se de algo que deveria ser evidente, mas que é frequentemente desconsiderado na literatura

---

4 Como acontece com o realismo, pode-se falar de diversos "antirrealismos" que, de modo geral, negam a existência independente das entidades ou processos de que fala a ciência. É possível distinguir-se aí, um tanto esquematicamente, o *instrumentalismo* (que coloca a ênfase na função pragmática, na confiabilidade e na adequação empírica, e não na verdade das proposições científicas), o *ficcionalismo* (variante do primeiro, que nega a existência das entidades postuladas pelos realistas e as considera como criações mais ou menos livres do espírito), o *convencionalismo* (que afirma que as verdades científicas são convenções, em vez de descrições), o *fenomenalismo* (que só leva em conta a realidade das sensações) e o *construtivismo* (que considera como construções sociais os próprios "fatos" que a ciência investiga). Alguns nomes próprios são tradicionalmente elegidos para ilustrar essas posições e podem facilitar sua identificação: Duhem (instrumentalismo), Vaihinger (ficcionalismo), Poincaré (convencionalismo), Mach (fenomenalismo) e, na epistemologia mais recente, van Fraassen (construtivismo). Nem sempre a distinção entre eles é estabelecida claramente, e é comum, na literatura sobre o tema, vermos um filósofo realista eleger uma das formas do antirrealismo para representar o todo ao qual se opõe, e vice-versa. Fulgencio tampouco se detém nessa distinção, e sua apresentação de Freud transita entre o convencionalismo, o instrumentalismo e o ficcionalismo. Mas essa distinção não é importante para o seu argumento e, tampouco, para o comentário que se segue.

psicanalítica, quando não deliberadamente obscurecido. Assim, é a partir da própria atitude epistemológica que se pode encontrar em Freud que esse ponto de partida se justifica:

> *Ele [Freud] sempre a considerou uma ciência empírica, pertencente, portanto, ao rol das* Naturwissenschaften, *recusando-se, inclusive, a incluí-la no grupo das ciências do espírito* (Geisteswissenschaften)*. . . . Freud não a concebeu como um novo ramo do saber – como se sua doutrina estivesse mais próxima da ética, estética, política ou da arte –, estabelecendo um campo* sui generis; *ao contrário, ele a manteve no interior da sociedade dos cientistas naturalistas. (Fulgencio, 2008, p. 161)*

Por isso, por mais que esteja consciente da gravidade das questões cruciais que se colocam atualmente para a psicanálise, tanto com relação à sua eficácia terapêutica quanto no que diz respeito ao lugar que se lhe pode atribuir no panorama científico contemporâneo, o livro rejeita, de saída, a "política do avestruz", que consistiria em entrincheirar-se dentro dos limites dogmaticamente fortificados da psicanálise, praticando alguma variedade de metafísica defensiva:

> *O problema não pode ser evitado fechando-se os olhos e colocando a psicanálise como um saber* hors--concours, *levantando a bandeira ideológica de uma disciplina revolucionária* sui generis, *só avaliável por seus próprios parâmetros, independente de todos os outros saberes. (Fulgencio, 2008, p. 25)*

80 REALISMO E ANTIRREALISMO NA INTERPRETAÇÃO...

Dessas considerações e da determinação de evitar essas armadilhas – das quais, segundo muitas análises clássicas, o próprio Freud não teria escapado (cf. Grünbaum, 1984) – resulta então o pressuposto metodológico básico, que não tarda a ser explicitado: "Sem esquecer a especificidade da psicanálise, este livro coloca-a num diálogo com a história e a epistemologia das ciências, diálogo que, se recusado, condena a prática analítica (tanto clínica como teórica) a transformar-se numa seita ou ideologia grupal" (Fulgencio, 2008, p. 30).

É verdade que a ideia de uma análise epistemológica da psicanálise está longe de ser uma novidade. De fato, a própria área de pesquisa em *filosofia da psicanálise* na qual esse tipo de interrogação se insere constituiu-se inicialmente, na cena nacional, como a proposta de uma *epistemologia da psicanálise*. Só que, na origem, o que se designava por esse termo era uma concepção bastante específica de epistemologia. Nascida nos meios filosóficos paulistas, cujo cânone se inspirava na escola francesa de história da filosofia e em sua metodologia de análise estrutural dos textos filosóficos clássicos, essa epistemologia transpunha aqueles procedimentos para a análise das teorias científicas, propondo-se a tratá-las como um texto a ser decifrado a partir dos princípios imanentes que tivessem regido a sua construção (Monzani, 1989; Lebrun, 1977). Embora tenha realizado uma tarefa indispensável de saneamento no campo dos estudos freudianos e psicanalíticos em geral, introduzindo rigor conceitual numa área em que tradicionalmente predominava a especulação descompromissada e a improvisação literária apresentada como novidade de doutrina, essa prática desempenhava, por isso mesmo, uma função instrumental e constituía-se numa etapa a ser ultrapassada. Pode-se dizer que a área de pesquisa em filosofia da psicanálise, como se apresenta contemporaneamente, tomou forma a partir das diversas soluções encontradas pelos pesquisadores para realizar essa ultrapassagem.[5] A epistemologia praticada por Fulgencio em sua abordagem da metapsicologia pode ser considerada uma dessas soluções. Daí que ele se dê ao cuidado de distingui-la daquela forma de epistemologia imanente que, a seu ver, conduziria exatamente às armadilhas que se quer evitar, a saber, à concepção de que a psicanálise é uma disciplina que só pode ser avaliada segundo seus próprios critérios:

> *Convém ainda salientar que, ao referir-me a uma discussão sobre a epistemologia da psicanálise, não estou apenas me referindo à análise da lógica interna da teoria psicanalítica – como se, para analisar epistemologicamente uma disciplina, fosse necessário considerar uma epistemologia regional, circunscrita apenas ao quadro teórico dessa disciplina e só avaliável por critérios internos a ela –, mas sim considerando que a psicanálise deve ser tomada como passível de ser questionada por uma epistemologia geral, enquanto uma ciência que se ocupa tanto da análise da lógica interna de um sistema teórico quanto das regras de correspondência e de adequabilidade entre suas teorias e os objetos dos quais trata. (Fulgencio, 2008, p. 432)*

Tanto é assim que, por exemplo, mesmo a extensa discussão do emprego de analogias por parte de Freud, que ocupa a Parte IV do livro (Fulgencio, 2008, pp. 353-430), transcorre inteiramente dentro dessa perspectiva que procura compreender os procedimentos freudianos à luz de seus compromissos epistemológicos, afastando-se deliberadamente das leituras que os consideram como

---

5 Para uma discussão mais detalhada dessas questões, ver Simanke (2007).

idiossincrasias estilísticas de Freud (Etcheverry, 1988; Mezan, 1989; Figueiredo, 2002), justificáveis apenas em função da irredutível singularidade disciplinar da psicanálise que, ao se ocupar da subjetividade, do sujeito terapêutico em suas multiformes manifestações, teria precisado abrir espaço para o estilo como forma de pensamento e, confrontada com o ineditismo de seu objeto, praticamente exigira a autonomia desenvolta com que seu criador lançou mão dos instrumentos que a cultura e a ciência colocavam à sua disposição. Nosso autor mostra-se, assim, perfeitamente a par de que o uso de analogias e metáforas é algo absolutamente corriqueiro na prática científica – mesmo no caso das ciências maduras, diga-se de passagem – e que a presença desses recursos em seus textos de forma alguma testemunha contra as sinceras intenções científicas de Freud:

> *o uso de analogias corresponde a uma postura metodológica de Freud, que as utiliza como instrumentos heurísticos, de uma maneira bem delimitada e de acordo com certos parâmetros e objetivos específicos da prática de pesquisa nas ciências naturais. (Fulgencio, 2008, p. 355)*

Esta última passagem se presta também para introduzir um tema recorrente do livro, senão seu tema central: a *heurística freudiana*, isto é, o conjunto dos procedimentos empregados por Freud para dar forma às concepções metapsicológicas que, a seu ver, se deveriam entender não como enunciados descritivos de estados de coisas empiricamente constatáveis no mundo da mente, mas como construções especulativas voltadas para a resolução dos problemas que a prática clínica apresenta ao investigador psicanalítico. Essa perspectiva deriva de uma leitura particular de Kant e da hipótese

RICHARD SIMANKE   83

– fartamente argumentada – da influência deste sobre Freud, mas, ao mesmo tempo, encontra-se claramente articulada com a postura metodológica mencionada anteriormente e com a ideia de epistemologia que ela comporta. Essa articulação transparece na própria enunciação do objetivo central do estudo realizado:

> *Inscrevendo, pois, Freud* no curso da história das ideias e da epistemologia das ciências, *tomo como objetivo deste estudo mostrar o* kantismo *de Freud na construção da psicanálise como uma psicologia empírica, não em todos os seus aspectos, mas tão-somente no que se refere ao uso de* ficções heurísticas *no quadro de um* método especulativo de pesquisa *para as ciências da natureza, ficções necessárias para a elaboração de parte da teoria psicanalítica. (Fulgencio, 2008, p. 45, grifos nossos)*

A interpretação proposta por Fulgencio apoia-se, declaradamente, na leitura de Kant desenvolvida por Loparic (2000b, por exemplo), que reconstrói a filosofia crítica kantiana como uma semântica transcendental voltada para a formulação e resolução de problemas filosóficos e visando, entre outras coisas, à dissolução do que seriam os falsos problemas engendrados pela adesão ao realismo metafísico. Aplicada à ciência, essa leitura resulta numa concepção heurística – isto é, não realista – do conhecimento científico que é, então, utilizada na análise da obra de Freud e de seu lugar na história das ciências. Não pretendo aqui discutir essa interpretação de Kant ou, mesmo, o perfil do kantismo que, a partir dela, atribui-se a Freud – faltar-me-iam, por completo, os meios para tanto. As considerações que se seguem ocupam-se apenas,

84 REALISMO E ANTIRREALISMO NA INTERPRETAÇÃO...

por assim dizer, da fotografia que se obtém do pensamento freudiano ao considerá-lo sob essa ótica.

O panorama obtido por esses procedimentos retoma, ainda que de uma maneira original, a repartição da obra freudiana em duas dimensões qualitativamente distintas quanto a seus métodos, objetivos e quanto às funções que desempenham na conformação da psicanálise: a *clínica* e a *metapsicologia*. Essa divisão é recorrente nas interpretações filosóficas da psicanálise, tanto na tradição antropológica e humanista, que vai de Politzer (1928) a Habermas (1968), passando por nomes como Dalbiez (1936) e Ricoeur (1965), quanto na linha positivista e cientificista, ilustrada exemplarmente por Grünbaum (1984) e MacMillan (1991). Ela, em geral, resultou numa desqualificação da metapsicologia em proveito da clínica, quer em nome da maior originalidade do método psicanalítico e de seus resultados, que teria permitido desvendar toda uma dimensão significativa da ação humana até então ignorada, quer devido à maior suscetibilidade das explicações clínicas fornecidas pela psicanálise a uma avaliação nos termos dos critérios utilizados para a validação dos enunciados científicos.[6] No entanto, Fulgencio deixa claro que essa heterogeneidade não decorre simplesmente do fato de que a metapsicologia exprima certas preferências pessoais de Freud, mas sim provém da própria concepção de ciência com a qual ele se alinha. Essa perspectiva tem a vantagem suplementar de fornecer um nexo para compreender-se a articulação entre clínica e metapsicologia, para além das diferenças que as separam. A clínica psicanalítica – entendendo-se por

---

6 Grünbaum (1984), por exemplo, considera que as hipóteses clínicas da psicanálise, ao contrário das formulações metapsicológicas, são falsificáveis – no sentido popperiano e ao contrário do que o próprio Popper acreditava – e, portanto, científicas segundo esse critério de demarcação, procurando mostrar como elas já teriam sido, de fato, falsificadas pela não verificação empírica das previsões que delas se podem derivar, quando testadas independentemente.

RICHARD SIMANKE   85

isso tanto a prática interpretativa da psicanálise quanto o conjunto dos fenômenos do qual esta se ocupa – constitui-se como um campo de *problemas empíricos*, cuja resolução requer a elaboração de certos *construtos teóricos*, mediante o tipo de método especulativo que define a metapsicologia. Esses construtos desempenhariam, portanto, uma função exclusivamente instrumental com relação a esses problemas, residindo a sua justificação nessa função e apenas nela. Daí que a análise desenvolvida conceda "uma ênfase especial ao tema do uso de conceitos que são ficções heurísticas, meras ideias sem referente adequado no mundo dos fenômenos, mas que são úteis para a pesquisa empírica" (Fulgencio, 2008, p. 46). A tese central do livro condensa-se, então, nessa expressão constantemente retomada – *ficções heurísticas* – e sua demonstração pode, assim, assumir a forma da análise do emprego sistemático e deliberado desse tipo de conceitos por parte de Freud na construção da metapsicologia: "mostro que Freud considera, de fato, suas hipóteses metapsicológicas – como os conceitos de aparelho psíquico, pulsões, libido etc. – como meras ficções ou instrumentos úteis para a procura da solução de problemas" (Fulgencio, 2008, p. 47).

Isso resulta em que o método pelo qual procede a metapsicologia só possa ser a *especulação*, como afirma o próprio título do livro, pois fica difícil imaginar como se poderia abordar de outra maneira um ser de razão que não possui um referente adequado na realidade dos fenômenos. Estabelecida a tese principal, o livro se dedica a persegui-la em todos os seus desdobramentos, examinando e reafirmando continuamente o caráter meramente heurístico da *totalidade* dos modelos metapsicológicos. Esse caráter precederia até mesmo o nascimento da psicanálise propriamente dita, sendo identificado na obra neurológica e pré-psicanalítica de Freud, o que reforça a hipótese de tratar-se de uma atitude com relação ao conhecimento científico como um todo, que seria depois transposta para a nova disciplina – e não uma idiossincrasia exclusiva

86 REALISMO E ANTIRREALISMO NA INTERPRETAÇÃO...

desta última. Assim, com relação ao passo inaugural da teorização metapsicológica freudiana, em seu ensaio de 1891 sobre as afasias,[7] pode-se ler: "Ao analisarmos o texto sobre as afasias, no entanto, vemos que Freud não está fazendo um trabalho de descrição anatômica, mas de proposição de um *modelo dinâmico enquanto uma ficção heurística*" (Fulgencio, 2008, p. 113, grifo nosso).

Prosseguindo no percurso da elaboração dos modelos metapsicológicos, o *Projeto de uma psicologia* (1950a [1895]) – certamente o mais conhecido e debatido de todos os documentos neurocientíficos deixados por Freud – vai ser considerado exatamente da mesma maneira, na contramão de todas as interpretações que procuram ver nesse texto um esforço, ainda que mais ou menos malogrado, de construir uma psicologia empírica naturalista e materialista no sentido literal da palavra:

> o Projeto de uma psicologia . . . *corresponde à sua primeira tentativa de produzir uma teoria geral sobre o psiquismo tal qual uma metapsicologia descrita em termos biológicos. . . . esta não corresponde a um modelo que Freud esperava ter, algum dia, referência empírica direta; ou seja, essa metapsicologia é apenas uma metáfora, tão-somente avaliável por seu valor*

---

7 Embora isso não seja dito claramente, o autor parece concordar com a ideia de que a monografia de 1891 possa já ser considerada, sob certo aspecto, como um trabalho metapsicológico (um comentário desse texto e um desenvolvimento mais detalhado dessa interpretação podem ser encontrados em Simanke, 2006). Realmente, ele reitera sua hipótese, logo a seguir, nos seguintes termos: "Apesar de Freud considerar esse texto pertencente aos seus trabalhos de neurologia, ele aí elabora, de fato, um tipo de psicologia que, ao hipotetizar um 'aparelho de linguagem', constrói o precursor do 'aparelho psíquico', e nada mais é do que um instrumento de pesquisa, uma *ficção teórica*" (Fulgencio, 2008, p. 115, grifos do autor).

heurístico e jamais por seu valor empírico. (Fulgencio, 2008, p. 249)

Esses dois modelos que precedem e preparam a formulação da teoria freudiana do aparelho psíquico – para a qual cabe certamente reivindicar a condição de alicerce fundamental da metapsicologia – poderiam ser, assim, considerados como ficções teóricas cumprindo uma função exclusivamente instrumental no esforço de teorização sobre o psiquismo, mesmo tendo sido concebidos num momento em que a obra freudiana não teria atingido, segundo a historiografia mais tradicional, aquele ápice de originalidade que a tornou célebre e estando confinados, portanto, nos limites mais estreitos de uma concepção ainda conservadora de ciência.

Por isso, não seria de surpreender que os modelos psicológicos que se lhe sucederam compartilhassem dessa mesma condição, uma vez que são as mesmas questões – o mesmo tipo de problemas clínico-empíricos – que continuam a ser aí elaboradas, ainda que de uma perspectiva que veio se alterando com o tempo. É isso que teria acontecido a partir do Capítulo 7 de *A interpretação dos sonhos*, em que a substituição da linguagem neurológica pela psicológica de forma alguma representaria qualquer espécie de reorientação, por parte de Freud, quanto à maneira de conceber a natureza de seus construtos teóricos e a sua relação com os fenômenos e com os problemas com os quais, nesse plano, o investigador psicanalítico é confrontado:

> *Freud reapresenta a necessidade de conceber um aparelho dividido em instâncias psíquicas, o que tornará possível conceber mecanismos de determinação recíproca (também psíquica) entre elas. Desse novo modelo metapsicológico, . . . será possível conceber ações*

88   REALISMO E ANTIRREALISMO NA INTERPRETAÇÃO...

> *próprias ao agir clínico (análise da transferência, da resistência, como tornar consciente o inconsciente etc.). É necessário enfatizar que a adequação desse modelo deve ser reconhecida em termos heurísticos, ou seja, não se trata de uma representação espacial verdadeira (empírica), com sistemas psíquicos (Ics, Pcs-Cs) objetivamente existentes, mas tão-somente uma ficção teórica útil, um instrumento para a pesquisa ou resolução dos problemas clínicos. (Fulgencio, 2008, pp. 271-272)*

Não poderia ser de outra maneira: todo o "ponto de vista tópico" da metapsicologia – isto é, qualquer tentativa de representar os processos psíquicos como um sistema de lugares –, quer este se exprima em termos neurofisiológicos, quer em termos psíquicos, estaria fadado a nunca ser mais do que uma ficção (*une façon de parler*, no máximo), uma vez que se propõe a uma tarefa irrealizável, pelo menos num sentido literal e realista: a tarefa de "figurar algo que não é figurável: o psiquismo" (Fulgencio, 2008, p. 128). Assumindo-se, com toda a intransigência, essa impossibilidade de princípio e levando-se em conta o caráter ficcional que é, por isso, atribuído à noção de aparelho psíquico como um todo, aquela de suas partes – *o sistema inconsciente* – que é reivindicada por Freud como a novidade teórica e o campo de investigação por excelência da psicanálise deve-se revestir, inevitavelmente, das mesmas características. Tratou-se, por isso, desde o começo, de "levantar a hipótese do caráter ficcional da teoria metapsicológica do inconsciente" (Fulgencio, 2008, p. 39), ou, mais precisamente, sustentar que:

> *Freud jamais concebeu o inconsciente como uma entidade empírica apreensível, como sendo "real". . . . O inconsciente é, no sentido acima comentado, um con-*

ceito operativo, uma ficção heurística. Se o tomamos como "real", perdemos de vista o posicionamento epistemológico que torna possível conceber a psicanálise como ciência sempre aberta a reformulações e substituições, mesmo em seus conceitos fundamentais. (Fulgencio, 2008, p. 240)

Todos os principais conceitos metapsicológicos – a teoria das pulsões, sobretudo, longamente analisada em suas diversas formulações (Fulgencio, 2008, pp. 277-349) – fazem-se objeto do mesmo tipo de análise e interpretação. Daí o duplo caráter, *provisório* e *descartável*,[8] atribuído à metapsicologia: uma vez que esta só se justificaria por um critério de utilidade na resolução de *outra ordem de problemas* – aqueles colocados pela investigação clínica da psicanálise –, ela não engendraria nenhuma problemática própria que lhe pudesse conferir autonomia. Esse caráter instrumental justificaria, por um lado, a sua interpretação ficcional e, por outro, tornaria essas ferramentas metapsicológicas, consideradas em si

---

8 Nesse livro, Fulgencio trata mais explicitamente do caráter provisório das construções metapsicológicas; sua condição de "descartáveis" aparece mais em trabalhos mais recentes do autor. É claro que se poderia argumentar que uma característica pode ser simplesmente deduzida da outra: nada é provisório se não puder ser abandonado ou descartado. No entanto, a relação entre esses termos deixa de ser autoevidente caso se considere a possibilidade de um abandono total da metapsicologia, e não apenas da substituição mais ou menos permanente de seus modelos uns pelos outros. É nessa direção que caminha a argumentação de Fulgencio, a saber, a de *uma psicanálise sem metapsicologia*, como fica claro ao final do livro. Discutirei adiante como esse posicionamento é consistente com sua interpretação ficcional dos conceitos metapsicológicos. Outra possibilidade de se entender a provisoriedade atribuída por Freud a seus modelos – no sentido de que estes devam se aproximar, progressivamente, de uma representação mais adequada dos processos de que a psicanálise se ocupa – exigiria, por sua vez, uma interpretação mais realista de tais modelos.

mesmas, contingentes e não essenciais para a construção do conhecimento psicanalítico. Elas poderiam, assim, ser livremente substituídas por outras, na exata medida em que novos modelos e metáforas se revelassem mais eficientes para cumprir sua função ou que novos problemas surgissem da investigação clínica a requerer outros meios de instrumentação teórica. No limite, a metapsicologia como um todo poderia ser considerada contingente e não essencial, nesse sentido.

Por mais que se apresente como um esforço para compreender o estilo freudiano de teorização, o livro não propõe uma análise neutra e tampouco se furta a assumir um tom decididamente crítico com relação ao perfil das estratégias freudianas que emerge de suas análises. Pressuposta, talvez, em toda a extensão de seus argumentos está a ideia de que tal abordagem, identificada como está a toda uma heurística proveniente do campo das ciências da natureza, traduz, em seus resultados, uma visão, em última instância, distorcida da natureza humana. Assim, há uma rejeição latente de todo naturalismo psicológico permeando a discussão, a qual se expressa de quando em quando, tornando então explícito o alvo visado por essa leitura crítica. A própria inspiração kantiana atribuída ao projeto freudiano serve de ponto de partida para a enunciação dessa rejeição: "Toda proposta de constituição de uma psicologia como uma ciência empírica que aceite esse quadro kantiano, tanto por seus aspectos transcendentais como heurísticos, acaba por naturalizar e objetificar o homem" (Fulgencio, 2008, p. 101).

Tendo isso em vista, o caráter ficcional, convencional e instrumental atribuído à metapsicologia pode aparecer em todo o seu comprometimento com essa visada naturalista, lembrando que, dentro do conjunto das ideias psicanalíticas, coube sempre à metapsicologia ser apontada como a principal herança dessa imersão

RICHARD SIMANKE 91

no naturalismo científico típico do século XIX e que teria marcado a formação de Freud como pesquisador:

> *Não é, portanto, por acaso que Freud caracterizará, logo no primeiro parágrafo de seu texto sobre a metapsicologia, as pulsões como ideias abstratas, conceitos puramente convencionais que, ao lado da ficção teórica do aparelho psíquico e da libido (como energia apenas suposta), são utilizados como uma superestrutura especulativa que visa à apreensão, organização e sistematização dos dados empíricos, em que há apenas passividade, ou seja,* o psiquismo pensado por sua determinação natural. *(Fulgencio, 2008, pp. 102-103, grifo nosso)*[9]

Essa abordagem tem a nítida virtude de não fechar os olhos, como tantas outras, ao escancarado naturalismo freudiano, ainda que o avalie negativamente. O ficcionalismo da metapsicologia surge, aqui, sob uma nova luz: assumindo-se, como Fulgencio parece fazer, que o ser humano, a subjetividade e a mente não são, nem podem ser, considerados objetos naturais, qualquer discurso que assim os apresente só pode ser minimamente levado a sério dentro de uma perspectiva do tipo "como se". Ao tentar fundar uma ciência do sujeito pautada pelos cânones do naturalismo científico, Freud ter-se-ia condenado, naquilo em que a psicanálise permanece devedora dessa epistemologia (ou seja, a metapsicologia), a

---

9 Ou, em outra passagem, referindo-se especificamente à teoria do aparelho psíquico: "O aparelho psíquico . . . corresponde a uma especulação provisoriamente necessária para que se possam buscar explicações mais completas sobre a vida psíquica do homem em termos naturalistas (objetificada por uma psicologia que se coloca como uma ciência empírica naturalista)" (Fulgencio, 2008, p. 275).

92 REALISMO E ANTIRREALISMO NA INTERPRETAÇÃO...

restringir-se à construção de modelos teóricos sempre inadequados (a não ser instrumentalmente, como foi definido anteriormente) e, por isso, sempre indefinidamente substituíveis por outros; numa palavra, sempre irremediavelmente provisórios. Daí, por exemplo, a referência, também de tom inequivocamente crítico, à asserção freudiana em suas *Novas conferências*..., de que "a alma é uma coisa como qualquer outra estrangeira ao homem, ou seja, como se fosse um objeto da natureza" (Fulgencio, 2008, p. 354). Daí também, como contrapartida, o elogio à psicanálise de Winnicott, pela "formulação de uma psicologia empírica que não objetifica nem naturaliza o homem" (Fulgencio, 2008, p. 103). É assim que, na conclusão do trabalho, após passar pela referência de Heidegger e sua crítica, mais uma vez, à "concepção naturalista do homem" (Fulgencio, 2008, p. 438) – que, nos seminários de Zollikon, por exemplo, endereçou-se especificamente a Freud –, é ao horizonte aberto pela possibilidade de uma psicanálise sem metapsicologia que se chega, uma psicanálise capaz de se esquivar dos equívocos trazidos pelos compromissos metafísicos, pelas opções epistêmicas e pelas estratégias heurísticas que se puderam identificar em Freud:

> Um extenso campo de pesquisa se abre nessa perspectiva, pois trata-se de perguntar que tipo de ciência seria essa, não edificada sobre o solo da metafísica da natureza . . ., mas também que tipo de mudanças nas explicações e nas concepções dos problemas, bem como no método de cura psicanalítico . . ., deveria advir de uma psicanálise reformulada por princípios fundamentais que recolocam o homem na sua especificidade existencial, como algo diferente de um objeto ou de um aparelho, movido por forças ou energias ou, noutros termos, uma psicanálise que explica os fatos humanos

utilizando parâmetros próprios ao ser humano e suas relações. (Fulgencio, 2008, p. 441)

Sintetizando – e, ao mesmo tempo, tentando articular o antinaturalismo e o ficcionalismo que distinguem essa leitura de Freud –, como o ser humano não é, definitivamente, um objeto natural (como parece ser assumido *a priori*), qualquer discurso ou teoria que o apresente como tal não pode passar de um artifício ou ficção. Não é à toa, como se procurará exemplificar adiante, que uma visão mais simpática ao naturalismo psicológico abra igualmente uma via para uma interpretação mais realista da metapsicologia – ainda que não nos termos de um *realismo empírico*, cuja inadequação à reflexão metapsicológica fica, nas análises que acabamos de examinar, cabalmente demonstrada.

A psicanálise e as possibilidades do realismo científico

Embora, durante a maior parte do tempo, o trabalho de Fulgencio persiga com zelo a sua tese, reafirmando-a continuamente e ilustrando-a em detalhe com as passagens pertinentes do texto de Freud, ele não deixa, de tempos em tempos, de reconhecer algumas nuanças nas formulações freudianas que, embora a seu ver não enfraqueçam sua interpretação geral, permitem admitir que as ficções metapsicológicas nem sempre se apresentam assim tão totalmente descoladas da realidade empírica dos fenômenos que elas pretendem enquadrar teoricamente. O reconhecimento dessas nuanças só evidencia o rigor da análise, pois leva em conta o fato de que os pensadores originais dificilmente se reduzem aos estereótipos com os quais, muitas vezes, seus comentadores procuram

94 REALISMO E ANTIRREALISMO NA INTERPRETAÇÃO...

identificá-los. Assim, apenas para ilustrar, após definir as noções de "quantidade" e "neurônio" como princípios especulativos a partir dos quais a arquitetura conceitual do aparelho neuronal do *Projeto* teria sido edificada, o autor admite que "a primeira psicologia geral de Freud é um modelo teórico que utiliza um vocabulário relativo à física e à biologia, para o qual os *neurônios são uma referência mais ou menos empírica*" (Fulgencio, 2008, p. 254, grifo nosso).[10]

Fulgencio não deixa de reconhecer que existem leituras realistas da teoria freudiana que, quanto a isso, encontram-se em oposição à sua. Menciona, por exemplo, o trabalho de Michele Porte (1994), que aborda a psicanálise a partir da morfologia dinâmica de René Thom, quando então ela:

> *interpreta Freud como* um realista, ou seja, como um pensador que acredita na realidade empírica das dinâmicas em jogo, *como se houvesse uma estrutura comandando os processos de transformação das formas, sejam elas físicas ou psíquicas: uma morfologia dinâmica conduzindo a natureza. (Fulgencio, 2008, p. 32, grifo nosso)*

---

10 O autor parece entender que a passagem para os modelos psicológicos do aparelho resultou numa acentuação de seu caráter especulativo, que seria pelo menos moderado enquanto se conservasse a referência à anatomia nervosa. De fato, em várias passagens ele parece equiparar "empírico" a "anatômico". Assim, na avaliação do trabalho sobre as afasias, já mencionada anteriormente, encontramos a oposição entre "descrição anatômica" (que seria empírica) e "modelo dinâmico enquanto uma ficção heurística". Em outra passagem, afirma, mais explicitamente, que o modelo do *Projeto* "não é um conjunto de hipóteses biológicas que busca *um referente empírico objetivo (anatômico)* . . ., mas uma metáfora" (Fulgencio, 2008, p. 260, grifos nossos).

Deixemos de lado, por ora, o fato de que o autor parece, nesse trecho, identificar o *realismo* como um todo ao *realismo empírico*, uma impressão que é reforçada por outras passagens do texto.[11] Essa é uma questão que terá que ser retomada mais adiante, quando se tratar de discutir os diversos sentidos em que se pode pensar o realismo científico e se algum deles pode ser atribuído a Freud. Trata-se, agora, de examinar algumas dessas interpretações realistas da psicanálise e da metapsicologia, a fim de verificar o teor de seus argumentos e avaliar a sua consistência, para, a seguir, retornar à obra de Freud em busca de alguma evidência capaz de sustentar essas interpretações.

Há, certamente, autores que, como Juignet (2000), adotam uma atitude cautelosa, reconhecendo o que parece ser uma oscilação ou uma ambiguidade em Freud quanto ao estatuto a ser atribuído às entidades psicanalíticas. Essa ambiguidade se manifestaria sob a forma de uma "prudência epistemológica", uma espécie de suspensão do julgamento a respeito da atribuição ou não de realidade aos modelos metapsicológicos, o que não impediria que a comparação entre passagens provenientes de pontos diferentes da obra evidenciasse a contradição entre essas atitudes epistemológicas contrastantes:

> *Encontramo-nos diante de uma nova contradição. Ora o psiquismo é suposto existir concretamente na realidade, ora as formas estruturais são modelos, e até mesmo um conjunto de metáforas, e nada mais. Freud oscila*

---

11 Em outro ponto, é explicitado o que significa "considerar Freud um realista", a saber, considerá-lo "como um cientista que tomava suas representações auxiliares – que caracterizam sua metapsicologia, tanto a do Projeto quanto a que será elaborada mais tarde – como um conjunto de conceitos que teriam *um hipotético referente empírico na realidade fenomênica* . . ." (Fulgencio, 2008, p. 259, grifos nossos).

> *entre uma atitude realista e uma atitude formalista.*
> *Por momentos ele constrói um modelo abstrato, um*
> *aparelho fictício e, em outros, ele descreve um ser de na-*
> *tureza indeterminada, mas tendo uma existência, uma*
> *presença. (Juignet, 2000, pp. 31-32, tradução nossa)*

O autor parece aqui considerar que há uma "contradição" entre utilizar-se de modelos teóricos e supor que o psiquismo exista "concretamente na realidade", embora isso não seja, de forma alguma, um ponto pacífico, como veremos adiante na discussão da possibilidade de um *uso existencial dos modelos teóricos*. Seja como for, o reconhecimento dessa oscilação não o impede, no entanto, de admitir que, em certos pontos, essa atitude cautelosa ceda lugar a uma afirmação mais conclusiva da realidade do psiquismo. São justamente os modelos do aparelho psíquico elaborados em *A interpretação dos sonhos* – e que culminam na formulação do conceito decisivo de *realidade psíquica* – que traduzem mais francamente essa afirmação, de tal modo que:

> *A prudência epistemológica dá lugar à afirmação rea-*
> *lista da existência do psiquismo. Assume-se que isso do*
> *qual se fala existe (de tal modo que se fala dele de forma*
> *aproximativa). Freud fala do psiquismo como poderia*
> *fazê-lo um botânico descrevendo um espécime de flor:*
> *ela apresenta três partes, agenciadas de tal e tal manei-*
> *ra entre elas. (Juignet, 2000, p. 31, tradução nossa)*

Essas constatações só permitem concluir que, afinal de contas, a atitude de Freud caminharia em direção ao realismo, para além de todas as cautelas: "Convencido da existência do psiquismo, Freud declara que essa ordem tem uma 'realidade' equivalente

RICHARD SIMANKE   97

à "realidade material" (Juignet, 2000, p. 21, tradução nossa). Outros autores são mais taxativos quanto a essa filiação, sobretudo aqueles que procuram aproximar a psicanálise de programas de investigação contemporâneos – como a psicologia cognitiva, por exemplo – que se pautam mais decididamente pelo naturalismo científico e para os quais, por isso, uma epistemologia realista está longe de parecer heterogênea ou inadequada ao seu objeto (retornaremos adiante a essas relações entre realismo e naturalismo). Essa perspectiva pode ser assim enunciada como um ponto de partida para a consideração da obra freudiana e da sua possibilidade de integração com esses outros programas que tomaram forma posteriormente no campo da investigação dos fenômenos mentais:

> *Como os cognitivistas modernos, Freud era um realista consistente (a staunch realist), que acreditava que há uma verdade a respeito do que são as representações – e, portanto, os significados – na mente do paciente, e que estão causando o seu comportamento. Para Freud, a tarefa do psicólogo não é apenas a construção de algo útil, mas a descoberta da verdade a respeito das representações na mente. (Wakefield, 1991, p. 79, tradução nossa)*

A referência de Wakefield nessa passagem é o livro de Mackay (1989), um dos mais vigorosos ensaios de epistemologia freudiana a se opor à desqualificação da metapsicologia, corrente em trabalhos como os de Grünbaum (1984), Holt (1989a, 1989b) e Gill (1976), e que, não por coincidência, elabora uma visão declaradamente realista do pensamento de Freud e de sua concepção da causalidade psíquica, de modo que vale a pena examiná-lo mais detidamente. Podemos visualizar, em suas análises, uma tomada de posição quase que diametralmente oposta à de Fulgencio, que examinamos anteriormente, de tal modo que ambas se afiguram como representativas das duas posições aqui em discussão.

O objetivo central de Mackay é apresentar a psicanálise freudiana como uma teoria da *motivação*. Isso significa, em primeiro lugar, que ela não se contentaria em propor uma caracterização particular dos processos mentais, mas, além disso, quereria fornecer uma *explicação* de por que estes são do jeito que são. Até aí, pelo menos, sua abordagem está em perfeita continuidade com as posições de Freud: sabemos como as restrições de Freud às psicologias da consciência e à nosografia psiquiátrica tradicional decorriam de que ele as considerava como limitadas a uma abordagem descritiva do mental, enquanto a psicanálise – com sua hipótese do inconsciente, sobretudo – seria capaz de fornecer uma teoria efetivamente explicativa dos processos psíquicos normais e patológicos. Mackay é bastante explícito, desde a abertura de seu trabalho, quanto ao fato de que esse encaminhamento requer (ou resulta) numa abordagem realista da explicação psicológica em geral e da metapsicologia freudiana em particular: "Minha tarefa foi argumentar que um realismo científico (basicamente, um materialismo) é apropriado para a explicação psicológica e que ele torna compreensível a metapsicologia freudiana" (Mackay, 1989, p. 2, tradução nossa). Essa tomada de posição é reafirmada, da maneira mais inequívoca, em sua conclusão: "Eu ofereci, neste ensaio, uma abordagem realista do conceito freudiano de motivação" (Mackay, 1989, p. 222, tradução nossa).

O próprio tema central de todo o ensaio – o conceito de motivação que emana da metapsicologia freudiana – fornece a chave para a compreensão das razões pelas quais esse realismo é tão enfaticamente assumido. Com efeito, trata-se de pensar a noção de motivação em termos *causais*, e os fatores motivacionais como causas efetivas dos comportamentos observados. Para tanto, aos processos e estados mentais não observáveis – inconscientes – que a psicanálise constrói inferencialmente teria que ser atribuída alguma ordem de realidade, de modo que a sua eficácia causal pudesse ser justificada: "Podemos ser igualmente realistas a respeito dos conceitos psicanalíticos, não no sentido de que a psicanálise fornece necessariamente a caracterização correta dos processos mentais – as causas do comportamento –, mas no de que essas são caracterizações tentativas de processos reais" (Mackay, 1989, p. 146, tradução nossa).

O que está sendo dito aqui é que a realidade do mental pode ser (ou deve ser) assumida independentemente de cada uma das explicações propostas pela psicanálise ser verdadeira ou não, o que, evidentemente, só pode ser decidido na própria prática da investigação, e não por uma tomada de posição epistemológica que a preceda e condicione. Ou seja, assumir o realismo não significa aceitar que o mental seja do modo que a psicanálise afirma que ele é, mas apenas admitir que exista algo que é mental, ao qual os conceitos psicanalíticos se referem de forma mais ou menos adequada, devendo essa referência ser aperfeiçoada pelo desenvolvimento do conhecimento produzido pela psicanálise. A partir daí, pode-se pôr em questão essa adequação das explicações propostas para esse real psíquico, um problema espinhoso mas não inédito no campo das ciências, do qual resulta o perfil específico que é preciso atribuir a esse realismo freudiano, o qual pode ser assim caracterizado:

> *Aqui, voltamo-nos para a maneira como Freud considera seus próprios conceitos: 1) como ele os considera científicos da mesma maneira que as outras ciências; 2) como ele os reconhece como convencionais, mas não arbitrários; 3) como ele os considera incertos e sujeitos*

a revisão; 4) como, apesar disso, ele mantém o ponto de vista de que eles sejam processos reais e causais. Todos esses pontos de vista são parte do realismo de Freud. (Mackay, 1989, p. 146, tradução nossa)

Fica claro, nessa caracterização, que não é de um realismo empírico que se trata aqui, isto é, não se trata de mais uma maneira de insistir no privilégio epistêmico e ontológico do observável, típico dos diversos positivismos. Ao contrário, é às entidades hipotéticas referidas pelos termos teóricos da psicanálise que se faz necessário atribuir realidade, de modo que o papel causal que desempenham na explicação psicológica possa ser justificado. O "realismo científico" atribuído a Freud precisa, pois, acomodar o caráter inferencial dos estados mentais envolvidos, sua eficácia causal e o estatuto teórico – e não empírico ou descritivo – dos termos que os designam. Diz o autor: "Claramente, contudo, a linha que eu segui é a de um realismo científico; os termos teóricos da psicanálise nomeiam *estados mentais inferidos*, e estados mentais inferidos tanto existem quanto estão causalmente relacionados com o comportamento" (Mackay, 1989, p. 145, grifo nosso, tradução nossa).[12]

Por tudo isso, essa postura realista atribuída a Freud precisa ser nuançada e especificada, caso contrário recairia exatamente na atitude criticada por Fulgencio, a saber, de considerar as fórmulas metapsicológicas como enunciados descritivos de estados de coisa empiricamente constatáveis em princípio, caso em que a metapsicologia permaneceria mesmo uma mitologia do mental. Em outras

---

12 Mackay ilustra essa atitude, por exemplo, com a conhecida crítica de Freud a Janet por considerar o inconsciente como apenas *une façon de parler*. Quanto a Freud, ao contrário, "embora ele enfatize a natureza hipotética dos conceitos, . . . está sempre pronto a asseverar que os processos inconscientes dos quais a psicanálise fala são reais" (Mackay, 1989, p. 147, tradução nossa).

palavras, é preciso conciliar o realismo científico e o emprego de modelos ou "construtos teóricos" – isto é, superar sua aparente "contradição", à qual, como vimos, Juignet se referia anteriormente. Esses construtos seriam empregados, justamente, para representar esses processos que, por sua própria natureza, não admitem uma abordagem descritiva direta, precisando ser construídos (ou modelizados) retrospectivamente a partir de seus efeitos:

> *Assim, a perspectiva de Freud sobre suas próprias formulações teóricas mostra um equilíbrio entre o realismo científico e a constatação de que esses conceitos são somente caracterizações putativas daqueles processos reais. Esta é a própria essência da abordagem de "construto teórico" que eu venho adotando. (Mackay, 1989, p. 148, tradução nossa)[13]*

Essa postura seria compatível, inclusive, com o reconhecimento de que uma caracterização definitiva – isto é, não sujeita a contestação ou a revisões posteriores – desses processos poderia permanecer, no limite, inatingível: "Freud combina um realismo com o reconhecimento de que descrições finais e exatas de processos não observados não são nunca atingidas" (Mackay, 1989, p. 169, tradução nossa). O autor reconhece, assim, que esse realismo não é um realismo qualquer, mas um realismo específico (*a qualified realism*), cuja caracterização precisa fazer jus à complexidade das

---

13 Também Juignet, que discutimos antes, estabelece esse nexo entre a recusa do realismo empírico e a necessidade de construção teórica na caracterização do realismo que se pode atribuir a Freud: "O inconsciente é o campo do real psíquico que se postula. O psicanalista diz a verdade, pois ele *ultrapassa o realismo empírico*. . . . a reconstituição teórica feita a partir da realidade fenomenal reenvia a processos empíricos reais" (Juignet, 2000, p. 120, grifo nosso, tradução nossa).

102 REALISMO E ANTIRREALISMO NA INTERPRETAÇÃO...

questões que se colocam à investigação psicológica. Essa qualificação necessária pode ir até o ponto de tornar problemática a distinção entre *realismo e instrumentalismo* (apresentado por Mackay como representativo das atitudes antirrealistas na filosofia da ciência), o que resultaria do fato de que a mente, em última instância, só poderia ser objeto de um conhecimento teórico, e não empírico:

> *Estou apresentando aqui um realismo, mas com qualificações que podem, às vezes, parecer instrumentalistas! Eu argumento que o conhecimento teórico é inferencial, e isso inclui o conhecimento sobre a própria mente e sobre a mente dos outros. A distinção entre aqueles enunciados teóricos que descrevem estados de coisa reais e aqueles que não o fazem é mais complicada do que aquela que os realismos e os instrumentalismos teóricos permitem. (Mackay, 1989, p. 169, tradução nossa)*[14]

Seja como for, ainda é preciso traçar um perfil para esse realismo *sui generis* (ou, pelo menos, distinto do realismo empírico neopositivista) que poderia caracterizar mais fidedignamente a atitude epistemológica de Freud. Talvez uma possibilidade para identificar que tipo de realismo Mackay tem em mente aqui se encontre na noção de realismo teórico, desenvolvida, entre os anos 1970 e 1980, na filosofia das ciências sociais de autores como Keat, Urry e Bhaskar e que, em algum momento, chegou a ser aplicada especificamente à psicanálise freudiana. Que me conste, esse esboço de

---

14 Em outra passagem, esse realismo qualificado é mais claramente apontado como constituindo a "filosofia da ciência" que se pode encontrar em Freud: "*A filosofia da ciência de Freud é um realismo*, e sua abordagem da psicologia é materialista. Mas ela é qualificada pela compreensão de que os processos dos quais a ciência – inclusive a ciência da mente – fala podem ser conhecidos apenas indiretamente" (Mackay, 1989, pp. 10-11 e 174, grifo nosso, tradução nossa).

aplicação não teve continuidade, pelo menos não de forma sistemática, na reflexão epistemológica posterior, pelo que talvez valha a pena recapitulá-lo aqui.

Essa concepção realista da ciência pretende opor-se tanto ao *positivismo* quanto ao *convencionalismo* (aqui representativo das concepções antirrealistas da ciência, como o instrumentalismo o era para Mackay, como vimos anteriormente). O positivismo professaria, no máximo, uma espécie de realismo mínimo, isto é, a simples aceitação da existência de uma realidade externa independente das crenças e conceitos teóricos do investigador; e é justamente essa existência que seria rejeitada pelo convencionalismo e, mais amplamente, pelos diversos antirrealismos (fenomenalismo, instrumentalismo, ficcionalismo etc.). Não obstante, a visão positivista recusa a ideia de que seja função da ciência procurar algo "além" ou "por trás" dos fenômenos, e restringe a tarefa da explicação científica à constatação e descrição de regularidades empíricas capazes de serem representadas por leis científicas cada vez mais gerais e abrangentes, até o limite ideal da universalidade. À medida que se amplia a generalidade do enunciado das leis, cresce proporcionalmente o poder preditivo da teoria em que elas se incluem, e esse poder preditivo é o critério supremo – senão o único critério – segundo o qual a verdade da explicação pode ser avaliada. Desse modo, *explicação* e *previsão* seriam, no limite, consideradas como dois aspectos de uma mesma operação lógica – ou essa mesma operação conduzida em duas direções opostas –, princípio explicitado e sistematizado na célebre *tese da simetria entre explicação e previsão*, com a qual Carl Hempel (1966) expôs o essencial da filosofia da ciência neopositivista e que suprime qualquer diferença essencial entre as duas operações. Mas

> *para o realista, diferentemente do positivista, há uma importante diferença entre explicação e previsão. E é a*

104 REALISMO E ANTIRREALISMO NA INTERPRETAÇÃO...

> *explicação que deve ser perseguida como o objetivo primário da ciência. Explicar os fenômenos não é meramente mostrar que eles são instâncias de regularidades bem estabelecidas. Ao contrário, devemos descobrir as conexões necessárias entre os fenômenos, adquirindo conhecimento sobre as estruturas e mecanismos subjacentes em ação. Frequentemente, isso significará postular a existência de tipos de entidades e processos inobserváveis que não nos são familiares: mas é apenas ao fazer isso que conseguimos ir além das "meras aparências" das coisas, rumo a suas naturezas ou essências. Assim, para um realista, uma teoria científica é uma descrição de estruturas e mecanismos que geram causalmente os fenômenos observáveis, uma descrição que nos habilita a explicá-los. (Keat & Urry, 1975, p. 5, grifos nossos, tradução nossa)*

Não há espaço aqui para nos estendermos sobre os detalhes dessa concepção de ciência. Basta apenas observar que ela converge com a concepção explicativa de Mackay – as teorias constroem modelos dos mecanismos e processos que produzem causalmente os fenômenos observáveis, e não simplesmente descrevem regularidades naturais, empíricas e contingentes –, ao mesmo tempo que parece capturar o espírito da metapsicologia freudiana, a qual, como vimos, dedica-se a teorizar sobre o inobservável. A caracterização diferencial (novamente com relação ao positivismo) do que essa visão da ciência considera como progresso ou desenvolvimento científico reforça a impressão de familiaridade com os procedimentos de Freud, principalmente no que diz respeito à construção de modelos teóricos de múltiplas camadas, nos quais os níveis mais profundos explicam o que ocorre nos níveis mais superficiais

RICHARD SIMANKE   105

e uma significação existencial é atribuída às entidades e/ou processos que constituem cada nível:

> *para o realista, [o progresso científico] consiste primariamente em aumentar a profundidade teórica, com cada nível de estruturas e mecanismos causalmente operativos sendo sucessivamente explicado por referência a outros níveis, mais profundos. Nesses desenvolvimentos, hipóteses existenciais concernentes a entidades previamente não imaginadas frequentemente desempenham um papel central – em contraste com as hipóteses universais enfatizadas pelos positivistas. (Keat, 1998, p. 585, tradução nossa)*

Quando aplicada às ciências da mente, essa concepção realista da ciência, com sua proposta de um naturalismo científico distinto daquele proposto pelo positivismo,[15] permite acomodar as expli-

---

15 É um traço comum aos autores que desenvolvem essa linha de reflexão epistemológica a crítica à confusão entre o naturalismo em geral e a visão especificamente positivista do naturalismo científico, de tal modo que a crítica deste último leve à rejeição do primeiro. Por isso, essa visão realista da ciência muito frequentemente se faz acompanhar de uma defesa de um naturalismo capaz de ser estendido também às ciências sociais ou humanas: um naturalismo que "pode ser definido como a tese de que há (ou pode haver) uma unidade essencial de método entre as ciências naturais e sociais" (Bhaskar, 1989, p. 2, tradução nossa). Ele não deve ser confundido, assim, com o reducionismo ou o cientificismo, que seriam formas de naturalismo (no caso do cientificismo, mais uma ideologia científica do que uma posição epistemológica), mas não as únicas possíveis. Assim, prossegue o autor, "em contraste com essas duas formas de naturalismo, pretendo defender *um naturalismo qualificado e antipositivista*, baseado numa *visão essencialmente realista da ciência*. Esse naturalismo sustenta que é possível propor uma abordagem da ciência sob a qual podem caber os métodos próprios e mais ou menos específicos tanto das ciências naturais quanto das sociais" (Bhaskar, 1989, pp. 2-3, grifos nossos, tradução nossa).

cações psicológicas num quadro geral elaborado para as ciências naturais como um todo, sem que seja necessário desqualificar os conceitos específicos desse campo de investigação e embarcar nas estratégias reducionistas que são típicas da filosofia da ciência positivista (redução do mental ao comportamental ou do mental ao neural, por exemplo):

> *Para os realistas, os conceitos mentalistas podem ser considerados como desempenhando uma função similar aos conceitos teóricos nas ciências naturais: referindo-se potencialmente a entidades, estruturas e processos inobserváveis e sendo empregados em teorias que podem ser testadas pelo seu poder explanatório como quaisquer outras. Daí que não haja uma razão a priori quer para eliminá-los completamente, quer para provê--los de definições operacionais em termos comportamentais, quer para considerá-los instrumentalmente, como não mais do que ficções convenientes ou dispositivos preditivos. (Keat, 1998, p. 585, tradução nossa)*

A admissão de proposições a respeito de entidades ou processos mentais tipicamente inobserváveis conduz naturalmente ao reconhecimento da possibilidade de caracterizá-los como inconscientes, com o que a referência a Freud e à psicanálise, dentro do contexto mais amplo em que essa concepção realista é aplicada às ciências da mente, torna-se praticamente inevitável:

> *Para o realista, nem sequer é preciso que o reino do mental seja restrito àquele da consciência. Daí que, enquanto os positivistas frequentemente consideraram a teoria psicanalítica como "não científica" ou, mes-*

mo, "metafísica", os realistas podem encarar os argumentos de Freud para a postulação de "o inconsciente" como estando em pé de igualdade com aqueles tipicamente aduzidos na postulação de entidades teóricas nas ciências naturais, e suas tentativas para especificar a natureza de suas estruturas e mecanismos como, em princípio, um exercício perfeitamente legítimo de teorização científica. (Keat, 1998, p. 585, tradução nossa)

Esse autor, de fato, empreendeu, em outro trabalho, uma aplicação extensiva dessa visão de ciência à psicanálise freudiana – em especial, à sua teoria social –, acompanhando a crítica de Habermas ao positivismo, mas recusando as implicações antinaturalistas que este parece extrair como consequência. Nesse trabalho, a concepção realista da ciência apresentada anteriormente aparece mais explicitamente caracterizada como um *realismo teórico*, em oposição ao *realismo empírico* positivista e ao privilégio epistêmico e ontológico do observável que, como vimos, este traz consigo. Deixando de lado o problema mais específico do livro – se uma teoria social naturalista (como a freudiana) pode ser uma *teoria crítica*, no sentido habermasiano, e estar, assim, a serviço do interesse emancipatório, e não apenas do interesse técnico ou comunicativo, dos agentes sociais – e nos concentrando apenas na discussão epistemológica envolvida, o argumento do autor pode ser desdobrado em três partes: 1) Freud pode ser mais bem compreendido como um realista; 2) a forma de realismo que melhor descreve sua epistemologia é a que o autor caracteriza como *realismo teórico*; 3) assim compreendido, removem-se os obstáculos para endossar o naturalismo científico tão claramente reivindicado por Freud. O *realismo teórico* proposto opõe-se, então, à visão positivista da ciência – quer em suas versões mais realistas, quer nas

108   REALISMO E ANTIRREALISMO NA INTERPRETAÇÃO...

mais instrumentalistas – e reencontra as teses apresentadas anteriormente:

> *Mas há também formas não positivistas de realismo. Em particular, há a posição frequentemente chamada de "realismo teórico", que difere do positivismo principalmente em não restringir a ontologia científica ao domínio do que é observável. Para os realistas teóricos, teorias científicas tipicamente fazem afirmações a respeito da natureza e da existência de itens inobserváveis ... Além disso, o realismo teórico envolve a rejeição da análise positivista da causalidade como regularidade e a substitui por algum conceito de necessidade natural, e não lógica. (Keat, 1981, p. 20, tradução nossa)*

O projeto do autor é, declaradamente, aplicar esses pontos de vista sobre a ciência na caracterização da epistemologia freudiana, no contexto do debate crítico que empreende com a leitura que Habermas faz dessa mesma epistemologia:

> *Para mim, a peça central de* Conhecimento e interesse *é a discussão de Freud. Eu já estive interessado pela teoria psicanalítica, principalmente no contexto dos debates a respeito de seu status científico, e fui levado a pensar que ela pode ser mais bem compreendida, epistemologicamente, nos termos do realismo teórico apresentado em* A teoria social como ciência. *(Keat, 1981, p. vii, grifos nossos, tradução nossa)*

Embora não seja a nossa preocupação principal aqui, cabe observar que essa interpretação abre caminho para uma aceitação do naturalismo psicológico no âmbito da epistemologia freudiana. Keat considera que a "autoincompreensão cientificista" (*scientistic self-misunderstanding*) que Habermas atribui a Freud – por este último ter entendido sua teoria como empírico-analítica e, portanto, comprometida apenas com o interesse técnico dos agentes sociais, e não como uma "ciência da autorreflexão", comprometida com seu interesse emancipatório – resulta, ela mesma, de uma compreensão pobre de como funcionam as teorias científicas e, ao fim e ao cabo, da dificuldade de se desvencilhar da concepção de ciência natural que é proposta pelo positivismo, tomando-a como se fosse a única possível e, portanto, tendo que recusar o naturalismo como um todo por não fazer jus à originalidade e ao potencial emancipatório que entrevê na teoria e na prática psicanalítica. Ele considera, ao contrário, que, desde que se desvincule a compreensão do sucesso terapêutico da psicanálise da ideia de que este consiste em libertar o sujeito do "reino da causalidade" – isto é, da ação determinante que os processos inconscientes exercem sobre a consciência e a intencionalidade da ação –, uma visão da psicanálise como prática emancipatória pode ser conciliada com sua fundamentação biológica e com a possibilidade da redução neurofisiológica que Freud parece admitir:

> *Eu argumento contra a sua [de Habermas] tentativa de eliminar uma* concepção biológica dos instintos da teoria psicanalítica, *que se reflete na sua incompreensão do conceito de id. Defendo, também, a possibilidade de uma* redução neurofisiológica da psicanálise *e sugiro que esta seja compatível com a caracterização dos processos terapêuticos como emancipatórios, desde que se rejeite a visão de Habermas de que tais processos envol-*

110 REALISMO E ANTIRREALISMO NA INTERPRETAÇÃO...

vam um movimento para fora do reino da causalidade.
(Keat, 1981, p. 10, grifos nossos, tradução nossa)

Novamente, não há espaço aqui para desenvolver mais longamente os argumentos que sustentam essa visão realista e naturalista da psicanálise freudiana, inclusive de sua teoria social, apresentada nos textos assim chamados "culturais" do *corpus* freudiano. Trata-se apenas de mostrar que tais interpretações existem e que elas parecem convergir com as reivindicações epistemológicas explicitamente formuladas por Freud, sobretudo o pertencimento da psicanálise ao domínio das ciências da natureza. Em interpretações antirrealistas da teoria freudiana, como a de Fulgencio (2008), examinada inicialmente, essas reivindicações só poderiam ser entendidas no contexto da heurística freudiana – um "como se" que permite instrumentar teoricamente uma prática e resolver problemas clínicos que, em última instância, referem-se a outra ordem de realidade, a saber, a dimensão propriamente antropológica da ação humana.[16] Como acabamos de ver, essas mesmas reivindicações podem ser interpretadas no âmbito de uma epistemologia realista, sem prejuízo, em princípio, para o modo como se concebem os efeitos da ação terapêutica. É necessário, no entanto, constatar ainda se tal interpretação realista da epistemologia freudiana encontra algum respaldo nos textos do próprio Freud. Como mencionamos antes, o livro de Fulgencio, aqui tomado como exemplar das

---

16 Compreensivelmente, Keat manifesta-se enfaticamente contra uma visão exclusivamente antropológica da ação humana e contra a tendência, que percebe em Habermas, de considerá-la como estando fora da natureza: "Também sugiro que sua teoria [de Habermas] envolve uma dicotomia inaceitável entre a natureza e os humanos, que tanto oculta a diversidade de diferentes tipos de 'seres naturais', especialmente seres orgânicos, quanto, de fato, 'desnaturaliza' os seres humanos ao defini-los exclusivamente em termos de suas características *distintivas* da espécie (*species-distinctive*), especialmente a linguagem" (Keat, 1981, p. 10, grifos do autor, tradução nossa).

interpretações antirrealistas da metapsicologia e da teoria psicanalítica freudiana como um todo, ilustra fartamente seus pontos de vista com passagens dos textos de Freud que, segundo lhe parece, sustentá-los-iam. Trata-se agora de verificar, portanto, se é possível encontrar ali manifestações que sustentem também a interpretação oposta, antes que se possa concluir com a discussão das implicações e consequências que decorrem de uma e outra dessas leituras.

O realismo de Freud

Esta parte de nossa análise se desenvolve em dois momentos. Em primeiro lugar, é preciso percorrer as tomadas de posição epistemológicas mais explícitas de Freud, com relação ao conhecimento científico em geral e com relação a como ele concebe o lugar do conhecimento psicanalítico diante da atitude científica reconhecida como válida. Feito isso, pode-se passar a examinar um exemplo mais concreto de elaboração de um construto metapsicológico, para verificar se o que Freud propõe como um posicionamento epistemológico geral se confirma no trabalho teórico que ele efetivamente pratica. Quanto ao primeiro ponto, pode-se antecipar que Freud diversas vezes manifesta uma epistemologia que endossa de forma bastante clara uma postura realista, pelo menos no sentido mais amplo que se pode atribuir ao *realismo científico*, como definido no início deste ensaio (as passagens que suportam a interpretação antirrealista comentada anteriormente são exaustivamente elencadas e analisadas em Fulgencio, e o leitor pode remeter-se a elas). Quanto ao segundo, como um dos principais focos da análise de Fulgencio foi uma interpretação da noção de *aparelho psíquico* como uma *ficção heurística*, serão discutidas certas nuanças da formulação inicial desse conceito, no Capítulo 7 de *A interpretação dos sonhos*, a fim de verificar se, para além da justificação do modelo em termos de sua utilidade teórica, há elementos que permitam uma interpretação mais realista dele. Em caso afirmativo, será preciso discutir, antes de concluirmos, o significado dessa convivência de modelos ficcionais ou heurísticos, por um lado, e realistas, por outro, no âmbito das elaborações metapsicológicas freudianas.

Um dos principais trabalhos em que Freud se detém mais longamente sobre a sua concepção de ciência e sobre o pertencimento da psicanálise a esse campo é, como se sabe, a última da *Nova série de conferências de introdução à psicanálise,* que versa sobre o problema da visão de mundo (*Weltanschauung*) científica e de sua subscrição pela psicanálise. Aí, quando se propõe a caracterizar o pensamento científico como um todo, um viés realista aparece de forma bastante inequívoca e, inclusive, acompanhado de uma concepção de verdade como correspondência bastante claramente formulada:

> [*O pensamento científico*] *esforça-se por alcançar a concordância com a realidade* (die Übereinstimmung mit der Realität) *– isto é, com o que existe fora* (ausserhalb) *de nós e independentemente* (unabhängig) *de nós e que, tal como a experiência nos ensinou, é decisivo para a satisfação ou para o desapontamento de nossos desejos. Chamamos verdade* (Wahrheit) *a essa concordância com o mundo externo real* (realen Aussenwelt). *Ela permanece sendo a meta do trabalho científico, mesmo se deixarmos de lado o valor prático desse trabalho.* (Freud, 1933a, Studienausgabe, *p. 597, tradução nossa)*

Assim, quando Freud conclui esse texto com a célebre afirmação de que a psicanálise não constitui uma visão de mundo própria, uma vez que ela não pode deixar de assumir como sua a visão de mundo científica, não é surpreendente que ele explicite como característico da psicanálise esse traço realista do pensamento científico como um todo que foi enunciado na passagem anterior:

> *Sou da opinião que a psicanálise é incapaz de criar uma visão de mundo própria. Ela não precisa de uma; ela é uma parte da ciência e pode aderir à visão de mundo científica. . . . Uma visão de mundo erigida sobre a ciência tem, além de sua ênfase no mundo externo real* (realen Aussenwelt)*, principalmente traços negativos, tal como a submissão à verdade e a rejeição de ilusões. (Freud, 1933a, Studienausgabe, p. 608, tradução nossa)*

No *Esboço de psicanálise*, a mesma posição epistemológica é reafirmada, justamente numa passagem em que Freud compara sua hipótese do aparelho psíquico com as hipóteses e fundamentos das demais ciências. Como é uma visão realista da ciência que aí está sendo proposta, há razões para supor que uma interpretação realista da teoria do aparelho psíquico não seria um completo contrassenso (retornaremos a essa questão mais adiante). Seja como for, Freud insiste aqui que a ciência deve ir além dos dados imediatamente acessíveis à observação, que esse "algo além" é relativamente independente do observador e que, consequentemente, deve ser pensado como mais real do que os dados puramente fenomênicos, ainda que o acesso a esse real permaneça problemático e, no limite, inexequível:

> *Na* nossa ciência, assim como nas outras, *o problema é o mesmo:* por trás dos atributos (qualidades) do objeto em exame *que se apresentam diretamente à nossa percepção, temos que descobrir algo mais, que é* mais independente da capacidade receptiva de nossos órgãos dos sentidos *e que se encontra* mais próximo do que se pode supor como constituindo o estado de coisas real. *(Freud, 1940a, p. 196, grifos nossos, tradução nossa)*

Poderíamos multiplicar os exemplos de afirmações realistas de Freud de tom e intenção semelhantes. Assim, no verbete *Psicanálise*, escrito para o *Handwörterbuch der Sexualwissenschaft* em 1923, podemos ler: "pois, como todas as ciências, [a psicanálise] é não tendenciosa e tem apenas um único objetivo – a saber, chegar a uma visão consistente de *uma parte da realidade*" (Freud, 1923a, p. 252, grifo nosso, tradução nossa). Mas, antes de passarmos dessas considerações epistemológicas gerais – que parecem afirmar a existência de uma realidade independente do observador à qual se referem as proposições científicas – para o problema mais específico do *status* ontológico que Freud atribui aos objetos da psicanálise, é interessante considerar o posicionamento de Freud perante um autor emblemático do antirrealismo ficcionalista. Uma interpretação antirrealista da psicanálise, evidentemente, beneficiar-se-ia de uma aproximação entre Freud e a filosofia do "como se" de Hans Vaihinger. Fulgencio (2008, pp. 240, 357) ensaia algumas vezes essa aproximação, que é ainda mais interessante para o seu argumento pelo fato de Vaihinger ser um pensador neokantiano, reforçando assim a tese de que a heurística freudiana deriva, sobretudo, do kantismo de Freud. No entanto, apesar de algumas formulações freudianas parecerem próximas ao espírito da *filosofia do "como se"* (*die Philosophie des Als Ob*), não é menos verdade que

RICHARD SIMANKE 115

Freud também explicitamente a rejeita como um *artifício filosófico* – o que é tanto mais significativo quando se recorda a ênfase com que Freud considera a abordagem filosófica como inadequada ao conhecimento do inconsciente e à problemática psicanalítica como um todo. O fato de que, na passagem a seguir, o que está em questão não seja a ciência, mas sim as razões para se aceitar o ponto de vista da religião, apesar de seus contrassensos (Freud menciona Vaihinger lado a lado com o *Credo quia absurdum* cristão), não torna a rejeição do ficcionalismo dessa concepção menos explícito:

> *[A filosofia do "como se"] afirma que nossa atividade de pensamento inclui um grande número de hipóteses cuja falta de fundamento e, mesmo, cujo absurdo nós percebemos plenamente. Elas são chamadas de "ficções" (Fiktionen), mas, por uma variedade de razões práticas, temos que nos comportar "como se" (als ob) acreditássemos nessas ficções (Fiktionen). . . . Mas eu considero que a exigência do "como se" (die Forderung des 'Als Ob') é tal que apenas um filósofo poderia apresentá-la. Alguém cujo pensamento não estiver influenciado pelos artifícios da filosofia (die Künste der Philosophie) nunca será capaz de aceitá-la; na visão de tal pessoa, a admissão de que algo é absurdo ou contrário à razão não deixa mais nada a ser dito. (Freud, 1927c, Studienausgabe, pp. 162-163, tradução nossa)*

Fulgencio mesmo reconhece, diante dessa passagem, que, nela, "Freud parece apelar para um realismo das ficções propostas" (Fulgencio, 2008, p. 380). De qualquer maneira, ainda resta saber se esse realismo global que Freud parece às vezes atribuir à atitude científica como um todo se mantém quando ele se refere

116 REALISMO E ANTIRREALISMO NA INTERPRETAÇÃO...

ao campo de investigação próprio da psicanálise – a mente, o aparelho psíquico, o inconsciente. É curioso que, por exemplo, em *A questão da análise leiga*, uma referência ao conceito de aparelho psíquico com essas mesmas ressonâncias realistas apareça logo antes de outra menção ao ficcionalismo de Vaihinger.[17] Diz Freud nesse ponto:

> *Pois nós representamos o aparelho desconhecido que serve às atividades da mente como sendo realmente um instrumento construído de múltiplas partes (às quais nós nos referimos como "instâncias"), cada uma das quais desempenha uma função particular e possui uma relação espacial fixa com relação às outras: ficando entendido que por relação espacial queremos dizer, simplesmente, em primeiro lugar, a sucessão regular das funções. (Freud, 1926e, p. 194, grifo nosso, tradução nossa)[18]*

Essa referência ao aparelho psíquico serve para introduzir a discussão mais específica sobre a natureza desse aparelho e sobre o tipo de realidade que se lhe pode (ou não) atribuir. Embora todos os trechos mencionados até agora, que sugerem a presença de uma epistemologia realista no pensamento de Freud, provenham de

---

17 Contudo, ao longo dessa passagem, Freud diz: "Parece-me desnecessário apelar aqui para o *como se*, que se tornou tão popular" (Freud, 1926e, p. 194, grifos nossos, tradução nossa).

18 O aparelho psíquico freudiano, assim definido, lembra sobremaneira o conceito de sistema funcional, crucial nas teorias de Alexander Luria – neuropsicólogo russo, materialista e pouco suspeito de simpatias por uma visão ficcionalista das teorias científicas (ver Luria, 1973). Uma análise mais detalhada da convergência entre esses dois autores seria, certamente, esclarecedora, mas terá que ser empreendida em outro lugar.

RICHARD SIMANKE 117

seus textos mais tardios (indicando que esta é a sua posição mais ou menos definitiva), cabe lembrar que o conceito de "realidade psíquica" (*psychische Realität*) foi introduzido, já na edição de 1909, no Capítulo 7 de *A interpretação dos sonhos*, e aplicado, sobretudo, na caracterização dos desejos inconscientes que se manifestam nos sonhos. É claro que sempre se pode argumentar que "realidade" – ali como nas demais passagens citadas anteriormente – significa apenas um modo de falar, que permitiria tratar a subjetividade "como se" fosse real e objetiva, mesmo sabendo-se que ela não o é, pelo menos não no mesmo sentido em que os acontecimentos do mundo físico o são. Mas isso seria, evidentemente, resolver a questão por decreto, prejulgar a resposta e recusar a discussão. Assim, por exemplo, embora o conceito de força possa ser, para uma leitura antirrealista, exemplar de uma ficção heurística, justificada apenas pela sua fecundidade explicativa – Fulgencio (2008, pp. 77-81) assim o considera, referindo-o diretamente a suas origens kantianas –, podemos encontrar em Freud também afirmações como esta: "Os impulsos inconscientes revelados pelos sonhos não têm a importância de forças reais (*realen Mächten*) na vida mental?" (Freud, 1900a, *Studienausgabe*, p. 587, tradução nossa). E, logo a seguir, ele parece definir a realidade psíquica dos desejos inconscientes de uma maneira bastante literal:

> *Se considerarmos os desejos inconscientes reduzidos à sua forma mais fundamental e mais verdadeira, teremos que concluir, sem dúvida, que a realidade psíquica* (psychische Realität) *é uma forma particular de existência* (eine besondere Existenzform), *que não se deve confundir com a realidade material* (materiellen Realität). *(Freud, 1900a,* Studienausgabe, *p. 587, grifos do autor, tradução nossa)*

118 REALISMO E ANTIRREALISMO NA INTERPRETAÇÃO...

Dito isso, podemos passar diretamente para a discussão do estatuto de realidade que pode ou não ser concedido ao aparelho psíquico freudiano – afinal, a noção de realidade psíquica se aplica, antes de tudo, aos desejos e moções (*Regungen*) que constituem o inconsciente, a "parte" mais fundamental do aparelho freudiano. Para tanto, algumas noções têm que ser previamente precisadas. Que Freud, em algum momento, considere seu aparelho psíquico uma "ficção" é irrecusável: como veremos a seguir, ele o afirma textualmente. No entanto, sua construção admite algumas modulações que precisam ser explicitadas. As análises de Fulgencio discutidas anteriormente, como têm por objetivo traçar um contraste entre os procedimentos clínico-empíricos da psicanálise e as especulações metapsicológicas, não se preocupam em distinguir com detalhe entre os diversos dispositivos conceituais passíveis de serem utilizados na elaboração das teorias científicas. Assim, por exemplo, com relação ao aparelho psíquico especificamente, podemos ler:

> o modelo teórico proposto no Projeto, com a noção de um aparelho psíquico espacialmente figurável, também deve ser tomado como uma metáfora, um modelo teórico que Freud esperava ser útil para entender e poder agir sobre os fenômenos psíquicos. (Fulgencio, 2008, pp. 270-271, grifo nosso)

No entanto, ainda que haja proximidade entre o uso de metáforas e de modelos na construção de teorias, eles não são procedimentos idênticos, além do que os modelos teóricos, especificamente, admitem mais de uma forma de interpretação e de utilização. Na continuidade, faremos referência aos trabalhos de Max Black (1962a, 1962b), ainda exemplares com relação a essas

RICHARD SIMANKE 119

questões, com o objetivo de tornar mais precisos os sentidos e os usos dessas noções, para então tentar mostrar que Freud apresenta definições e caracterizações qualitativamente distintas do aparelho psíquico, das quais algumas são mais marcadamente ficcionais, enquanto outras se aproximam mais de uma atitude realista. É claro que nenhuma dessas apresentações de seu modelo é, por definição, uma *descrição empírica de um objeto fenomênico*, já tendo ficado estabelecido definitivamente que o realismo empírico não fornece uma perspectiva adequada para a elucidação do sentido das formulações metapsicológicas.

Quanto à metáfora, basta observar que um autor como Black enfatiza o valor cognitivo das metáforas e se opõe àqueles que as consideram um mero adorno ou decoração do discurso, em tudo inferior à linguagem literal e logicamente articulada. Para isso, ele propõe uma concepção da *metáfora por interação*, em oposição e em acréscimo às *metáforas por substituição* ou *por comparação*.[19] Na metáfora por interação, o tema *principal* (aquele que se quer expressar ou compreender) e o tema *subsidiário* (aquele que é utilizado figuradamente) não se substituem entre si, nem são propriamente comparados, mas permanecem "'ativos em conjunto' e 'interagem' para produzir um sentido que é resultante daquela interação" (Black, 1962a, p. 38, tradução nossa). Para o autor, essa forma de metáfora permite superar os defeitos e limitações das outras duas e permite a elaboração do que ele denomina "uma metáfora não trivial" (Black, 1962a, p. 39, tradução nossa), isto é, uma

---

19 "Qualquer concepção que sustente que uma expressão metafórica é usada no lugar de alguma expressão literal equivalente, eu chamarei uma *concepção da metáfora por substituição*" (Black, 1962a, p. 31, grifos do autor, tradução nossa). "Se um escritor sustenta que uma metáfora consiste na apresentação de uma analogia ou similaridade subjacente, ele estará assumindo o que eu chamarei de uma concepção da *metáfora por comparação*" (Black, 1962a, p. 35, grifos do autor, tradução nossa).

120 REALISMO E ANTIRREALISMO NA INTERPRETAÇÃO...

construção discursiva que permita um ganho cognitivo efetivo no tratamento do assunto em questão e que não consista apenas num dispositivo didático. É esse ganho que confere certa autonomia à metáfora por interação, retirando-a da relação de dependência para com a eventual expressão literal da ideia que se está formulando. Assim, embora reconheça que nem todas as metáforas possam ser entendidas dessa maneira – e que, portanto, é possível classificar as metáforas como exemplos das formas *por substituição, por comparação* e *por interação* –, Black considera que apenas esta última tem importância para a filosofia (e, poderíamos acrescentar, para a linguagem científica). Isso porque:

> *metáforas por substituição e metáforas por comparação podem ser substituídas por traduções literais . . ., sacrificando-se algo do charme, da vivacidade ou da espirituosidade do original, mas sem nenhuma perda de conteúdo cognitivo. Mas as "metáforas por interação" não são sacrificáveis. Seu modo de operação requer que o leitor utilize um sistema de implicações (um sistema de "lugares-comuns" ou um sistema especialmente estabelecido para o propósito em vista) como um meio para selecionar, enfatizar e organizar relações num campo diferente. (Black, 1962a, p. 46, tradução nossa)*

A primeira apresentação que Freud faz do aparelho psíquico, no Capítulo 7 da *Traumdeutung*, só pode ser considerada metafórica. Trata-se, evidentemente, da célebre comparação com um aparelho ótico, um telescópio ou coisa semelhante. O objetivo imediato desse símile é ilustrar a ideia de *localidade psíquica*, que acabara de ser proposta, a partir da referência à frase de Fechner

RICHARD SIMANKE 121

sobre o sonho ocorrer em *outro cenário*, distinto daquele em que transcorre a vida de vigília. A determinação que Freud manifesta aí de permanecer em terreno psicológico faz com que ele renuncie a falar de lugares anatômicos e substitua a referência a eles pela referência a outra ordem de lugares – a disposição espacial das lentes de um aparelho ótico, dos espaços que as separam etc. –, capaz de ser figurativamente aproximada da estrutura da mente como um sistema composto por lugares não anatômicos (isto é, virtuais). Trata-se, então, de:

> *seguir a sugestão de que devemos representar (vorstellen) o instrumento que executa nossas operações mentais como semelhante a um microscópio composto ou um aparelho fotográfico, ou algo desse tipo. A localidade psíquica corresponde, então, a um lugar no interior do aparelho no qual se forma um dos estágios preliminares da imagem. Num microscópio ou telescópio, como se sabe, essas são, em parte, localizações ideais, regiões nas quais nenhum componente tangível do aparelho está situado. (Freud, 1900a, Studienausgabe, p. 512, tradução nossa)*

Além de procurar esclarecer o sentido da recém-introduzida noção de localidade psíquica pelo conceito de imagem virtual, emprestado da ótica, essa comparação prepara o caminho para a construção do modelo teórico que se lhe segue, no qual uma significação funcional será atribuída a esses lugares ou sistemas, como se verá a seguir. A rigor, poder-se-ia dizer que se trata mais de um *símile* ou de uma *analogia*, uma vez que os dois termos da comparação são explicitados no texto (uma metáfora seria uma comparação implícita). Freud mesmo a considera assim logo nas

122   REALISMO E ANTIRREALISMO NA INTERPRETAÇÃO...

linhas seguintes do texto. Isso pareceria aproximar a imagem do aparelho ótico das metáforas por comparação, como esta foi definida anteriormente. Contudo, é patente que Freud está aqui em busca de um ganho cognitivo novo, uma vez que é justamente a dificuldade de descrever direta e literalmente a relação dos processos mentais com sua base neurológica e a limitação do conhecimento disponível para tanto que motiva a sua decisão de permanecer em terreno psicológico e expressar essa relação apenas metaforicamente. Já a *interação* entre os dois contextos – o tema *primário* (a mente, a psicologia) e o *subsidiário* (o aparelho, a ótica), para usar o vocabulário de Black – permite que o conceito de localidade psíquica ganhe sentido e crie condições para o tratamento dos problemas teóricos complexos que serão abordados na continuidade. Seja como for, é inequivocamente de um símile ou de uma metáfora que se trata,[20] e qualquer interpretação mais realista do mesmo fica, *ipso facto*, excluída.

O desenvolvimento seguinte na construção da teoria do aparelho psíquico já consiste na elaboração de um modelo teórico, e não mais apenas de uma metáfora. Em outro trabalho, após considerar os *modelos escalares* e os *modelos analógicos* (mais os *modelos matemáticos*, como um caso particular, mas importante,

---

20 No entanto, Black observa que a metáfora por comparação nem sempre se restringe a explorar passivamente uma similaridade preexistente e pode, assim, produzir algum conhecimento novo sobre o assunto em foco: "Seria mais iluminador, em alguns desses casos, dizer que a metáfora cria a similaridade do que dizer que ela formula uma similaridade anteriormente existente" (Black, 1962a, p. 37, tradução nossa). E prossegue, sobre a distinção entre símile, comparação e metáfora: "Uma comparação é frequentemente o prelúdio para um enunciado explícito das bases de semelhança, enquanto nós não esperamos que uma metáfora se explique a si mesma. ... Mas, sem dúvida, a fronteira entre algumas metáforas e alguns símiles não é uma linha precisa" (Black, 1962a, p. 37, tradução nossa).

destes últimos),[21] Black parte para a consideração das propriedades distintivas dos *modelos teóricos*. Estes últimos têm como característica distintiva, segundo o autor, o objetivo de serem *explicativos*, e não apenas *descritivos* como os demais tipos de modelo. Eles consistem em descrever um dado conjunto de entidades pertencentes a um domínio primário, ainda pouco explorado ou cuja abordagem é, por alguma razão, problemática, nos termos – isto é, na linguagem teórica – de outro domínio de conhecimento (secundário), mais familiar, menos problemático, mais bem organizado etc. O exemplo clássico fornecido é o do conceito de éter na física de Maxwell e Kelvin, proposto como o meio através do qual atuam as forças de um campo eletromagnético e concebido como um fluido incompressível imaginário. Nesse caso, o domínio primário, menos bem conhecido, é o eletromagnetismo, enquanto o domínio secundário é a mecânica dos fluidos, cujas leis já tinham sido convenientemente estabelecidas no primeiro século após o surgimento da física moderna.

No entanto, essa definição geral dos modelos teóricos permite que, do ponto de vista metodológico, façam-se dois usos distintos deles: eles podem ser considerados apenas como uma invenção ou como um construto imaginário a serviço da resolução de certo tipo de problemas ou, ao contrário, podem comportar um "compromisso ontológico" muito maior, "estarem mais firmemente comprometidos com o idioma realista" (Black, 1962b, p. 227, tradução nossa). No primeiro caso, nos termos de Black, estamos

---

21 Os modelos escalares (uma maquete, por exemplo) representam iconicamente seu objeto em outra escala de grandeza, preservando as proporções do original e as características que se pretendem enfatizar. Os modelos analógicos envolvem "uma mudança de meio. Penso em exemplos como os modelos hidráulicos de sistemas econômicos ou o uso de circuitos elétricos em computadores" (Black, 1962b, p. 222, tradução nossa). Seu objetivo é, pois, reproduzir a estrutura do original; seu princípio básico de construção é o *isomorfismo*, assim como o princípio básico dos modelos escalares é a *proporcionalidade*.

124 REALISMO E ANTIRREALISMO NA INTERPRETAÇÃO...

diante *do uso dos modelos como ficções heurísticas*; no segundo, de um *uso existencial dos modelos*, com ganhos e riscos diferenciados em cada caso:

> *No pensamento "como se", há uma suspensão voluntária da descrença ontológica, e o preço pago, como Maxwell insiste, é a ausência de poder explanatório. Aqui, nós podemos falar do uso dos modelos como ficções heurísticas. Ao arriscar enunciados existenciais, entretanto, colhemos as vantagens de uma explicação, mas ficamos expostos aos perigos do autoengano ... O uso* existencial dos modelos *parece-me característico da prática dos grandes teóricos da física. (Black, 1962b, p. 228, grifo do autor, tradução nossa)*[22]

Na sequência da exposição de Freud, em *A interpretação dos sonhos*, a metáfora do telescópio cede rapidamente lugar a um modelo teórico: os diversos segmentos do aparelho ótico convertem-se nas *instâncias* ou sistemas psíquicos. Uma série de princípios ou conclusões teóricas extraídas anteriormente por Freud – o conceito de reflexo, a incompatibilidade entre percepção e memória, a

---

22 Black ilustra a diferença com a evolução do pensamento de Maxwell de uma concepção mais heurística do éter para uma mais realista, na qual as linhas de força de Faraday "não devem mais ser consideradas como meras abstrações matemáticas", e complementa: "Certamente, não há como falar de uma colocação de propriedades imaginárias. O meio puramente geométrico tornou-se muito substancial" (Black, 1962b, p. 227, tradução nossa). Kelvin teria sido ainda mais realista com relação ao conceito: "Há certamente uma vasta diferença entre tratar o éter como uma mera conveniência heurística, como as primeiras observações de Maxwell requerem, e tratá-lo ao modo de Kelvin, como 'matéria real', possuindo propriedades definidas – embora, com certeza, paradoxais – e independentes da nossa imaginação" (Black, 1962b, p. 228, tradução nossa).

impossibilidade de diferentes princípios de organização vigorarem no mesmo sistema, a múltipla inscrição dos traços mnêmicos, a noção de regressão, as diferenças formais entre os processos suscetíveis e insuscetíveis de consciência, entre outras – vai convergir nesse modelo e interagir com as propriedades derivadas da metáfora inicial, isto é, a ideia de um sistema de lugares sucessivos, a orientação espacial etc. Disso tudo resulta que:

> *Representamos, então, o aparelho mental como um instrumento composto, cujos elementos chamaremos de* instâncias (Instanzen) *ou, para fins de maior clareza,* sistemas (Systeme). *A seguir, formulamos a expectativa de que esses sistemas devam possuir, talvez, uma orientação espacial uns com relação aos outros, do mesmo modo como os diversos sistemas de lentes de um telescópio se seguem uns aos outros. A rigor, não precisamos supor uma ordenação efetivamente espacial dos sistemas psíquicos. Basta-nos que uma sequência fixa entre eles tenha sido estabelecida, que, em determinados processos psíquicos, os sistemas sejam percorridos pela excitação numa determinada série temporal. . . . Na continuidade, para fins de maior brevidade, referir-nos-emos aos componentes do aparelho como "sistemas-psi". (Freud, 1900a, Studienausgabe, p. 513, grifos do autor, tradução nossa)*

Na sequência do texto – e ao longo de todo o Capítulo 7 –, esse modelo será desenvolvido, suas propriedades, detalhadas e, paralelamente, Freud explorá-lo-á no tratamento de questões que ficaram pendentes ao longo da obra, tanto teóricas como empíricas (por exemplo, a especificação do conceito de censura e a explicação do caráter alucinatório dos sonhos, respectivamente). O uso que Freud faz de seu modelo, nessa *formulação*, é claramente heurístico: não há nenhuma tentativa de argumentar que as coisas se passem realmente dessa maneira no cérebro ou na mente nem que os sistemas propostos tenham qualquer espécie de realidade, funcional ou material. Mais adiante, quando Freud desenvolve sua reflexão sobre a gênese hipotética desse aparelho, seu estado primitivo voltado exclusivamente para a descarga imediata das excitações (esta, por sua vez, resultante da incorporação da noção de reflexo) e assim por diante, esse caráter ficcional pode ser explicitamente reconhecido:

> *Havíamos aprofundado a ficção (die Fiktion) de um aparelho psíquico primitivo, cujo trabalho era regulado pelo esforço de evitar a acumulação de excitação e para manter-se tanto quanto possível desprovido de excitação. Ele foi, por isso, construído segundo o esquema de um aparelho reflexo; a motricidade, a princípio, como caminho para a alteração interna do corpo, era a via de descarga disponível. (Freud, 1900a, Studienausgabe, p. 568, tradução nossa)*

No entanto, no momento mesmo em que faz essa afirmação, Freud começa a desenvolver a sua noção de *sistema psíquico* numa direção que acabará por dar outra configuração à sua concepção do aparelho mental que esses sistemas constituem. A ênfase vai recair cada vez mais no modo de atividade próprio de cada um dos sistemas, principalmente dos dois que realmente importam para a distinção que Freud quer estabelecer, isto é, o inconsciente (*Ics*) e o pré-consciente (*Prcs*). Ao que Freud chama de *primeiro sistema* – primeiro na série temporal do desenvolvimento e, portanto,

RICHARD SIMANKE   127

segundo as regras de construção do modelo, primeiro também na estrutura espacial do aparelho – corresponde um modo de funcionamento pautado pela tendência imediata à descarga das excitações pelo caminho mais direto possível; ao *segundo sistema* corresponde a inibição dessa tendência, com tudo que daí decorre: o rodeio interposto entre a necessidade e a ação em que consiste o pensamento, a possibilidade da sondagem da realidade (*Realitätsprüfung*) etc.[23] Ao fim e ao cabo, uma equivalência perfeita vai ser estabelecida entre os dois modos de operação ou atividade e os dois sistemas aos quais, na prática, reduz-se agora a discussão da estrutura do aparelho: "Ao processo psíquico que somente o primeiro sistema admite eu chamarei agora de *processo primário*; ao que resulta da inibição imposta pelo segundo [sistema], *processo secundário*" (Freud, 1900a, *Studienausgabe*, p. 571, grifos do autor, tradução nossa).

Mas, estabelecida essa correspondência, a etapa seguinte é fazer a elaboração do modelo do aparelho avançar mais um passo e reconhecer que a representação das diferenças funcionais entre as diversas atividades da mente em termos de *processos* é mais precisa, mais rigorosa e, acima de tudo, mais próxima ao que se pode considerar como a *realidade do mental* do que a sua representação em termos de *sistemas*. Nesse ponto, embora Freud reitere o caráter de representações auxiliares de suas formulações, sua provisoriedade

---

23 Freud deixa claro que é somente a distinção entre esses dois modos de operação que está em questão aqui: "Eu me atenho apenas à ideia de que a atividade do primeiro sistema Y está voltada para a *livre descarga das quantidades de excitação*, e que o segundo sistema produz, pelas ocupações (*Besetzungen*) que dele partem, uma *inibição* (*Hemmung*) dessa descarga, sua transformação numa ocupação em repouso (*ruhende Besetzung*) . . ." (Freud, 1900a, *Studienausgabe*, p. 569, grifos do autor, tradução nossa). Freud já reconhecera um pouco antes que a noção de sistema era apenas um modo de referir-se aos distintos modos de operação: "Assim, tornou-se necessária uma segunda atividade – no nosso modo de dizer, a atividade de um segundo sistema" (Freud, 1900a, *Studienausgabe*, p. 568, tradução nossa).

128 REALISMO E ANTIRREALISMO NA INTERPRETAÇÃO...

e sua disposição a abandoná-las se for preciso – um tema onipresente em toda a caracterização do *método* da elaboração metapsicológica, como as análises de Fulgencio tão bem demonstraram –, esse procedimento é entendido como tendo uma orientação bem definida, isto é, como tentativas de aproximar-se progressivamente da realidade psíquica que os modelos construídos se destinam a representar. É claro que, por definição, nenhum modelo é uma *descrição empírica de um fenômeno observável* – em outras palavras, o recurso à elaboração de modelos teóricos exclui a ideia de um *realismo empírico* –, mas os modelos podem, como vimos anteriormente, ser utilizados de uma forma mais ou menos realista como *ficções heurísticas* às quais se atribui apenas uma *significação instrumental*, ou como representações indiretas de algo que se considera como real, às quais se atribui, por isso, uma *significação existencial*. Freud parece utilizar, de forma bastante consciente, seus modelos de ambas as maneiras, atribuindo, além disso, uma *superioridade epistêmica* aos modelos mais realistas:

> *Se considerarmos as coisas mais de perto, as elucidações psicológicas das seções anteriores não nos sugerem a suposição da existência de dois sistemas próximos da extremidade motora do aparelho, mas sim de dois processos ou de dois modos de decurso da excitação. Para nós dá no mesmo, pois sempre devemos estar dispostos a abandonar nossas representações auxiliares, quando nos encontrarmos em condições de substituí-las por alguma outra coisa que se aproxime melhor da realidade desconhecida (unbekannten Wirklichkeit). Tentemos agora corrigir algumas intuições, que puderam tomar forma equivocadamente, enquanto tivemos em vista os dois sistemas, no sentido mais imediato e*

mais grosseiro, como duas localidades situadas no interior do aparelho mental ... (Freud, 1900a, Studienausgabe, p. 578, grifos do autor, tradução nossa)

E, a seguir, prosseguindo no intuito de neutralizar certas conotações introduzidas em seu vocabulário pela concepção da distinção espacial entre os sistemas – ideias como as de "deslocar", "irromper" e outras que pressupõem, em geral, uma mudança de lugar –, ele deixa bem claro que o modelo baseado em processos, e não mais em sistemas (localidades), deve sua superioridade a uma correspondência mais rigorosa com a realidade que se trata de representar:

> *Agora, substituímos esses símiles* (Gleichnisse) *por algo que* parece corresponder melhor ao estado de coisas real (dem realen Sachverhalt besser zu entsprechen scheint), *isto é, que uma ocupação de energia foi imposta ou retirada de um determinado arranjo, de tal modo que a formação psíquica cai sob o domínio de uma instância ou dele escapa. Mais uma vez, substituímos aqui um modo de representação tópico por um dinâmico; não é a formação psíquica que nos aparece como móvel, mas sim sua inervação. (Freud, 1900a, Studienausgabe, p. 578, grifos nossos, tradução nossa)*

Como que para não deixar nenhuma dúvida, Freud justifica-se por continuar utilizando a noção de sistema – cuja inadequação relativa acabou de ser afirmada – em função da sua utilidade e de seu caráter intuitivo que permite visualizar mais facilmente os processos complexos que é preciso descrever. Ao mesmo tempo, deixa claro que a representação do mental em termos de processos é mais fidedigna por aproximar-se mais daquilo que se pode considerar como constituindo o *real psíquico*, isto é, o movimento de circulação das quantidades de excitação nervosa ao longo dos caminhos (*Bahnen*) por ela constituídos sobre as estruturas anatômicas do sistema nervoso:

> *Apesar disso, considero conveniente e justificável continuar fazendo uso da representação intuitiva (die anschauliche Vorstellung) dos dois sistemas. Evitaremos qualquer abuso desse modo de figuração (Darstellungsweise), se nos lembrarmos que representações, pensamentos e formações psíquicas em geral não podem ser localizados nos elementos orgânicos do sistema nervoso, mas sim, por assim dizer, entre eles, onde resistências (Widerstände) e facilitações (Bahnungen) formam seus correlatos correspondentes. (Freud, 1900a, Studienausgabe, p. 579, tradução nossa)*

Como se sabe, foi ao renunciar formalmente a estabelecer a distribuição neuroanatômica dos processos mentais – embora afirmando explicitamente que isso deva ser, em princípio, possível – que Freud começa a construir seu modelo do aparelho psíquico, como uma representação psicológica *provisória* daquilo que não era possível conhecer nem explicar diretamente, naquele momento, por referência à sua base neural. Freud deixa claro, ao longo de sua obra, que essa carência se refere tanto à falta de conhecimento *empírico* sobre essa base neural quanto à falta de uma teoria que permita conceber a relação entre esta e o mental. Assim, é possível compreender que os modelos teóricos metapsicológicos admitam, para Freud, uma interpretação tanto mais *realista* – a atribuição de uma *significação existencial*, para usar os termos de Black – quanto mais permitam à teoria aproximar-se dessa "realidade desconhecida", e uma interpretação tanto mais heurística ("como se") quanto mais dela se afastem, ainda que seu emprego seja, em ambos os casos, pragmaticamente justificado pela contribuição que oferecem na resolução dos problemas clínicos e empíricos colocados pela intervenção e pela investigação psicanalítica.

Conclusão: os destinos da metapsicologia

Na análise que Black faz do uso de modelos teóricos na prática científica, ele deixa claro que o ganho cognitivo que se espera obter não provém do fato de que uma linguagem teórica seja, em si, mais ou menos adequada ou fácil de manejar do que outra, mas sim do grau de desenvolvimento do campo da investigação científica da qual provém a teoria que fornece o modelo. É assim que, como vimos, a mais bem conhecida e cientificamente madura *mecânica dos fluidos* pôde, nas décadas finais do século XIX, fornecer um modelo hidráulico para a construção das *teorias do campo eletromagnético*, que engatinhavam então. Noutro exemplo, o autor mostra como essa última teoria pôde, mais recentemente, fornecer, por sua vez, um modelo capaz de permitir a resolução de um problema de geometria pura, que se mostrara refratário a outras estratégias de solução. Esse exemplo evidencia bem que o importante não é o maior ou menor grau de complexidade ou abstração das teorias envolvidas, mas apenas que um domínio seja mais bem explorado e conhecido do que o outro:

> *Diz-se, às vezes, que a virtude de trabalhar com modelos é a substituição de abstrações e fórmulas matemáticas por imagens ou qualquer outra forma de representação que seja prontamente visualizável. Mas*

> *o exemplo recém-mencionado mostra que essa visão enfatiza a coisa errada. Não é mais fácil visualizar uma rede de correntes elétricas do que visualizar um retângulo dissecado em quadrados componentes: a vantagem de pensar sobre correntes elétricas não é que nós possamos vê-las ou imaginá-las mais facilmente, mas sim que suas propriedades são mais bem conhecidas do que aquelas do campo de aplicação pretendido. (Black, 1962b, p. 232, tradução nossa)[24]*

Parece ter sido exatamente essa a intenção de Freud quando abandonou seu projeto inicial de formulação de uma teoria neurológica da mente e passou a dedicar-se à construção de modelos vazados em linguagem predominantemente psicológica, os quais, como se procurou sugerir, admitem uma interpretação mais ou menos realista conforme o caso. É possível compreender, dessa maneira, por que a metapsicologia freudiana constitui uma infração gritante a um princípio de pureza epistemológica, herdado de Hughlings Jackson, que Freud ainda subscrevia inteiramente em seu trabalho sobre as afasias, a saber, o de não confundir descrições neurológicas e psicológicas e de manter separadas as duas linguagens. A não obediência a esse princípio seria um dos aspectos mais criticáveis do localizacionismo, remetido, por sua vez, à disparidade do conhecimento disponível sobre os dois domínios:

> *Eles [os autores criticados] consideravam apenas que a modificação da fibra nervosa pela excitação sensorial*

---

24 Ou, ainda: "Tem sido dito que o modelo deve pertencer a um reino mais 'familiar' do que o sistema ao qual ele é aplicado. Isso é bem verdade, caso se assuma que familiaridade quer dizer pertencente a uma teoria bem estabelecida e amplamente explorada" (Black, 1962b, p. 233, tradução nossa).

RICHARD SIMANKE 133

– que pertence à fisiologia – provoca na célula nervosa central outra modificação, que se torna então o correlato fisiológico da "representação". Como sobre a representação eles sabem dizer muito mais do que sobre as modificações fisiológicas, desconhecidas e ainda não caracterizadas, *servem-se da expressão elíptica: na célula nervosa estaria localizada uma representação.*
(Freud, 1891, p. 99, grifos nossos, tradução nossa)

A dificuldade de sustentar esse projeto diante do estado incipiente do conhecimento sobre o cérebro e o sistema nervoso, mesmo no plano da construção de modelos teóricos, já transparece claramente no *Projeto*, de 1895, em que Freud se utiliza largamente do mesmo tipo de linguagem mista, neuropsicológica, que criticara em 1891 – como vimos, Fulgencio demonstrou com muita propriedade que já nesses trabalhos iniciais as construções freudianas não consistem em descrições empíricas de observáveis, embora possam beneficiar-se das observações disponíveis, como aquelas que levaram aos primeiros esboços da teoria neuronal na última década do século XIX. Ao longo do processo de elaboração de *A interpretação dos sonhos*, essa deficiência do conhecimento neurológico tornou-se mais e mais presente para Freud, até o ponto em que ele se resignou a exprimir sua teoria em termos psicológicos, de modo que a psicologia – a psicologia médica, a psicologia científica descritiva e a psicologia que o próprio Freud vinha desenvolvendo a partir de suas primeiras investigações clínicas – passou a operar como o domínio mais bem conhecido, capaz de fornecer os modelos para representar a "realidade desconhecida" dos processos nervosos que constituem a materialidade do mental. Daí que, quanto mais essa construção pudesse ser feita em termos compatíveis com o que era legítimo supor sobre esse domínio desconhecido, mais seria

134   REALISMO E ANTIRREALISMO NA INTERPRETAÇÃO...

possível atribuir uma significação existencial aos modelos que dela resultassem – é mais razoável supor processos excitatórios, seja qual for a sua distribuição, como realmente ocorrendo no córtex cerebral do que aí inscrever estruturas espacialmente delimitadas que não sejam anatômicas. Ao contrário, quanto mais a teoria assumisse o aspecto de uma psicologia fechada sobre si mesma, mais se deveria considerá-la como um modo figurado de expressão, como uma construção do tipo "como se". Na carta a Fliess de 22 de setembro de 1898, podemos ler:

> *Não estou inclinado, de forma alguma, a deixar a psicologia suspensa no ar, sem uma base orgânica. Mas, para além dessa convicção, não sei como prosseguir, nem teórica, nem terapeuticamente e, portanto, devo comportar-me como se apenas a psicologia estivesse sendo levada em consideração. Sequer ainda comecei a sondar por que não consigo encaixá-los juntos [o orgânico e o psicológico]. (Masson, 1985, p. 326, tradução nossa)*

Essa ideia de que é a limitação do conhecimento biológico e neurológico disponível que torna necessário restringir a teorização psicanalítica ao domínio do psicológico reaparece ao longo de todo o percurso da obra de Freud.[25] Assim, a provisoriedade das formulações metapsicológicas – o fato de elas serem consideradas como "andaimes" que podem ser descartados quando o edifício estiver

---

25 Por exemplo: "Pois é fácil descrever o inconsciente e seguir seus desenvolvimentos, se ele é abordado pelo lado das suas relações com o consciente, com o qual ele tem tanto em comum. Por outro lado, não parece ainda haver nenhuma possibilidade de abordá-lo pelo lado dos eventos físicos. Assim, ele deve permanecer sendo um tema para a investigação psicológica" (Freud, 1913j, p. 179, tradução nossa). Ou ainda: "A estrutura teórica da psicanálise que nós

RICHARD SIMANKE 135

concluído – pode ser também interpretada como um compasso de espera, enquanto não se é capaz de atingir uma apresentação dos processos mentais que seja mais próxima da realidade. Essa provisoriedade não é, assim, necessariamente incompatível com uma leitura realista das teses metapsicológicas. Como procuramos ilustrar anteriormente a propósito da teoria do aparelho psíquico, talvez nem todas as versões dessas teses possam ser entendidas estritamente da mesma maneira, seja ela realista ou antirrealista. Tudo se passa como se Freud estivesse constantemente à procura da epistemologia adequada à sua descoberta e ao campo de investigação que ele abriu e explorou, e essas tentativas dão margem a diversas interpretações a partir das ferramentas disponíveis para a reflexão epistemológica que foram tomando forma desde então.

Essas interpretações talvez possam ser reunidas em dois grandes grupos. Para um, que valorize mais a dimensão *clínica* da psicanálise e o respeito à especificidade da ordem humana que essa prática pode permitir, a metapsicologia vai acabar por aparecer como um resíduo descartável de um naturalismo anacrônico. Para esse tipo de interesse clínico, a *provisoriedade dos construtos metapsicológicos* constantemente reafirmada por Freud pode ser generalizada como uma tese da *provisoriedade da metapsicologia enquanto tal*, de modo que o horizonte dessa interpretação passe a ser o futuro de uma *psicanálise sem metapsicologia*. Esta última deveria ser então considerada como um conjunto de ferramentas úteis a serem descartadas quando perdessem o corte. E quem pode duvidar de que muitos instrumentos metapsicológicos (embora não todos), afiados quando de sua formulação original, perderam já o corte e pouco apelam hoje para a imaginação teórica do investigador contemporâneo no campo da psicologia? Retrospectivamente,

---

criamos é, na verdade, uma superestrutura, que um dia terá que ser assentada em sua fundamentação orgânica. Mas nós ainda a ignoramos" (Freud, 1916x, p. 389, tradução nossa).

136 REALISMO E ANTIRREALISMO NA INTERPRETAÇÃO...

esse horizonte vai fazer ressaltar o caráter heurístico, ficcional e, numa palavra, antirrealista dessa parte da teoria psicanalítica, a ser substituída por outra linguagem teórica (antropológica, fenomenológica etc.) mais adequada às peculiaridades de seu objeto. Ao contrário, para um intérprete mais interessado no potencial científico-naturalista da psicanálise e na contribuição que este possa oferecer à ciência contemporânea, uma ênfase compreensivelmente maior recairá sobre aqueles aspectos da teorização metapsicológica mais passíveis de uma *interpretação realista*, e aquela mesma provisoriedade será entendida como uma adaptação momentânea da teoria às limitações das formas de investigação científica com as quais conviveu; portanto, o horizonte dessa interpretação não será mais uma psicanálise sem metapsicologia, mas uma psicanálise provida de uma metapsicologia liberta daquelas limitações. Em sua "Apresentação" ao livro de Fulgencio, Loparic expressamente reconhece essa possibilidade:

> *Por um lado, ele [Fulgencio] fortaleceu, ainda que apenas indiretamente, a posição dos estudos recentes, que tentam substituir a metapsicologia especulativa de Freud, do tipo psicológico, kantiana, datada e em crise, por uma metapsicologia não-especulativa, baseada na neurociência positiva natural. (Loparic, 2008, p. 14)*[26]

---

26 No entanto, o reconhecimento dessa possibilidade parece tornar necessário relativizar a conclusão de que a análise de Fulgencio distancia Freud de "qualquer interpretação realista" (Loparic, 2008, p. 13), como se procurou argumentar anteriormente. A ênfase no ponto de vista heurístico pode ter por efeito traçar-se uma oposição simples entre um realismo empírico-observacional, por um lado, e um ficcionalismo, por outro, numa espécie de hiperpositivismo para o qual tudo que não fosse descrição seria, inevitavelmente, *especulação*, no pior sentido da palavra. Spence, por exemplo, que se apoia integralmente nas análises de Black, parece simplesmente não levar em conta a possibilidade de um uso *existencial dos modelos teóricos*, identificando-os em bloco como

A interpretação de Fulgencio, por tudo o que se viu, é exemplar da primeira tendência e dos termos em que ela pode ser concretizada. Além de discuti-la, procurou-se apresentar aqui as condições sob as quais a tendência alternativa pode ser perseguida. Essas condições passam pela especificação do tipo de epistemologia adequada a essa perspectiva, o que se procurou também indicar, ainda que preliminarmente. Sobretudo, procurou-se evidenciar a possibilidade de uma interpretação realista da metapsicologia e introduzir a discussão do tipo de realismo adequado à empresa freudiana, além de mostrar que o próprio Freud, à sua maneira, não permaneceu alheio a essas questões. Parece-me perfeitamente desnecessário argumentar pelas vantagens de um ponto de vista sobre o outro, ou sobre qual das duas leituras de Freud é mais correta. Isso seria retornar ao dogmatismo e ao *esprit de corps* sectário que a análise epistemológica da psicanálise deveria permitir dissolver. Basta que se identifiquem com rigor quais as premissas, as implicações e os desdobramentos das várias abordagens possíveis e teoricamente justificáveis, assim como quais desenvolvimentos e compromissos epistemológicos freudianos convergem mais eficientemente com cada uma delas.

---

ficções heurísticas e aproximando-os da metáfora. Isso resulta, compreensivelmente, numa distorção da abordagem freudiana: "Uma metáfora morta, como vimos, aproxima-se mais de ser confundida com o que estamos tentando descrever. A despeito da sensibilidade de Freud para essa questão, ele frequentemente deixou de lado a distinção entre modelo e observação e tendeu a tratar sua metáfora como se fosse uma parte confirmada da realidade" (Spence, 1987, p. 36).

3. O significado da metapsicologia como instrumento para "explicar"[1]

Antonio Imbasciati

Tradução: Karem Cainelli[2]

Desenvolvimentos e mudanças na psicanálise

Uma ciência enquanto tal progride, evolui e muda constantemente, pelo menos em alguns de seus aspectos. Uma ciência imutável corre o risco de se tornar uma doutrina. Esse axioma epistemológico implica uma clara distinção entre o que são *descobertas*, de um lado, e *teorias*, de outro. Teorias não devem ser confundidas com descobertas: as descobertas permanecem, as teorias podem (e talvez devam) mudar.

Já analisei, noutros lugares (Imbasciati, 1994, 2004, 2007a, b, c), como cada ciência, ao transformar-se num método, permite descobertas progressivas e desenvolve novos instrumentos (inclusive *teóricos*). A teoria é uma invenção conceitual que tenta ligar

---

1 Uma versão deste texto foi publicada originalmente em Imbasciati, A. (2011). The meaning of a metapsychology as an instrument for "explaining". *The Journal of the American Academy of Psychoanalysis and Dynamic Psychiatry*, 39(4), 651-669.

2 É psicanalista da Sociedade Psicanalítica de Porto Alegre (SPPA).

140 O SIGNIFICADO DA METAPSICOLOGIA COMO INSTRUMENTO...

descobertas e explicá-las tanto quanto possível. Também busca mais instrumentos por meio de uma explicação. Portanto, em cada ciência, à medida que as descobertas evoluem, a necessidade de novos instrumentos conceituais – ou seja, *teóricos* – se faz sentir. Quando uma ciência progride, as teorias mudam e somente as descobertas permanecem.

Na psicanálise, dada a transitoriedade do seu objeto de investigação, a distinção entre os fenômenos citados anteriormente é complexa, e desvendá-la, ao longo do tempo, é um processo difícil e laborioso. Freud fez um esboço inicial em seu *Dois verbetes de enciclopédia* (1923a), em que discute esse tema levando em consideração o *junctim* método-teoria-terapia. Contudo, a distinção não ficou clara, e Freud, ao definir a sua teoria – a metapsicologia – como uma *feiticeira* (1937), deu um exemplo de como isso era difícil naquela época.

Durante muito tempo, as invenções teóricas de Freud foram o melhor instrumento conceitual que tínhamos, contribuindo não somente para compreendermos melhor o que havia sido descoberto, mas para refinarmos o método psicanalítico para a descoberta de novos *eventos* psíquicos. Mas, com o progresso da teoria das energias e das pulsões em Freud, para muitos psicanalistas a sua metapsicologia se tornou o *único* instrumento capaz de explicar processos psíquicos, mesmo quando novas descobertas, propiciadas pelo desenvolvimento do método, permitiam formular instrumentos melhores. De acordo com muitos colegas, e por muito tempo, essa teoria se cristalizou e se tornou praticamente uma doutrina inviolável, com risco de ofensa ao Mestre. Foi o que aconteceu, pois faltava uma distinção epistemológica entre a invenção conceitual, o instrumento e a descoberta. A metapsicologia não é uma descoberta, é uma invenção conceitual.

Apesar de uma resistência coletiva institucional (mas não de psicanalistas individualmente), a psicanálise só mudou a duras penas depois da morte de Freud. Nas últimas décadas, essa mudança ocorreu bem rapidamente, mas não de forma radical. Uma obra de literatura psicanalítica da década passada (Merciai & Cannella, 2008) mostra essa mudança na psicanálise, tanto internamente quanto se a compararmos com outras ciências da mente da atualidade. Os conceitos fundamentais da psicanálise hoje mudaram. O conceito de inconsciente mudou e não se opõe mais à consciência. Os conceitos de repressão e de pulsão, assim como toda a metapsicologia freudiana, atualmente são ultrapassados. Em geral, essas novas teses são *sutilmente* sugeridas, para evitar incomodar a susceptibilidade de colegas da Associação Internacional de Psicanálise (IPA) – apesar de serem, às vezes, claramente expressas, quando são o resultado de pesquisas feitas por colegas à margem das instituições de psicanálise oficiais. Os estudos de Daniel Stern e do Grupo de Boston são um paradigma nesse sentido (Stern, Sander, Nahum, Harrison, Lyons-Ruth & Morgan, 1998; Stern & Group, 2005, 2007, 2008).

Nos últimos vinte anos, os seguintes fatores levaram a uma mudança na psicanálise: a) a consolidação da análise infantil (reconhecida formalmente também pela IPA); b) a pesquisa com bebês, resultante da teoria do apego de Bowlby e seu desenvolvimento em muitas escolas; e c) as neurociências (Imbasciati, 2010b).

A análise infantil fez o analista assumir um papel terapêutico mutante – além do quadro verbal relativo –, voltando-se para a importância das interações, das comunicações visuais (consequentemente um *setting* face a face, também para adultos) e auditivas (a voz) e da presença simultânea dos pais, especialmente quando o bebê é muito pequeno. A observação de bebês, introduzida por Bick (1964), trouxe grandes contribuições, assim como outros tipos de intervenção que vão além do período neonatal.

142 O SIGNIFICADO DA METAPSICOLOGIA COMO INSTRUMENTO...

O segundo desenvolvimento científico que levou a algumas mudanças na psicanálise foi o movimento experimental multiforme posterior à teoria do apego de Bowlby, que evoluiu e se diferenciou dela, começando com as obras de Ainsworth, Main e Crittenden (só para citar alguns estudiosos). Esse movimento desenvolveu-se em muitas escolas de pensamento que, progressivamente e de maneira diferenciada, adotaram situações experimentais. Elas surgiram para observar os comportamentos do recém-nascido, do bebê e da criança (quase sempre interagindo com a mãe e, agora, também com o pai ou com ambos). Essas observações permitiram o aparecimento de inferências a partir de processos psíquicos mediados por interações relacionais. Nesse desenvolvimento metodológico, novos tipos de intervenção terapêutica foram formulados (Imbasciati & Cena, 2010; Riva Crugnola, 1999, 2007). O desenvolvimento mundial dessa abordagem é chamado de *Infant Research* (*observação do bebê*). *Settings* experimentais podem ser mais simples – observar a mãe e a criança em qualquer ambiente natural – ou mais variáveis e complexos, para observar melhor as diversas interações, preservando o ambiente natural tanto quanto possível, inferir, interpretar e interferir. A abordagem psicanalítica se conjugou, em diversos níveis e em diversas escolas, com a abordagem comportamental-cognitiva. Nos últimos anos, têm-se usado observações por vídeo, um instrumento necessário não somente para observar e inferir, mas também para mostrar os pais promovendo e concebendo formas específicas de intervenção terapêutica em sua relação com o bebê.

A *observação do bebê*, junto com a psicanálise, levou a progressos no tratamento de adultos, pois permitiu explicar o desenvolvimento psíquico em termos do assim chamado processo de mentalização (Bateman & Fonagy, 2004; Fonagy, 2001).

A terceira contribuição para a evolução da psicanálise foi feita pela neurociência. Devemos citar, dentre as contribuições recentes, as de Schore (2003a, 2003b) e as provenientes da descoberta do neurônio espelho (Merciai & Cannella, 2008). O cérebro do bebê estrutura a sua rede a partir de um diálogo específico que ocorre entre esse bebê e seu(s) cuidador(es). Isso também acontece no diálogo mutante entre o paciente e seu analista. As situações chamadas de empáticas mostraram correspondências neurológicas semelhantes. Contudo, parece que os neurônios espelho participam do processo analítico.

Todos esses desenvolvimentos introduziram conceitos teóricos importantes na psicanálise, em particular o de representação. A representação não deve ser compreendida como referida a um objeto ou a um conteúdo mental, como nas formulações originais de Freud, mas, antes, num sentido mais amplo, como a representação de funções mentais, mesmo as básicas, e, acima de tudo, as representações de diversas maneiras de *estar com*. A relação em geral e o tipo de conexão são vistos agora como um determinante bidirecional fundamental na estruturação das mentes do bebê, do cuidador e das pessoas em geral. Isso é conhecido na psicanálise há muito tempo, mas contribuições recentes exploraram esse fato mais detalhadamente, referindo-se às comunicações não verbal, expressiva, automática e casual, que estão presentes nos campos visuais, auditivos, tácteis, motores e olfativos. Essas questões também são válidas na relação analítica com pacientes adultos.

Muitos pesquisadores ressaltam o princípio epistemológico segundo o qual teorias formuladas a partir de variados vértices e com distintos métodos não são contraditórias e devem encontrar o princípio de *consiliência* (Merciai & Cannella, 2008). Na época de Freud, a sua metapsicologia era relativamente compatível com outras ciências, em particular a neurofisiologia. Hoje, não é mais

144 O SIGNIFICADO DA METAPSICOLOGIA COMO INSTRUMENTO...

assim. As teorias, vistas como úteis na psicanálise, devem ser compatíveis com teorias baseadas em outras ciências da mente.

Para que seja uma ciência, a psicanálise deve ser comparada e integrada à neurociência, ao cognitivismo, à observação do bebê e à psicoterapia baseada na teoria do apego. Não é mais possível rejeitar algumas afirmações ou estudos alegando que "Isso não é psicanálise", como costumava acontecer em conferências psicanalíticas *ortodoxas* há pouco tempo. Uma globalização das diversas ciências da mente exige que a psicanálise saia do seu isolamento e enfrente os impedimentos que agora pertencem ao passado.

Nesse sentido, os sete pecados mortais da psicanálise, segundo a definição de Bornstein (2001), são: 1) insularidade ou isolamento autorreferencial; 2) imprecisão, ou o uso de conceitos inválidos mesmo depois de terem sido contestados ou atestadamente invalidados por prova experimental; 3) indiferença, ou seja, a tendência de ignorar os resultados de disciplinas concorrentes vistos como irrelevantes; 4) irrelevância, ou melhor, a retirada da psicanálise de problemas psiquiátricos e sociais sérios; 5) ineficiência, ou seja, referir-se a teorias confusas ou infundadas; 6) indeterminação, por falta de precisão e funcionalidade de muitos conceitos fundamentais; e 7) insolência, que é o hábito de considerar outras teorias com uma atitude de superioridade e arrogância.

A invenção da metapsicologia como um instrumento para explicar o inconsciente

No quadro que delineamos sumariamente, é importante dissipar dúvidas de heresia relativas a mudanças na psicanálise, que, segundo alguns colegas competentes, os impedem de utilizar seu conhecimento para fazer progredir a própria psicanálise. Nesse contexto, acho útil retomar uma pequena história do que é metapsicologia para Freud (Imbasciati, 2010a).

Na época de Freud, o termo *psicologia* definia o estudo de fatos psíquicos relatados pelo sujeito: pensamentos, sentimentos e emoções conscientes. A introspecção consciente era a única maneira de entender como a mente funciona: a *Würzburg School* (Külpe, 1893) era incontestável. A existência de processos psíquicos inconscientes não era considerada. A *mente* era identificada como consciência.

A grande descoberta de Freud – de que fatos psíquicos inteiramente inconscientes existem e são muito mais importantes, diferentes e, em geral, opostos ao que a pessoa acredita – revolucionou todo o panorama da psicologia, assim como o das ciências humanas, a ponto de mudar o significado do próprio termo *psicologia*.

Atualmente, o termo abrange o estudo de todos os processos mentais, e não simplesmente aqueles relatados pelo sujeito e conscientemente conhecidos por ele. Mas na época de Freud não era assim: a descoberta do inconsciente exigia uma psicologia especial. Portanto, Freud adicionou o prefixo *meta*. Além disso, uma explicação do processo inconsciente, que na época parecia inacreditável, era necessária. Freud precisava encontrar ou formular uma hipótese acerca da *razão pela qual* processos psíquicos inconscientes existiam. Dessa maneira, Freud achou necessário caracterizar sua proposta como uma *Metapsicologia*, tendo escrito um conjunto de textos (1915c, 1915d, 1915e, 1917d, 1917e, 1985[1915]) que ficaram conhecidos com esse nome. Ele procurou explicar o que o método psicanalítico lhe permitira descobrir e descrever clinicamente fatos inconscientes. O termo *meta* (= *além*) indicava um tipo de psicologia que estava além do que aparecia, além da consciência.

O primeiro parágrafo do terceiro ensaio sobre metapsicologia, "O inconsciente", intitula-se "Justificação do inconsciente". Enquanto parecia necessário *justificar* a existência de uma psique

146   O SIGNIFICADO DA METAPSICOLOGIA COMO INSTRUMENTO...

inconsciente, supunha-se que os processos psíquicos fossem conscientes. Ainda é necessário justificar a existência de processos inconscientes hoje? Sentimos a necessidade de explicar *por que* existem? Depois de muito progresso tanto da psicanálise quanto de outras ciências da mente, compreendemos que os processos psíquicos são essencialmente inconscientes. Somente algo que foi elaborado, filtrado e transformado a partir de um processo mental inconsciente pode, às vezes, surgir como consciente. A neurociência mostrou que somente depois da elaboração do cérebro emocional (o cérebro direito em particular: Schore, 2003a, 2003b) é que algo transformado por esse processo é transmitido à rede neural (predominantemente o órbito frontal esquerdo), a partir da qual a elaboração pode continuar no que parece como consciente. De qualquer maneira, não é mais necessário justificar a presença do inconsciente.

Freud também parecia interessado em explicar a consciência. Isso se percebe no quarto parágrafo de sua obra citada anteriormente (Freud, 1915e). Contudo, ele não falou em *justificar* a existência da consciência, tampouco se perguntou *por que razão* ou *como* se forma, e nem mesmo considerou necessário fazer descrições detalhadas sobre como se manifesta. De acordo com a neurologia da época, a origem da consciência *localizava-se* simplesmente no córtex e conectava-se com a percepção. A própria percepção era considerada um elemento simples, automático e natural, que se acreditava ser consciente. Freud não dispunha de todos os estudos sobre percepção e psicofisiologia que anos mais tarde esclareceriam os processos psicofisiológicos que originam esse produto da consciência que conhecemos como percepção, e que conhecemos como um processamento da sensorialidade produzido pelo impacto do objeto externo (cérebro leitor). Por meio de uma homologação da eletrofisiologia da época, ele via como natural que a *pressão* da estimulação *excitasse* o córtex, chegando à conclusão de que essa excitação – evidentemente uma *estimulação* – se tornava consciente em si mesma, sem deixar vestígios mnésicos permanentes (Freud, 1915e, p. 24 ff.). Hoje, sabemos que esta última proposta mostrou-se falsa, mas é perfeitamente coerente com o que na época se sabia sobre a memória. A consciência era considerada óbvia e simples, um dado da realidade: não era preciso explicar, visto que todo mundo acreditava nisso de forma unânime. Infelizmente, esse conceito de consciência ainda está presente hoje, às vezes até mesmo em alguns analistas: isso se torna perceptível quando se considera a consciência dicotomicamente oposta a *um* inconsciente. Nessa perspectiva, o inconsciente deve ser então justificado. Atualmente, muitos estudiosos precisam dessa justificação por meio do conceito freudiano de repressão. Devemos considerar o trabalho a partir do qual a consciência se produz em vez de considerar qualquer trabalho que produziu uma inconsciência, como a repressão.

Na verdade, a consciência tem que ser considerada como algo contínuo, do zero, passando por vários níveis, até chegar a uma boa capacidade do sujeito de ser plenamente consciente do que está realmente acontecendo com ele naquele momento. De fato, a consciência varia de pessoa para pessoa, e na mesma pessoa pode variar de acordo com o momento e o contexto relacional. É isso que acontece durante a análise. Portanto, é melhor discutir a respeito da *capacidade da consciência*. Cada pessoa tem seu próprio *quantum* dessa capacidade da consciência, sua própria qualidade de consciência, e essa capacidade varia de acordo com o momento e o contexto. Podemos ver essa característica de consciência variável durante a análise, ao longo de um contínuo que vai da negação, resistência, a uma mudança interna, independente da interpretação verbal (Imbasciati, 2010c).

148 O SIGNIFICADO DA METAPSICOLOGIA COMO INSTRUMENTO...

A principal intenção de Freud com a sua metapsicologia não era uma *descrição* de processos inconscientes: ele os descreveu em outros lugares e em todas as partes da sua obra. Em sua metapsicologia, ele queria *explicar*, mais do que descrever, por que a mente inconsciente existe. Sua intenção era essencialmente explicativa, não descritiva. Ele criou a hipótese de uma teoria para explicar o inconsciente e acreditava que essa explicação devia ser encontrada no campo biológico. Falo aqui da importância que Freud deu à conjectura (*zu erraten*) relativa à sua observação clínica: uma hipótese. Dessa maneira, a metapsicologia tem, acima de tudo, o valor de ser um instrumento teórico idealizado, não uma descoberta. O método realizado por Freud (*setting*, associações livres etc.) permite a inferência de processos psíquicos inconscientes: era necessário não somente os descrever, no plano clínico, mas também explicá-los, em primeiro lugar e fundamentalmente aos cientistas da sua época. Ressalto com isso a distinção epistemológica essencial entre *descrição* e *explicação*: a primeira se refere a *como, quão precisa*, e a última a *por que razão*; a primeira tem a ver com descoberta, a última com hipóteses teóricas explicativas. O nível explicativo requer que se idealize um instrumento teórico. Nos cinco ensaios que formam *Metapsicologia* (deveriam ser nove, mas quatro nunca foram publicados), o Mestre formulou uma teoria da qual ele esboça uma explicação sobre a origem, o desenvolvimento e o funcionamento da mente inconsciente: sua invenção teórica explicaria por que fatos psíquicos foram produzidos além de qualquer consciência do sujeito, com frequência o oposto do que o sujeito sentiu.

Essa teoria foi chamada de *teoria das energias e das pulsões*. O seu conceito principal foi chamado de *Trieb*, o que em alemão significa qualquer coisa que pode *empurrar*. Como se sabe, Freud criou a hipótese de um impulso *psicobiológico* supondo o suporte de uma energia biológica de origem instintiva (libido), que se torna diferenciada em diversas pulsões, distribuindo-se pelo organismo, particularmente no sistema nervoso central, e estruturando a psique do indivíduo e a sua dinâmica. Freud ressaltou o fato de que essa energia seria descoberta nesse substrato bioquímico: essa ideia reaparece em toda a sua obra (Freud, 1895d, p. 200; 1905e, p. 113 ff.; 1905d, p. 168 ff., p. 214 ff., p. 218 ff.; 1906a, p. 277 ff.; 1914c, p. 78; 1915c, p. 125; 1916x, p. 320; 1931b, p. 240; 1933a, p. 96; Imbasciati, 2005a). Nesse contexto, de acordo com a concepção *dominante* na época, tudo devia ser consciente: caso contrário, seria preciso criar a hipótese de um impulso oposto para que o inconsciente fosse explicado. Junto com o conceito de *Trieb,* Freud queria conceber a hipótese de uma invenção conceitual, *Verdrangung,* que significa um mecanismo de *empurrar.* Esse é o significado da palavra alemã *Verdrangung: zu drangen* = empurrar, *VerDrangung* = empurrar algo para trás. Numa concepção *a priori,* Freud inferiu que, sem esse impulso *para trás,* o processo psíquico teria que ir *para a frente,* ou seja, em direção à consciência.

Para mim, a tradução do termo alemão em outras línguas por meio de neologismos (*rimozione, refoulement, repression, repressão*) obscureceu o sentido da palavra em alemão, que se adapta bem ao significado geral da língua corrente, e deu um significado quase esotérico, e, portanto, fascinante, aos novos termos em sua tradução para outras línguas. Isso impediu a compreensão do verdadeiro significado presente na concepção de Freud.

A intenção explicativa de Freud de lidar com fatos mentais inconscientes, e com qualquer mecanismo que os leva a ser inconscientes, já era clara em seu *Projeto para uma psicologia científica* (Freud, 1895). Freud queria explicar fatos mentais inconscientes usando termos neurológicos específicos, com a neurologia da época. Em particular, ele tentou explicar o mecanismo que, no plano clínico, ele revelou como *resistência (Widerstand). Verdrangung* é a justificação (explicação) de *Widerstand.* Depois de abandonar o

Projeto, a intenção explicativa de Freud permaneceu e se desenvolveu, não mais no plano cerebral, mas num plano biológico geral.

O sucesso de *Metapsicologia*, comparado ao *Projeto*, deve-se ao fato de que Freud usou uma série de princípios gerais, compatíveis com outras ciências da época, para construir uma teoria completa: aqui, uma dinâmica de impulsos e repressão explicaria o fato de que cada indivíduo, em sua subjetividade, tem desejos e paixões (em particular sexuais) (cf. Imbasciati, 2005a). Essa teoria fez corresponder as descrições clínicas com hipóteses físicas, assim como com o *Zeitgeist* positivista, que exigia uma explicação mecânica e causal. Freud não fez mistério sobre sua tentativa: a construção teórica de sua *Metapsicologia* era hipotética, e ele aguardava e desejava que a teoria das pulsões fosse confirmada pela bioquímica. Nesse ínterim, a teoria serviria como um modelo metafórico, fazendo as vezes de estrutura para os dados clínicos.

Mas creio que os analistas depois de Freud concretizaram as suas hipóteses sem esclarecê-las explicitamente, embora lidando na prática com seus conceitos (pulsão, libido, catexia, fluxo energético, investimento, vínculo, repressão, economia, distribuição etc.), como se se referissem à realidade biológica, substancial. Esses conceitos eram vistos como descobertas, e não como inferências hipotéticas decorrentes da necessidade de uma explicação. O conceito de pulsão, por causa de sua ambiguidade parcial – um conceito psicobiológico –, mas, acima de tudo, porque era capaz de expressar muito bem uma confirmação de subjetividade clínica individual (*Trieb* = pulsão), foi considerado como uma *substância*[3] a partir de um processo de hipóstase (Imbasciati, 1990, 1991, 1994, 2007c). O

---

3 Meltzer define o modelo de pulsões de Freud como *hidrostático* (Imbasciati, 2005a; Meltzer, 1981). Fonagy, por outro lado, sugere deixar de utilizar os conceitos de repressão e resistência hoje (Bateman & Fonagy, 2004; Fonagy, 1999; Merciai & Cannella, 2008, p. 244).

que Freud esperava delinear com uma teoria hipotética (ou talvez o que Freud tinha em mente) (cf. Imbasciati, 2005a) passou a ser visto como tendo sido demonstrado. Talvez esse desvio semântico se deva em parte por ter cunhado um novo termo em línguas neolatinas, um termo incomum tendo praticamente um significado mítico – pulsão – em vez do termo alemão mais corrente *Trieb*. Da mesma maneira, o termo inglês *instinct* foi usado nas primeiras traduções do alemão e só depois foi substituído por *pulsão*. Nesse sentido, o espírito freudiano original foi totalmente subvertido: baseava-se no método, ou melhor, na *tecnè* (Vassalli, 2001, 2006), mais do que numa teoria (que Freud talvez, ao chamá-la de *a feiticeira*, considerasse como um expediente puramente estratégico e político); o problema é que a ênfase se voltou depois completamente para a teoria, tornando a psicanálise *a teoria de Freud*, como ainda hoje se lê, infelizmente, no estatuto da IPA. É duvidoso que Freud tenha, de fato, tido essa intenção (Freud, 1923a). O fato de Freud mais tarde ter definido a sua metapsicologia como uma *feiticeira* nos leva a acreditar que tinha muitas dúvidas sobre suas próprias hipóteses teóricas (Fabozzi & Ortu, 1996; Freud, 1937c; Vassalli, 2006).

Resumidamente, como Freud acreditava que fatos psíquicos devem ser conscientes, sendo que ele próprio descobriu os inconscientes, ele precisava de uma explicação, e cunhou os conceitos de pulsão e repressão para explicar o inconsciente e o que ele observou e chamou de resistência: *Widerstand*. Este último pode ser uma descoberta, mas *Verdrangung* é uma invenção para explicar *Widerstand*.

Creio que tudo isso foi uma consequência da hipótese, implícita, de que a mente deveria ser consciente,[4] enquanto de fato não era. Um conceito semelhante ainda é atualmente utilizado por muitos analistas, talvez não mais para o conceito de pulsão – visto

---

4   Pulver (1971) observou que, de acordo com Freud, afetos *devem ser conscientes*.

152 O SIGNIFICADO DA METAPSICOLOGIA COMO INSTRUMENTO...

hoje como uma metáfora –, mas ainda para a noção de repressão: essa noção ainda é considerada, hoje, como um verdadeiro processo, como se fosse uma descoberta à qual não se pode renunciar, apesar de muitas contribuições terem demonstrado que ela não é mais um instrumento útil numa concepção diferente do inconsciente (Fonagy, 1999, 2001; Fonagy, Gergely, Jurist & Target, 2002; Imbasciati, 2010b).

Em direção a outras metapsicologias

São muitas as críticas acerca da metapsicologia de Freud, mesmo nos últimos anos (Imbasciati, 2007a, b, 2010a, b). Creio que isso resulta de um mal-entendido dos epígonos de Freud (devido à veneração do Mestre) em relação à importância da metapsicologia: como se esta materializasse uma descoberta dos processos psicofisiológicos existentes, em vez de ser considerada como um instrumento conceitual do entendimento. Esse mal-entendido, a meu ver, reside na passagem confusa do método para teoria e depois para a *verdade*. Freud era muito cauteloso com suas hipóteses. A teoria das energias e das pulsões ainda pode ser utilizada atualmente, mas num sentido *exclusivamente metafórico* sobre subjetividade, como um suporte no contexto clínico de acordo com o espírito conjetural de Freud (*zu erraten*). Mas a intenção de Freud era a de encontrar uma explicação apoiada pelas ciências biológicas. Outras teorias podem ser formuladas hoje e elas podem promover a intenção de Freud, encontrando base na neurociência.

A teoria de Freud permitiu o progresso da psicanálise, dando uma explicação *sólida* que propiciou uma boa estratégia política para que a psicanálise fosse considerada por outras ciências da sua época. A teoria envolveu muitos pesquisadores que permitiram o desenvolvimento do método clínico, o *setting*, e acima de tudo seu instrumento especial, dado pelo treinamento inconsciente pessoal, afetivo, que todo analista hoje tem que ter. A teoria das energias e das pulsões, entretanto, parece ter sido ultrapassada, e não somente como fruto do desenvolvimento do método e de outros instrumentos psicanalíticos, mas também como uma consequência do progresso de outras ciências da mente que, sob outro ângulo (*vértice*) e com outros instrumentos, exploraram o universo da mente.

A psicologia experimental, principalmente com crianças (atualmente também com bebês), as ciências cognitivas (Imbasciati, 2005b) e muitas escolas psicoterapêuticas de orientação psicanalítica (Imbasciati & Margiotta, 2004) oriundas da teoria do apego, mas, acima de tudo, o desenvolvimento da neurociência, estão hoje mudando a psicanálise. A neurociência mostrou que o funcionamento do cérebro não se baseia num princípio dinâmico energético, mas num princípio de computador de conexões operacionais de redes neurais.

Essas redes neurais não são dadas pela genética, tampouco são as mesmas para todos os indivíduos: a experiência as constrói e a própria experiência modula a expressão genética e a transcrição dos genes. Portanto, o funcionamento psíquico não obedece a uma norma de acordo com a natureza, como se acreditava no passado, ideia compatível com a teoria endogênica de Freud: ele precisava criar a hipótese das pulsões para explicar as variações individuais de uma *natureza*. Ao contrário, funções psíquicas são construídas com base na experiência específica de um indivíduo. Essa experiência consiste num processo de aprendizagem modulado pelo tipo de ligação e de relação baseadas no diálogo de comunicações não verbais (afetivas) da primeira infância (Schore, 2003a, b). Isso estrutura o *primeiro cérebro*; e a capacidade específica individual de estruturar cada aprendizagem relacional futura provém desse primeiro cérebro. Nenhum cérebro é semelhante a outro. A

154 O SIGNIFICADO DA METAPSICOLOGIA COMO INSTRUMENTO...

macromorfologia é, evidentemente, a mesma para todo mundo, mas a micromorfologia e o seu funcionamento são específicos para cada indivíduo. O conceito do amadurecimento mudou profundamente nas últimas décadas (Imbasciati, 2008; Imbasciati & Cena, 2010), e é por essa razão que consideramos o psíquico sob o ponto de vista neural. Pelo mesmo motivo, o critério médico e biológico da normalidade/patologia não pode ser adotado (Imbasciati & Margiotta, 2004a, capítulos 2 e 13).

A grandeza científica de Freud e a indefinição epistemológica da época em relação à diferença entre teoria e descoberta induziram – e seguem induzindo – a psicanálise a ver a metapsicologia de Freud como uma descoberta em vez de um instrumento de pesquisa, e alguns acreditavam que as pulsões poderiam realmente existir numa realidade física. Desse modo, um tipo de veneração pelo Mestre se estabeleceu, fazendo a sua teoria se tornar uma *doutrina*. Assim, os primeiros desenvolvimentos dos psicanalistas depois de Freud eram cautelosos e moderados ao declarar que sua metapsicologia havia sido ultrapassada. Foi isso, sobretudo, que inibiu a formulação de uma teoria alternativa.

Entretanto, outras metapsicologias começaram lentamente a se delinear. A primeira, em minha opinião, a se destacar é a obra de Melanie Klein: as suas descrições clínicas mostram uma metapsicologia diferente, embora ela nunca tenha sido evidenciada. Klein enfatiza que o desenvolvimento psíquico de um indivíduo é consequência de suas relações iniciais – sua experiência – enquanto Freud deu mais importância para os instintos, ou, de qualquer forma, a uma força endógena. Klein ressalta, acima de tudo, toda a relação com o cuidador nos primeiros três anos de vida: *objetos internos* e *fantasias* são formadas (Isaacs, 1952). Ela alega que esses objetos são determinados por pulsões que funcionariam estruturando a psique e afirma que a força da pulsão (libido e instinto de morte) *dividiria* (*split*) os objetos reais em objetos bons e ruins. Na verdade, o discurso de Klein é confuso (Imbasciati, 1990, 1994, 2005a, 2005b, 2006a, 2006b) e contraditório se considerarmos a grande ênfase que dá às relações (com a mãe e com os cuidadores, por exemplo) no lugar do instinto. Isto é formulado muito mais para estar de acordo com a teoria freudiana (talvez devido ao seu respeito ou sujeição a Freud), e não porque seja favorável à prática clínica descrita pela própria Klein (Imbasciati, 1983a, b, 1994). As afirmações de Klein são o resultado da ideia de cérebro da época, ou seja, o córtex tinha que refletir os objetos da realidade como um espelho;[5] portanto, a percepção da realidade externa era um fenômeno simples e automático de espelho. Acreditava-se que ele era inerente na neurologia cortical comparado aos *inputs* dos órgãos dos sentidos, e não o resultado na consciência de um trabalho amplo e prévio de montagem e codificação de todas as aferências, como se sabe hoje. Se considerarmos a percepção como era concebida na época de Klein, uma explicação de várias representações (boas e ruins) é necessária: Klein pensava que o instinto agia na percepção.

Atualmente, sabemos que a percepção não é um resultado simples e *natural*: as estruturas que realizam qualquer trabalho perceptivo se constroem gradativamente. O bebê não pode ter percepções como o adulto, ele faz uma série de imagens confusas e absurdas, em geral indescritíveis (que não podem ser representadas), como representações da realidade (às vezes chamadas de alucinações, em minha opinião, inadequadamente) (cf. Imbasciati, 1983a); elas podem ser sobrepostas pelos objetos internos descritos por Klein. Essas representações *sui generis* (Imbasciati, 1991) têm seu sentido funcional não somente na passagem transitória do desenvolvimento do bebê (só gradativamente ele adquire uma capacidade

---

5   Cf. Köhler (1929), que tinha uma visão extremista com sua teoria do isomorfismo.

perceptiva adequada), mas também continuam a pertencer à elaboração permanente do cérebro emocional – acima de tudo, do hemisfério direito – que às vezes transforma *algo* para a elaboração do hemisfério esquerdo, que pode dar origem a qualquer tipo de consciência. A percepção é o primeiro fato consciente que resulta desse trabalho inconsciente. Muitas outras operações inconscientes, não compatíveis com a realidade, permanecem assim mesmo, e um tipo individual de elaboração permanece nas estruturas neuropsíquicas adultas, ou seja, em seu próprio cérebro emocional.

Objetos internos podem descrever o que se forma na mente de um bebê, mas não precisam das explicações que Klein deu em termos de divisão da realidade realizada pelos instintos. Essas explicações eram compatíveis com a dicotomia afeto/percepção e a distinção significativa que hoje não corresponde às descobertas na neurociência e na psicologia experimental. Objetos internos podem ser considerados como uma parte funcional permanente da produção contínua do cérebro, da mente. Eles são essencialmente inconscientes e se referem à dimensão do afeto. Objetos internos pertencem a uma criação de símbolos contínua (Imbasciati, 2001b) e são produzidos no processo de mentalização (Bateman & Fonagy, 2004; Fonagy et al., 2002). Uma explicação dos objetos internos de Klein em termos da metapsicologia de Freud não leva em consideração as descobertas de outras ciências.

O conceito de aprendizagem também é obscuro na literatura de Klein. A ênfase dada à relação nos desenvolvimentos pós-kleinianos subsequentes – denominados teorias de relações objetais – indica que a mente se estrutura a partir da experiência, aprendendo com os cuidadores, com todas as outras pessoas que são importantes na vida do indivíduo e na relação com o analista.

Os afetos também são aprendidos (Imbasciati, 1991). O conceito de aprendizagem a partir do início do século XX era bastante grosseiro: aprender devia consistir num processo de *imprimir internamente* o que vinha de fora, e não se sabia por quantas transformações e elaborações a experiência tinha que passar antes de ser aprendida, ou quanto se podia aprender além de qualquer consciência. O desenvolvimento de uma psicologia da aprendizagem mais adequada é o resultado de estudos experimentais de diversas escolas a partir de 1930. Como as noções de aprendizagem eram pouco desenvolvidas em sua época, Melanie Klein tentou explicar as representações mentais em termos de pulsões. Atualmente, podemos dizer que os objetos internos são estruturados a partir da aprendizagem e da memória. O conceito de memória também deve ser visto como algo que passa por uma transformação contínua. Também sabemos da existência de uma memória *imemoriável* que não pode intrinsicamente ser lembrada, a saber, a memória implícita. Essas são as razões pelas quais defendi (Imbasciati, 1990, 1994, 1998a, b) a ideia de que a prática clínica kleiniana está totalmente à frente de suas afirmações teóricas: isso pode ser o resultado de uma adesão forçada à *doutrina* do Mestre. Na verdade, há uma metapsicologia implícita, oculta e diferente subjacente às descrições clínicas kleinianas. O conceito de experiência também pode ser encontrado nas entrelinhas da obra de Fairbairn (1952; Guntrip, 1961) e se torna evidente na obra de Winnicott.

Uma peculiaridade dos textos de Winnicott é a ausência da noção de energia de Freud e a utilização muito flexível da terminologia metapsicológica teórica. O seu foco era voltado totalmente para os eventos relacionais do desenvolvimento da criança, ou seja, para a aprendizagem a partir da relação. Começando com essa observação sutil e sua descrição, deduz-se uma grande explicação: o desenvolvimento não pode ser endógeno, como supôs Freud. Uma outra metapsicologia não expressa que tem a sua origem na experiência (relação) está presente na obra de Winnicott, em que o afeto é predominante. São *aprendidos*, ou seja, são produzidos de uma forma exclusiva a partir do diálogo relacional e, portanto, concebíveis em termos de uma semântica representacional interna adquirida. Isto é *aprender*: é sem consciência e estruturado no funcionamento mental. Atualmente, podemos dizer que se estrutura na memória funcional. Deduzimos a clara ideia de que afetos não provêm de forças inatas, da *natureza* da psique (as pulsões?), mas de um sistema de representações adquiridas (Imbasciati, 1991). Isso significa, hoje, *aprender*.

Finalmente, a obra de Bion revolucionou a estrutura psicanalítica. Nela, a intenção elucidativa, ou seja, uma nova metapsicologia, é evidente (Chuster, 1999). No título do seu segundo livro publicado (Bion, 1962), o termo *aprendizagem* aparece (finalmente); este havia desaparecido do léxico de toda a literatura psicanalítica anterior. *Aprender com a experiência* poderia ser o emblema de toda a obra posterior de Bion. É a experiência que dá origem e desenvolve a mente: não porque uma pessoa aprende a partir de uma experiência externa que acontece com ela, mas por meio de uma elaboração interna dessa experiência. Esse é o verdadeiro significado de *aprender*: não uma impressão; trata-se, antes, de um processamento neural e de elaboração da mente. A experiência deve ser concebida como fundamental e basicamente interna para que os analistas a denominem como afetiva: é uma aprendizagem essencialmente relacional que corresponde ao trabalho neural da memória. As descrições clínicas de Bion mostram um lado explicativo subjacente que é muito diferente da abordagem de Freud. Uma aprendizagem progressiva produz pensamento. Aprender e, por outro lado, *ensinar*, da parte do cuidador, assim como do analista, desenvolvem a mente e mudam o pensamento.

A teoria de Bion contém uma nova metapsicologia, não designada como tal, mas declarada como tal por autores posteriores (Chuster, 1999). A complexidade das *transformações* descritas por

Bion é compatível com o que sabemos hoje em dia sobre isso, advindo de outras ciências psicológicas e da neurociência; sobre a elaboração constante de que a aprendizagem sempre funciona na transformação contínua de cada vestígio mnésico aprendido devido à plasticidade da memória.

A teoria de Bion pode, portanto, corresponder a uma concepção psicofisiológica de uma nova metapsicologia que pode se basear no que sabemos hoje sobre a pesquisa experimental relativa à aprendizagem, à memória e ao cérebro. Contudo, seria necessário identificar uma maior correspondência entre dados experimentais sobre a memória implícita, dados neurobiológicos e observações psicanalíticas. É desejável, portanto, que outros pesquisadores esclareçam e melhorem a metapsicologia sugerida por Bion e proponham mudanças a ela. Isso pode se dar mediante a concepção de outras metapsicologias como instrumentos úteis para a ciência psicanalítica, oferecendo integração e compatibilidade com outras ciências psicológicas e com a neurociência.

É a partir dessa perspectiva que elaborei durante muitos anos uma nova metapsicologia pessoal. Esse tem sido meu objeto de pesquisa e o que ocupa as minhas atividades profissionais. Eu a propus à comunidade de cientistas da mente como um estímulo para o progresso na psicanálise (Imbasciati, 1983a, 1994, 1998a, b, 2001a, 2001b, 2002a, 2002b, 2003, 2004, 2005b, 2006a, 2006b, 2007a, 2007b, 2010a, 2010b, 2010c; Imbasciati & Calorio, 1981). Por causa de limitações de espaço, uma descrição da minha teoria não pode ser incluída neste texto. Um resumo das minhas intenções foi tratado no meu último artigo (2010a), e o meu anseio é que outros colegas discutam e desenvolvam o que procurei formular no meu trabalho.

4. Em direção a novas metapsicologias[1]

Antonio Imbasciati

Tradução: Karem Cainelli[2]

Por que metapsicologia?

Freud deu o título de *Metapsicologia* a um conjunto de textos (referindo-se especialmente a 1915c, 1915d, 1915e, 1917d, 1917e e 1985[1915]) para mostrar que teve a intenção de explicar o que o método psicanalítico lhe permitira descobrir, ou seja, os fatos inconscientes. O termo *meta* (= *além*) significa uma psicologia que se ocupa de algo que está além do que era aparente e da mente consciente. Na verdade, na época de Freud, com o termo *psicologia* fazia-se referência ao estudo de fatos psíquicos (pensamentos, sentimentos, emoções etc.) relativos aos relatos conscientes do sujeito: não se supunha que processos psíquicos inconscientes pudessem existir; a *mente* era identificada como consciência. A grande descoberta de Freud – segundo a qual fatos psíquicos totalmente desconhecidos existiam e eram mais importantes, díspares e, em geral,

---

1 Uma versão deste texto foi publicada originalmente em Imbasciati, A. (2010). Towards new metapsychologies. *Psychoanalytic Review*, 97(1), 44-61.

2 É psicanalista da Sociedade Psicanalítica de Porto Alegre (SPPA).

opostos ao que o sujeito acreditava ocorrer de fato –, ou a descoberta do inconsciente, revolucionou todo o panorama da psicologia e de todas as ciências humanas, a ponto de mudar o próprio significado do termo *psicologia*. Hoje, efetivamente, entende-se a *psicologia* como ocupando-se do estudo de todos os processos mentais, e não apenas daqueles processos observáveis pelo sujeito ou percebidos por ele, ou seja, os processos conscientes. Mas na época de Freud não era assim, portanto, à luz da descoberta de uma psicologia do inconsciente, era conveniente fazer uso do termo *meta*; ademais, era necessário explicar esse fato que parecia surpreendente na época, ou seja, encontrar (ou hipotetizar) a *razão* pela qual esses processos psíquicos inconscientes existiam.

O primeiro parágrafo do terceiro ensaio da *Metapsicologia* de Freud, "O inconsciente", intitula-se "Justificação do inconsciente". Hoje, não vemos mais a necessidade dessa justificação: não nos perguntamos mais "Por que o inconsciente?"; a compreensão do inconsciente é a área usualmente explorada por psicanalistas, e, além da psicanálise, outras ciências da mente consideram processos psíquicos independentemente da consciência, por exemplo, as ciências cognitivas. Além do mais, a partir das neurociências, sabemos que o cérebro trabalha continuamente, durante as horas em que estamos acordados e durante o sono, independentemente do fato de o sujeito perceber ou não os fatos psíquicos que são correspondentemente produzidos. Também nos tornamos conscientes de que a capacidade do paciente, em análise, de compreender emoções profundas, reais, vai muito além de uma *revelação* que o analista poderia fazer, trazendo-a para a consciência do paciente por meio da verbalização de uma interpretação: as capacidades de consciência do paciente têm suas raízes no próprio inconsciente, e o analista tem que se comunicar com isso, além do trabalho de interpretação verbalizada. Além disso, cabe notar que as capacidades de consciência do paciente são extremamente variáveis no contexto relacional do fluxo de uma análise.

Na época de Freud, a existência de processos psíquicos não conscientes exigia uma explicação. O *método* concebido por Freud (o *setting*, as associações livres etc.) havia permitido a inferência de processos psíquicos inconscientes: era então necessário não somente os *descrever* no plano clínico mas também *explicá*-los; e era preciso fazê-lo para todos os cientistas da época. Nos cinco ensaios que compreendem a *Metapsicologia* (deveriam ser nove, mas quatro não foram publicados), o Mestre formulou uma teoria que, ao mesmo tempo, explicava a origem, o desenvolvimento e o funcionamento da mente, com o propósito essencial de explicar como os eventos psíquicos eram criados além da consciência do sujeito e em geral opostos ao que ele próprio havia sentido. Essa teoria foi denominada a "teoria das energias e das pulsões": o conceito de pulsão e o relativo ao mecanismo da repressão eram a chave para a compreensão *do porquê* do inconsciente. Como já foi observado, ele postulou que de diversas partes do corpo decorriam energias de origem biológica, as quais, sustentadas justamente por um *quantum* energético-biológico, são forças psíquicas desconhecidas (as pulsões) que – com toda a sua dinâmica (*dynamos* = força: a teoria também é chamada de psicodinâmica) e a sua economia – regulavam a conduta das pessoas. As pulsões seriam responsáveis pelos *investimentos* afetivos – os afetos são definidos como *representantes psíquicos* das pulsões – e modulariam, portanto, a percepção dos objetos da realidade (= *investimento do objeto*, a serviço da carga energética e da origem da pulsão individual) e, de maneira geral, a percepção de outras pessoas (e, desse modo, das relações), assim como de partes do corpo, do indivíduo e dos outros, e de todos os sentimento e pensamentos, inclusive os conscientes. O conceito

164 EM DIREÇÃO A NOVAS METAPSICOLOGIAS

fundamental da teoria de Freud, *Trieb*,[3] ou seja, o *impulso*, baseia-se no pressuposto energético de uma energia de origem instintiva (libido), que se diferencia em diversas pulsões e, consequentemente, se distribuiria pelo organismo, particularmente no sistema nervoso central, estruturando, de forma dinâmica, a psique do indivíduo. Freud esperava que um substrato bioquímico dessas energias fosse descoberto (Freud, 1895d, p. 200; 1905e, p. 113 ff.; 1905d, p. 168 ff., p. 214 ff., p. 218 ff.; 1906a, p. 277 ff.; 1914c, p. 78; 1915c, p. 125; 1916x, p. 320; 1931b, p. 240; 1933a, p. 96; Imbasciati, 2005a).

A tentativa explícita de Freud ao tratar de eventos mentais inconscientes e dos mecanismos que os faziam surgir já era clara em seu texto *Projeto para uma psicologia científica* (Freud, 1950a [1895]). A sua intenção era explicá-los em termos neurológicos, com a neurologia daquela época: ele tentou, mais especificamente, explicar o mecanismo neurológico do processo que se manifestava no plano clínico como resistência e era entendido como repressão; repressão de algo que *deveria ter sido* consciente, de acordo com as concepções dominantes até aquele momento. O *Projeto* foi abandonado, assim como foi relegado à sombra e, na prática, repudiado: a neurologia da época não oferecia a Freud instrumentos suficientes para explicar em termos cerebrais o que a sua perspicácia clínica lhe permitira perceber. Mas a sua tentativa explícita permaneceu, e Freud, não mais no plano do cérebro, mas pelo menos no plano biológico geral, o retomou e o desenvolveu na *Metapsicologia*.

---

3   A palavra *Trieb* é um termo muito genérico. Em inglês, *Trieb* foi traduzido por *instinct* e, mais tarde, substituído por *drive*; em francês, *Trieb* foi traduzido por *pulsion*; para o italiano, eu propus o termo *sinta*. A tradução para as línguas neolatinas soa um tanto esotérica e dá uma conotação mítica ao conceito freudiano, o que é enganador, pois produz a ideia de uma substância, de alguma coisa que existe e não é apenas um conceito, dificulta uma crítica geral à teoria freudiana e prolonga uma conservação religiosa, mas anticientífica.

O *Projeto* pode ser definido hoje com um trabalho de psicofisiologia. Na época, essa disciplina ainda não havia sido criada e o termo não era utilizado com um significado específico. Hoje, podemos definir tanto o *Projeto* quanto a *Metapsicologia* como obras psicofisiológicas: elas delineiam, de fato, teorias (diferentes em cada um dos casos) que *explicam* o que a clínica *descreve*.[4] Lembro aqui a distinção entre esses dois termos (o *porquê* e o *como*), que epistemologicamente resume a antiga distinção filosófica entre *post hoc* e *propter hoc*.

A realização mais importante da *Metapsicologia* em relação ao *Projeto* reside no fato de que nela Freud não especula somente em aspectos neurológicos, mas usa uma série de princípios extraídos de várias outras ciências da sua época para construir uma teoria mais próxima da prática clínica do que da objetividade do funcionamento do cérebro, na época desconhecido. Assim, além dos conceitos eletroneurofisiológicos – energia, estímulo, descarga –, ele aplicou princípios passíveis de serem testados na ciência da endocrinologia: as fontes orgânicas das pulsões [*drives*]; as leis termodinâmicas, como a da degradação da energia; a homeostase e os vasos comunicantes, advindos da física; e assim por diante. Dessa maneira, ele criou uma teoria [a metapsicologia] que era mais próxima da clínica do que aquela apresentada no *Projeto* (mais próxima do funcionamento do cérebro), porém muito mais aceitável. Os múltiplos aspectos dessas analogias e o fato de evitarem testes mais precisos com uma ciência mais exata permitiram-lhe construir uma teoria mais *plausível*, ou seja, compatível com princípios gerais compartilhados por diversas ciências da época e com o *representante* contemporâneo da clínica psicanalítica. Sobre esse

---

4 O nível descritivo (como) tem a ver com *descoberta*. O nível explicativo precisa de uma *invenção*, uma teoria. Em geral, na psicanálise, confundem-se descobertas com teorias: o inconsciente é uma descoberta; a metapsicologia é uma invenção – que *foi* útil, mas hoje não é mais.

166 EM DIREÇÃO A NOVAS METAPSICOLOGIAS

aspecto plausível, e sobre o fato de que sua construção teórica era hipotética, Freud não manteve nenhum segredo: ele esperava, na verdade, que sua teoria das pulsões fosse confirmada pela bioquímica. Nesse meio tempo, a teoria serviria como um modelo – metafórico – para enquadrar os dados clínicos.

Mas os analistas depois de Freud concretizaram suas hipóteses sem explicá-las, tratando os conceitos na prática (pulsão, libido, carga/descarga, fluxo de energia, investimento, repressão, economia, distribuição etc.), como se indicassem realidades biológicas significativas. O conceito de pulsão, graças a uma certa ambiguidade – um conceito *psico*biológico –, mas, acima de tudo, graças à sua expressão muito apropriada de validação clínica (*Trieb* = impulso), foi considerado, junto com o processo de hipóstase (Imbasciati, 1994), uma *substância*. O que Freud colocava na área de uma teoria hipotética (ou, talvez, o que tivesse em mente) (cf. Imbasciati, 2005a) foi considerado como demonstrado.[5] Dessa maneira, houve uma reviravolta na teoria freudiana: isso se voltava para o método, ou melhor, muito mais para a *tecnè* (Vassalli, 2001, 2006) do que para a teoria (a qual Freud, ao denominar como *a feiticeira*, talvez tivesse tomado como algo estratégico), sendo que, mais tarde, a ênfase passou totalmente para a teoria, além de ter ainda feito com que a psicanálise fosse tomada como *a teoria de Freud*, como infelizmente ainda é chamada no estatuto da Associação Internacional de Psicanálise (IPA). É duvidoso que Freud tenha tido essa intenção: veja-se, por exemplo, a sua definição de psicanálise (Freud, 1922).

---

5 Talvez o seu deslize semântico tenha ocorrido em parte devido ao fato de ter cunhado um novo termo para as línguas neolatinas, incomum, com uma espécie de auréola mítica: *pulsione*, a pulsão, em vez da palavra alemã mais corrente, *Trieb*.

Assim, é evidente que, no contexto dessa tendência biológica e quase mecanicista, críticas relativas à metapsicologia começassem a aparecer, algumas das quais citarei a seguir.

Críticas à metapsicologia freudiana

Fairbairn (1952) talvez tenha sido o primeiro (e, mais tarde, seu pupilo Guntrip [1961]) a declarar explicitamente dissensões em relação à teoria da pulsão de Freud; é significativa a utilização da palavra *personalidade* já nos títulos de suas obras. Já em 1965, Holt havia produzido uma obra considerável com o título *A review of Freud's biological assumptions and their influence on his theory*, e posteriormente escreveu outras obras com títulos ilustrativos dessa direção: *Freud's mechanistic and humanistic image of man* (1972a) e *Drive or wish? A reconsideration of the psychoanalytic theory of motivation* (1976), nos volumes da série Psychoanalysis and contemporary sciences, em colaboração com Peterfreund (Holt & Peterfreund, 1972).[6] Holt e Peterfreund comentam essa divergência, ou ao menos o contraste, entre o Freud clínico, que indagou a psicologia do homem, e o Freud teórico, que queria explicar sua teoria com um modelo biológico, que se tornou mecanicista de uma maneira forçada. Um trabalho posterior de Holt (1981), denominado "The death and transfiguration of metapsychology", foi publicado no *International Journal of Psychoanalysis* (IPA). A inadequação da metapsicologia freudiana começa a ser reconhecida, com o cuidado de não ser *transfigurada*. A meu ver, trata-se de uma tentativa de dizer, àqueles que veneravam Freud, que a sua metapsicologia mudara ou, pelo menos, que a maneira de

---

6 É significativo a utilização que eles fazem do termo *motivação*, correspondendo muito mais ao *Trieb* do alemão e ao termo inglês americano *drive*, do que os termos *instinct* do inglês britânico e *pulsion* das línguas neolatinas.

168 EM DIREÇÃO A NOVAS METAPSICOLOGIAS

entendê-la havia mudado. Encontramos, de fato, entre os psicanalistas, uma subterrânea corrente de reticências, quase uma reserva, em abertamente poder *repudiar* algumas partes da obra de Freud: Freud é o *Mestre*, a sua teoria, uma doutrina, e, como tal, encoberta por sua santidade. Mas, às vezes, a santidade impede a elucidação do objeto de estudo.

Nesse ínterim, Peterfreund (1971) propôs um novo sistema explicativo do funcionamento mental baseado nos princípios da ciência da informação: uma nova metapsicologia, não descrita como tal e mais coerente com o que a neurociência estava descobrindo. No mesmo ano, Pulver (1971) publicou um artigo no *International Journal of Psychoanalysis* (IJP) que a meu ver passou quase despercebido, mas é de extrema importância: "Can affects be unconscious?" ("Podem os afetos ser inconscientes?", também publicado no IJP). Ao examinar o fio condutor da obra de Freud, Pulver demonstra que Freud pressupôs que os afetos devem ser conscientes e, portanto, procurou considerar as diversas razões pelas quais a análise revelava afetos inconscientes. Como diz o título, ele pergunta: como é possível que afetos sejam inconscientes? Na verdade, esse artigo contém o núcleo de um problema que hoje podemos elucidar melhor: o que a análise revela como *afeto* constitui-se pelo que o analista infere e/ou pelo que o paciente consegue observar e depois expressar no *setting* analítico. Esses eventos são mediados pela consciência *equipada* do analista e a do paciente à medida que este se torna mais consciente com a análise. Portanto, podemos concluir que o que se chama de afeto na psicanálise é um evento mental ou um produto da mente, que chega até nós numa forma que foi filtrada por uma certa consciência; ou melhor, por uma *certa* capacidade de consciência.[7] Quando o afeto é identificado, ele é consciente, revelado à pessoa que o identifica. Então o que é afeto inconsciente? É o que se deduz que já estava presente *antes* de o analista ou o paciente ter consciência dele. Contudo, isso coloca o problema do que se constituía além ou aquém da *descrição*, antes que a expressão do paciente, sua verbalização, assim como a capacidade de consciência do analista, permitissem o afeto inconsciente. Uma *explicação* se faz necessária. É necessário passar do plano clínico para o teórico: o primeiro é o que se vive subjetivamente, mas sempre no contexto de uma certa capacidade de consciência. O último se constitui a partir de uma hipótese que pode nos *explicar* o que pode acontecer além de cada experiência e *de sua descrição*, ou seja, além de cada consciência. Nessa hipótese, é possível usar as contribuições de outras ciências. A *explicação* era o objetivo da metapsicologia (Imbasciati, 2005b); Freud fez o possível para explicar o que poderia estar acontecendo com a mente além do que ele poderia descrever com o que lhe dera a experiência do método psicanalítico. Isso equivale a dizer *além* do que nos é possível descrever com nossas capacidades de consciência.

Schafer (1975), também, mais uma vez na publicação oficial da IPA, publicou o artigo "Psicanálise sem psicodinâmica": ele propõe

---

7 Lembremos aqui que a consciência não é um dom natural possuído por todos de forma igual; tampouco é dicotômico. O uso da palavra *consciência* pode ser equívoco: a consciência é algo contínuo, de zero a um ponto (infinito) de plena lucidez. Portanto, é melhor falar da "capacidade de consciência". Cada pessoa tem seu próprio *quantum*, ou quantidade, de capacidade de consciência, sua qualidade ou *sua* consciência, e essa capacidade, além de variar de pessoa para pessoa, na mesma pessoa varia de acordo com o momento e o contexto relacional. Temos prova disso à medida que a análise progride na relação analítica, ao longo de várias sessões, em que a capacidade de perceber algo que parece ser "compreendido" varia, decresce, desaparece, volta. Para explicar essas variações é insuficiente retomar o conceito relativo de mecanismo de repressão (Imbasciati, 2005a, 2005b, 2006a, 2006b, 2006c).

uma psicanálise que não retoma os conceitos dinâmicos de Freud (força, energia), ou seja, uma psicanálise sem metapsicologia freudiana. Um ano mais tarde, Gill publica um capítulo de livro com o título "Metapsychology is not Psychology" ("Metapsicologia não é psicologia", 1976). A metapsicologia freudiana foi considerada por ele como não muito compatível com o corpo clínico da ciência psicológica chamada de psicanálise. Essa tese foi reforçada e aperfeiçoada na obra, infelizmente incompleta, de George Klein (1976b). Este último propunha uma psicanálise livre de todos os conceitos e termos dinâmicos da metapsicologia e chegou a considerar a metapsicologia como um legado biológico confuso, não propriamente verdadeiro, do século XIX.

Muitas críticas à metapsicologia de Freud têm como foco seus aspectos biológicos: a meu ver, isso é muito mais o resultado de um mal-entendido por parte de seus seguidores (talvez devido à veneração do Mestre) que uma verdadeira convicção de Freud; ou melhor, é o resultado da mudança de ênfase do método – o verdadeiro alicerce de uma ciência – para uma de suas teorias. A teoria das energias e pulsões ainda pode ser usada hoje, mas num sentido metafórico, como uma ajuda na formulação clínica, de acordo com o espírito conjectural de Freud (*zu erraten*): talvez, com essa intenção, fosse possível formular outras teorias hoje em dia, e talvez isso pudesse concretizar os desejos de Freud em relação à sua esperança de síntese com a neurociência.

A teoria de Freud permitiu o progresso da psicanálise, fornecendo uma *consistente* explicação que se revelou uma excelente estratégia política em relação ao nível de consideração dado à psicanálise pelas outras ciências da época; além disso, envolvendo um grande número de especialistas, eles puderam promover a perfeição do método clínico, o *setting*, e acima de tudo seu instrumento especial, dado pela formação pessoal, pelo inconsciente afetivo, que todo analista procura adquirir.

A teoria das energias e pulsões, contudo, ficou ultrapassada, não só por causa da perfeição do método e dos instrumentos psicanalíticos, mas como uma consequência do progresso de outras ciências da mente, que, a partir de outro ponto de vista (ou *vértice*) e com outros instrumentos, exploraram a mesma área mental. Estou falando da psicologia experimental especialmente da que se aplica com crianças (hoje também com bebês), de ciências cognitivas (Imbasciati, 2005b), de muitas escolas de psicoterapia (Imbasciati & Margiotta, 2004) e do desenvolvimento da neurociência. Ao estudar o cérebro, esta estabeleceu que a sua função não se baseia num princípio dinâmico-energético, mas num princípio científico da informática (da ciência da computação), de ligações funcionais numa rede neural. Elas não são favorecidas de forma inequívoca pela genética, tampouco são semelhantes em todos os indivíduos: a experiência as constrói, e a mesma experiência modula a expressividade genética e a transcrição dos genes. Dessa maneira, a funcionalidade psíquica não obedece a uma norma ditada pela natureza (como se acreditava na época), mas é construída como a base da experiência de cada indivíduo. Não há um cérebro semelhante a outro. Certamente, a macromorfologia é a mesma para todos, mas a micromorfologia e o funcionamento são específicos para cada indivíduo. É por essa razão que, ao considerar a *psique*, não se pode adotar o critério médico-biológico da normalidade/patologia (Imbasciati & Margiotta, 2004, capítulos 2, 13; Turchi & Pemo, 2002), exceto em casos de lesões cerebrais exógenas, mas aqui nos encontramos numa área neurológica. No caso da área psicológica, temos uma longa continuidade entre uma funcionalidade excelente e uma funcionalidade que se consegue construir (a partir da experiência) de formas extremamente variadas, chegando a casos extremos em que a estrutura mental se configura de tal maneira

172 EM DIREÇÃO A NOVAS METAPSICOLOGIAS

que o indivíduo é muito diferente da média – infeliz, inadaptado, incapaz, neurótico ou *louco*.

A grandeza científica de Freud, assim como uma imprecisão epistemológica sobre a diferença, em sua época, entre *teoria* e *descoberta*, fez psicanalistas considerarem a metapsicologia freudiana muito mais como uma descoberta do que como um instrumento de pesquisa, e, durante décadas, eles acreditaram que as pulsões de fato existiam na realidade física. Além disso, uma espécie de veneração ao Mestre se estabeleceu, de tal forma que a sua teoria se tornou uma *doutrina*. Dessa maneira, os primeiros a desenvolver a psicanálise depois de Freud eram cautelosos e não assertivos em relação à ideia de que a metapsicologia era ultrapassada, e em geral não se sentiam livres para criar uma outra teoria alternativa.

Percepções de outras metapsicologias

Contudo, gradativamente, outras metapsicologias começaram a ser delineadas. A primeira, a meu ver, encontra-se na obra de Melanie Klein: suas descrições clínicas nos falam de uma metapsicologia diferente, que não é explícita. De fato, ela ressaltou o fato de que as relações de um indivíduo formam a base de sua estrutura psíquica, ou seja, de sua experiência, enquanto Freud deu ênfase aos instintos, ou pelo menos a forças endógenas. Em geral, Klein deu ênfase em particular às primeiras relações com os cuidadores, nos primeiros três anos de vida, cujo resultado é a formação do que ela chamou de *objetos internos* e *fantasias*. O primeiro conceito parte do que Freud havia afirmado sobre o valor interior que um objeto (pessoas, em particular) adquire devido ao investimento pulsional (*the drive investiment*) de um sujeito específico, mas diverge a partir desse ponto, com Klein afirmando que o objeto,

ANTONIO IMBASCIATI   173

então internalizado, adquire características que são totalmente diferentes da realidade e de qualquer objeto real.

Elas são imagens fantasiadas, que formam o que Isaacs (1952) chamava de *fantasias*, usando a palavra em inglês incomum *phantasy* (*fantasia*) com *ph*, em vez da de uso corrente, *fantasy* (*fantasia*), para ressaltar que não eram imagens reais. Em italiano, usa-se o termo *fantasia*, diferenciando de *fantasticheria* (fantasia ou devaneio), *fantasmagoria* (uma mistura caótica) ou *fantasma* (uma ilusão, aparição, ou fantasma); ou fala-se de relação entre objetos internos.

Klein declara que esses objetos são obra das pulsões e que se comportam de uma maneira específica, estruturando a psique,[8] mas, a partir da descrição de seus casos clínicos (com crianças), esses objetos se mostram como se fossem imagens *sui generis*, amorfas, diferentes das originais, absurdas, irracionais e que não representam nenhum objeto real, mas que sempre foram *representações de algo*. Ao mesmo tempo, a ênfase kleiniana nas relações – ela desenvolve o conceito de relações de objeto (*objetais*) ao extremo – nos fala muito pouco de uma concepção instintiva, endógena, como a de Freud, mas nos fala de algo que é estruturado na mente como uma consequência da experiência, primordial, da infância afetiva. Portanto, trata-se aqui da aquisição da *aprendizagem*, embora Klein nunca falasse nesses termos. Esses mesmos afetos, a partir do momento que se estruturam como uma consequência das relações, devem ser considerados como adquiridos, não derivados dos instintos e das pulsões: dessa maneira, podemos

---

8   Ela supõe que a força das pulsões (*driving forces*, libido e instinto de morte) *dividem* os objetos reais em bons e ruins. Na verdade, a discussão de Klein é complexa e ao mesmo tempo confusa (Imbasciati, 1990, 1994, 2005a, 2005b, 2006a, 2006b), mas implica, como já se acreditou, que o cérebro sempre reflita objetos percebidos na realidade, como faz o espelho, barrando a intervenção das pulsões (*driving forces*).

dizer que são aprendidos. Devemos nos lembrar que o conceito de aprendizagem, no começo do século XX, era extremamente primitivo: acreditava-se que aprender era receber uma *impressão interna* do que vinha de fora, e não se sabia por quantas transformações e elaborações aquela experiência havia passado antes de ser aprendida, tampouco quanto podia ser aprendido após cada tomada de consciência. O desenvolvimento de uma psicologia da aprendizagem mais precisa se estabeleceu com estudos experimentais de várias escolas de pensamento que surgiram nos anos 1930. Acredito que, justamente devido a uma concepção simplista da aprendizagem, hoje obsoleta, Klein (e todos os analistas, por muito tempo) nunca usou o termo aprendizagem. Mas, fundamentalmente, sob as descrições clínicas que ela tentava explicar em termos de pulsões, havia um conceito totalmente diferente: o de uma mente que se desenvolve por experiência e que se estrutura como uma série de representações internas. Hoje, podemos dizer que ela é formada por aprendizagem e lembranças. Evidentemente, o conceito de memória também é compreendido como é reconhecido hoje: memória implícita. É por essa razão que defendi a ideia (Imbasciati, 1991, 1994, 1998b) de que a abordagem clínica kleiniana é completamente separada de seus princípios teóricos: eles podem ter sido acrescentados como uma aderência forçada à *doutrina* do Mestre. De fato, sob as descrições clínicas kleinianas, há uma metapsicologia diferente, implícita, velada.

No desenvolvimento da psicanálise, não muito tempo depois e quase contemporâneos à obra de Klein, temos dois estudiosos que apresentam em suas obras uma metapsicologia diferente da de Freud e expressa mais claramente do que a de Klein, embora ainda não fosse declarada como tal. Penso aqui nos autores, além de Klein, que desenvolveram teorias sobre as relações de objeto. Podemos considerar a escola de Fairbairn (1952) e Guntrip (1961) como pioneira. Fairbairn contestou abertamente algumas das propostas fundamentais da teoria freudiana: ele afirmou que não é a energia libidinal ou as qualidades das pulsões que dão origem aos objetos internos, mas, sim, os objetos reais, em particular os pais, que dão forma às pulsões. Ou seja, há aqui uma afirmação a favor do papel da experiência no desenvolvimento psíquico, opondo-se à concepção endógena, instintiva.

Outro estudioso famoso, com sua própria escola, foi Winnicott. A sua vasta obra, voltada para a observação e análise de crianças (e de mães), enfatiza o aspecto relacional da inseparável díade mãe/bebê como uma matriz da origem da mente e de todos os seus desenvolvimentos. Um aspecto particular de toda a obra de Winnicott é a omissão da concepção energética freudiana e o uso muito elástico de cada termo teórico metapsicológico, assim como o total enfoque nos eventos clínicos do desenvolvimento da criança, sem preocupações explicativas (*explanatory concerns*).

Mas justamente de sua observação e descrição complexa infere-se uma explicação possível que não é a endógena de Freud. Na obra de Winnicott há uma outra metapsicologia, velada, de origem experiencial, na qual os afetos reinam, gerados de forma única a partir das relações, dos diálogos relacionais, concebíveis, portanto, em termos de uma semântica representacional, interior, adquirida, sobre a qual não se tem consciência e que se estrutura no funcionamento mental: em outras palavras, poder-se-ia dizer, estruturada na memória. Isso faz surgir a ideia de que os afetos não são oriundos de forças inatas da *natureza* da psique, mas de um sistema de representações adquiridas (Imbasciati, 1990). Hoje, isso quer dizer aprendizagem.

Finalmente, há outro estudioso, cuja obra revolucionou de fato o panorama psicanalítico e na qual a intenção explicativa de uma nova metapsicologia é evidente: Wilfred Rupert Bion. É expressivo que surja, já no título do seu segundo livro publicado (Bion, 1962),

176 EM DIREÇÃO A NOVAS METAPSICOLOGIAS

o termo aprendizagem, que havia desaparecido do léxico de toda a literatura psicanalítica até então: *Aprender com a experiência*, um título que poderia ser considerado como símbolo de toda a obra posterior desse estudioso. É a experiência que dá origem e permite o desenvolvimento da mente, não porque se aprende aquilo de que se tem experiência, mas *a partir de*, ou seja, por meio de uma elaboração interior da própria experiência. Ela é essencialmente interior – os analistas a chamam de afetiva – e descrita, tanto na criança quanto no adulto, como a atividade mental básica, de origem relacional e moduladora da formação do pensamento. As descrições clínicas de Bion, desenvolvidas em geral em termos da análise da transferência e da contratransferência, demonstram um lado diferente, com nuances explicativas, da abordagem tradicional: uma aprendizagem progressiva que gera pensamento. Aprender significa, em contrapartida, *ensinar*, para o cuidador.

A teoria de Bion contém uma nova metapsicologia, não denominada, mas descrita como tal; e é assim que é chamada por outros autores subsequentes. Essa metapsicologia age como uma reavaliação da aprendizagem; a complexidade das *transformações* descritas por Bion são bem compatíveis com o que sabemos hoje advindo de outras ciências psicológicas e da própria neurociência no que se refere à compreensão de que a aprendizagem sempre envolve o que pode ser recebido, assim como a sua transformação subsequente, contínua, de cada vestígio de memória registrada (plasticidade da memória). Bion não especifica a memória, mas ao demonstrar as transformações constantes que ocorrem em processos mentais, ele se refere ao seu trabalho contínuo, mutante. Dessa maneira, a teoria de Bion pode constituir uma base psicofisiológica para uma nova metapsicologia. É necessário, contudo, separar os seus correlatos biológicos.

Proposta para uma nova metapsicologia: psicofisiológica

O breve panorama aqui exposto demonstra que na psicanálise, durante os últimos cinquenta anos, tem sido necessário formular novas teorias metapsicológicas (Imbasciati, 2006c) diferentes da freudiana. Essas teorias requerem, contudo, uma sistematização; precisam ser estabelecidas como metapsicologias e submetidas a verificações psicofisiológicas mais precisas. Esse desenvolvimento exige um processo complexo de integração entre analistas e neurocientistas.

Um denominador comum que pode ser identificado na base das novas formulações teóricas psicanalíticas é uma indicação permanente do trabalho constante que a mente continua a realizar em relação às experiências que chegam a ela, e como isso pode ser modulado por processos internos que o indivíduo elaborou e elabora continuamente nas relações humanas, em integração com a modalidade funcional da mente dos outros. Essa ênfase está em sintonia com o que a neurociência nos diz hoje sobre o trabalho contínuo do cérebro e com os estudos da psicologia experimental acerca da comunicação (não verbal).

Uma ciência psicológica que se afirmou durante décadas é a que se denomina da *cognição* ou *cognitivismo*. Muitos dos dados voltados para esse estudo podem se integrar aos dados mais correntes da ciência psicanalítica (Bucci, 1997; Imbasciati 2005b, 2006a, 2006b, 2006c): com base nisso, é possível delinear uma nova metapsicologia que pode oferecer uma explicação psicofisiológica do que se estrutura como mente e do que nela acontece, sobrepondo-se às explicações biológicas (neurobioquímicas e genético-moleculares) fornecidas pela neurociência sobre a formação de redes neurais responsáveis pelo funcionamento do cérebro de um

178 EM DIREÇÃO A NOVAS METAPSICOLOGIAS

indivíduo. Esse é o trabalho que estou desenvolvendo. Devo lembrar aqui que ninguém tem uma funcionalidade cerebral idêntica à de outra pessoa: a macromorfologia é igual para todos, mas a micromorfologia e a fisiologia são dados a partir dos quais, para cada indivíduo, sua experiência particular selecionou populações neurais e a partir delas construiu redes funcionais. Portanto, a mente de um indivíduo não pode ser replicada.

A mente se *constrói* de forma diferente em cada indivíduo, com base em experiências que começam a se estruturar no período pré-natal (Imbasciati, Dabrassi, & Cena, 2007). Cada experiência é modulada por relações: mesmo aquilo que o feto aprende é condicionado pela relação com a mãe grávida (Manfredi & Imbasciati, 2004). Numa relação contínua, a mente se constrói, e essa construção, já iniciada no período pré-natal, continua progressivamente durante quase toda a vida do indivíduo.

O meu desenvolvimento paralelo, como psicanalista e como pesquisador em psicologia experimental numa universidade, me permitiu observar que há uma integração insuficiente entre a psicanálise e as outras ciências da mente, assim como concluir que essa integração pode ser útil para a psicanálise. A partir dessa perspectiva pessoal, durante muitos anos (Imbasciati & Calorio, 1981) busquei comparações e publiquei muitas propostas sobre o assunto. Gradativamente, delineei uma teoria sobre as origens, desenvolvimento e funcionamento da mente, que denominei teoria do protomental e que proponho hoje como uma nova metapsicologia.

Evidentemente, não é possível expor aqui a totalidade dessa teoria, devido a restrições de espaço, mas indico ao leitor algumas das minhas obras anteriores sobre esse tema (1983b, 1994, 1998b, 2001b, 2002a, 2002b, 2003, 2004a e, em particular, 2006a, 2006b). Aqui, posso dizer que estou falando de uma teoria mnésica, sintônica, num plano psicológico, tendo também um nível neural, que hoje sabemos sustentar a construção de populações neurais e de redes durante o desenvolvimento, em particular na infância. A partir das relações mais iniciais – pré-natais, perinatais e neo-natais – nos primeiros meses de vida, a aprendizagem primitiva é feita de rastros organizados de significados muito elementares: não estamos falando de representações (salvo num sentido bem amplo), mas de rastros de funções, cada um permitindo a utilização de um *input* adicional (corpóreo-relacional) para construir mais funcionalidade. Isso propicia mais aprendizagem, com rastros relativos, e constrói assim uma estrutura funcional progressiva capaz de elaborar de forma cada vez mais complexa, em organizações mnésicas, tanto o que pode surgir a partir dos sentidos quanto o que o próprio sistema, assim constituído, começa a produzir. Dessa maneira, a mente pode se construir, numa elaboração contínua e cada vez mais complexa de relações, tanto no que se refere aos rastros funcionais mnésicos, que dão origem ao que até agora se denominavam *afetos*, quanto no que se refere às organizações posteriores, que permitem uma *leitura* do que acontece dentro do indivíduo, distinguindo o que acontece no mundo externo do que acontece dentro do ego, e finalmente tendo alguma capacidade de diferenciar o que acontece no corpo do que acontece na mente (capacidade de consciência). Assim, um sistema simbólico-criativo se constrói, desenvolvendo-se como capacidade progressiva de simbolização e também como *pensamento*.

A teoria a que se alude aqui propõe uma *explicação* acerca de como a estrutura mental é criada, originada a partir da experiência e modulada pelo aspecto relacional, com um tipo de processamento muito particular e único (trabalhado por psicanalistas) para cada indivíduo: esse processo regulará o seu comportamento com base no tipo de processamento que o sistema pode realizar a cada novo evento. Além disso, regulará o tipo e o nível de capacidade de consciência com a qual cada indivíduo será capaz de ler o mundo e as pessoas ao seu redor, diferenciando-as do que acontece e do que é produzido em sua própria mente.

A minha teoria delineia um sistema informacional complexo e progressivo no qual *forças* não funcionam, mas redes elaborativas guiam o que acontece no indivíduo e para o indivíduo. O conceito de inconsciente é óbvio; o problema da capacidade de consciência é resolvido de acordo com o tipo de elaboração que funciona sobre a informação que emana do relacional (por exemplo, atribuo muita importância à comunicação não verbal), e a dicotomia normalidade/patologia é substituída pela consideração de um contínuo de excelência/déficit.

Essa minha teoria tem sido útil no meu trabalho clínico, em particular no que se refere à minha capacidade de ter consciência de déficits primitivos, aqueles que em geral passam despercebidos em pacientes que parecem ter uma capacidade desenvolvida para simbolização, que parecem ser capazes de *insights* que logo desaparecem ou que se mostram como uma mera cumplicidade com o analista. A atenção do analista em relação às limitações de interpretações complexas resulta dessa consciência, na linha de um trabalho semelhante ao do cuidador que ajuda o bebê a aprender a pensar durante os dois primeiros anos de vida (Imbasciati, 2006a, 2006b, 2006c), trabalho que é semelhante em vários aspectos ao descrito por Greenspan (1997) em seu texto *Developmentally based psychotherapy*, psicoterapia que considero como essencialmente psicanalítica: o problema *terapêutico* de fato coloca à prova de maneira rigorosa justamente a capacidade de devaneio que um analista deve possuir e exercitar (Ferro, 2006).

A minha teoria do protomental é uma tarefa que está longe de ser concluída. Ela é uma proposta de uma nova metapsicologia para todos os meus colegas que fazem pesquisas e que acreditam que a psicanálise deve se integrar continuamente a outras ciências da mente; um estímulo, efetivamente, para muitos *cientistas*.

5. Winnicott e a rejeição dos conceitos básicos da metapsicologia freudiana[1]

Leopoldo Fulgencio

Para mostrar que Winnicott abandonou os conceitos fundamentais da metapsicologia freudiana, substituindo-os por outros de natureza epistemológica díspares destes, proponho o seguinte desenvolvimento: primeiro, retomarei a natureza, a função e as características dos conceitos metapsicológicos em Freud; segundo, indicarei o sentido do termo metapsicologia na obra de Winnicott; terceiro, mostrarei que ele abandona os conceitos metapsicológicos de pulsão de vida (*Lebenstriebe*) e de morte (*Todestriebe*) e, em última instância, também os conceitos de pulsão (*Trieb*)[2] em geral

---

1 Uma versão deste texto foi publicada originalmente em Fulgencio, L. (2007). Winnicott's rejection of the basic concepts of Freud's metapsychology. *International Journal of Psychoanalysis*, 88(2), 443-61.

2 Em geral, estou optando por usar o termo *pulsão*, para traduzir *Trieb*, mais próximo à opção francesa (*pulsion*), visando guardar a especificidade do termo usado por Freud. As opções usadas nos textos em inglês (*instinct, drive, instintual drive*) podem causar alguma obscuridade; no entanto, quando me refiro ao texto de Winnicott, procuro me manter utilizando os termos que ele utiliza (*drive, instinctual drive*) dado que, para ele, esses conceitos têm sentido diferente do *Trieb* de Freud.

e de aparelho psíquico;[3] e quarto, que quando ele usa o termo libido, não se trata mais de supor uma energia pensada em termos análogos às energias supostas no campo dos fenômenos físicos, mas uma maneira de referir-se aos valores dados aos acontecimentos e fantasias relativos às relações inter-humanas. Realizado esse percurso, poderei afirmar que a teorização feita por Winnicott é uma teorização de tipo factual, por oposição à teorização especulativa que caracteriza a teorização metapsicológica.

Natureza, função e características dos conceitos metapsicológicos para Freud

Freud utiliza o termo metapsicologia em dois sentidos distintos: por um lado, como sinônimo de uma teoria psicológica que toma o inconsciente como aquilo que é propriamente psíquico (Freud, 1900a, p. 612), ou seja, a metapsicologia seria como a teoria geral de uma psicologia do inconsciente;[4] por outro, a considera como um conjunto de conceitos que são construções teóricas auxiliares de valor apenas heurístico. Assim, a metapsicologia ficou conhecida como o constructo teórico que considera os processos psíquicos

---

3 Para distinguir os conceitos freudianos dos winnicottianos – especialmente a distinção entre o conceito de *Trieb* (e seus derivados), em Freud, e o de *drive* ou de *instinct*, utilizados por Winnicott – indicarei os termos em alemão para bem caracterizar quando estou me referindo aos conceitos propostos por Freud. Isso tornará a leitura e a análise das propostas de Winnicott – na redescrição dos conceitos próprios à metapsicologia freudiana – mais clara e precisa.

4 Ver, por exemplo, Freud (1901b, p. 259), primeiro texto publicado no qual Freud usa o termo metapsicologia. Nele, esse termo refere-se à teoria geral científica que pode explicar os fenômenos psíquicos. Freud também utilizará o termo "psicologia das profundezas" (Freud, 1926f, p. 265, tradução nossa), dando à metapsicologia esse sentido da teoria geral de sua psicologia científica enquanto uma ciência empírica.

segundo três pontos de vista: o dinâmico (que toma o psiquismo *como se* fosse movido por forças psíquicas em oposição, denominadas por Freud [*Trieb*] *pulsões*), o tópico (que considera o psiquismo *como se* fosse um *aparelho* dividido em *instâncias* espacialmente figuráveis) e o econômico (que concebe o psiquismo *como se* fosse movimentado por uma energia, que ele caracterizou inicialmente como um *quantum de afeto* e, mais tarde, como *libido*).

A importância metodológica do uso de conceitos na estrutura do *como se* não é feita ao acaso; pelo contrário, trata-se, para Freud, de um método de pesquisa que prega a utilidade de conceitos especulativos para auxiliar na observação e sistematização dos fenômenos psíquicos, tendo em vista a explicação de suas relações de determinação recíproca. Freud está cônscio de suas especulações, tanto que, para ele: (1) o conceito de *pulsão* (*Trieb*) é uma *ideia abstrata* que tem a natureza de uma *convenção* (Freud, 1915c, p. 117) e é caracterizado como um tipo de *mitologia* da psicanálise (Freud, 1933a, p. 95; 1933b, p. 212); (2) a noção de *aparelho psíquico* é uma *ficção teórica* (Freud, 1900a, p. 603) em relação à qual não está em questão procurar um substrato empírico que lhe corresponda; e (3) a noção de *quantum de afeto*, ou *libido*, é uma construção teórica auxiliar, útil para compreender os fenômenos clínicos, mas sem comprovação fenomênica, pensada de forma análoga ao conceito de energia elétrica ou a de fluido, jamais passível de ser medida (Freud, 1894a, 1914c). Para Freud, a metapsicologia corresponde à superestrutura especulativa (*spekulativer Überbau*) da psicanálise, "em que cada parte pode ser sacrificada ou trocada sem dano nem remorso, a partir do momento em que uma insuficiência é constatada" (Freud, 1925d, pp. 32-33, tradução nossa).

Para evitar mal-entendidos, creio ser necessário fazer um esclarecimento explicitando a diferença epistemológica entre os fatos, as teorias empíricas e as teorias especulativas. Os fatos são sempre singulares e contingentes, enquanto as teorias ou conceitos são sempre universais. Quanto aos conceitos que compõem as teorias, alguns têm referente empírico objetivamente dado na realidade fenomênica sensível (seja a dada aos sentidos externos, seja ao sentido interno), enquanto outros não encontram referente intuitivo possível. Ambos os tipos de conceitos são utilizados nas teorias científicas, e não só nelas, mas aqui trata-se de seguir a análise da psicanálise como uma ciência proposta por Freud. Assim, na psicanálise freudiana, podemos considerar dois tipos de corpos teóricos: um que se refere aos conceitos construídos por abstração e generalização dos dados clínicos, ou seja, a teoria dos fatos clínicos (como a que se refere à sexualidade infantil, ao complexo de Édipo, à transferência, à resistência etc.), e outro que corresponde aos conceitos especulativos ou metapsicológicos, como os conceitos de aparelho psíquico e energia psíquica, que servem como construções auxiliares para ajudar na observação e sistematização dos dados clínicos (Fulgencio, 2005a).

Ao distinguir a teoria clínica da metapsicológica, não estou afirmando que os fatos clínicos são apreendidos independentemente de teorias, visto que toda pesquisa científica depende de uma orientação para selecionar (dentre a multiplicidade de fenômenos que se apresentam) os elementos a serem observados e para estabelecer tipos de relação a serem procuradas na ligação e ordenação desses fenômenos. Isso não significa que as teorias que orientam a pesquisa empírica sejam, necessariamente, especulativas, ainda que as especulações metapsicológicas tenham um lugar central para Freud.

Um exemplo claro, nesse sentido, está exposto pelo próprio Freud (1894a) quando diz que, em sua exposição sobre as neuroses de defesa (histeria, neurose obsessiva e fobia), ele utilizou uma hipótese de trabalho na qual supôs que nas funções mentais há algo como um fator quantitativo (montante de afeto, soma de excitação) que é suscetível a aumento, diminuição, deslocamento e descarga, e que se difunde pelas marcas mnêmicas das representações, como faria uma carga elétrica pela superfície dos corpos. Para ele, esse fator não tem *nenhum meio de ser medido* (Freud, 1894a, p. 60), uma vez que esse fator quantitativo é apenas um instrumento teórico que possibilita agrupar os fatos, e não um obscuro dado que algum dia seria acessível empiricamente. Com esse conceito especulativo de *quantum de afeto*, Freud pôde colocar a histeria, a neurose obsessiva e a fobia (tão diferentes em suas manifestações) como pertencentes a um mesmo grupo de patologias, caracterizando-as, então, como tendo um mesmo tipo de dinâmica, a saber, a que procura uma descarga de excitações, ainda que tome caminhos diferentes para atingir seu objetivo: a histeria busca essa descarga no corpo; a neurose obsessiva, no pensamento; e a fobia, no mundo exterior. Freud está, em termos metodológicos, reafirmando aquilo que outros cientistas, em ciências mais maduras, fazem para pesquisar seus objetos, ou seja, a utilização de *ficções heurísticas* que ajudam a pesquisar os fenômenos, cujo valor é justificável pela sua eficácia na resolução de problemas, e não pela sua referência empírica objetivamente dada no mundo fenomênico (Freud, 1894a, pp. 60-61).

A metapsicologia, segundo Freud, é necessária não por ser verdadeira, mas porque ela é útil para a observação, o agrupamento e a sistematização dos fatos clínicos. Ela é um instrumento para pesquisar e, como todo instrumento, não se coloca a questão sobre sua veracidade ou falsidade, mas tão somente sobre sua utilidade.

Os sentidos do termo metapsicologia na obra de Winnicott

Winnicott usa o termo metapsicologia com dois sentidos distintos: primeiro, significando a própria teoria psicanalítica em geral; segundo, se referindo a um conjunto de conceitos inadequados para a compreensão do ser humano do ponto de vista da psicanálise.

No primeiro sentido, a teoria metapsicológica é considerada a teoria que descreve o processo de amadurecimento emocional do ser humano desde sua origem (Winnicott, 1955d, p. 377; 1956a, p. 393). No segundo sentido, Winnicott usa o termo metapsicologia como um conjunto de conceitos abstratos, de obscura referência factual no campo dos fenômenos, que fornecem apenas uma ilusão de compreensão. Em 1954, ele escreve a Anna Freud:

> *Estou tentando descobrir por que é que tenho uma suspeita tão profunda com esses termos [metapsicológicos]. Será que é por que eles podem fornecer uma aparência de compreensão onde tal compreensão não existe? Ou será que é por causa de algo dentro de mim? Pode ser, é claro, que sejam as duas coisas. (Winnicott, 1987b, p. 51)*

Winnicott tem em mente a necessidade de usar uma linguagem teórica que seja o mais próxima possível dos fatos reconhecíveis na vida cotidiana: "um escritor da natureza humana precisa ser levado constantemente em direção a uma linguagem simples, longe do jargão do psicólogo, mesmo que tal jargão possa contribuir para revistas científicas" (Winnicott, 1957o, p. 121). O que marca sua postura metodológica e epistemológica é uma constante preocupação em dar conteúdos factuais às suas teorias, levando-o, nesse sentido, não só a tecer duras críticas a conceitos como os de pulsão de vida (*Lebenstriebe*) e de morte (*Todestriebe*) mas, fundamentalmente, a abandonar os conceitos especulativos que caracterizam a metapsicologia freudiana.

Críticas de Winnicott aos conceitos de pulsão de vida (Lebenstriebe) e de morte (Todestriebe)

Um ponto de crítica central é o julgamento de Winnicott sobre o valor dos conceitos de pulsão de vida (*Lebenstriebe*) e de morte (*Todestriebe*). Ele diz de forma clara e direta: "simplesmente não acho válida sua idéia de pulsão de morte [*Todestriebe*]" (Winnicott, 1965va, p. 161). Numa carta a Money-Kyrle, de 1952, ele explicita claramente qual o motivo de seu incômodo quanto ao uso desses conceitos:

> *você mais uma vez introduz a pulsão de vida [Lebenstriebe] e a pulsão de morte [Todestriebe]; você diz que, se elas são parte de nossos dons inatos, um mundo perfeitamente mau seria tão possível quanto um perfeito. Esse é um exemplo da maneira como o conceito de pulsão de vida [Lebenstriebe] e de morte [Todestriebe] evita o campo de investigação tão rico do desenvolvimento inicial do bebê. É uma pena que Melanie tenha feito um esforço tão grande para conciliar sua opinião com a pulsão de vida [Lebenstriebe] e de morte [Todestriebe], que são talvez o único erro de Freud. Não preciso lembrá-lo que ele tinha dúvidas a esse respeito quando introduziu o conceito pela primeira vez; e também de que o termo pulsão de mor-*

> *te [Todestriebe] é mal-usado na Sociedade mais que qualquer outro, sendo empregado no lugar das palavras agressividade ou impulso destrutivo ou ódio, de uma maneira que, tenho certeza, teria horrorizado Freud. (Winnicott, 1987b, p. 37)*

Winnicott mostra-se até mesmo bem-humorado e espirituoso em seus conselhos para que seus colegas da Sociedade Britânica de Psicanálise abandonassem as confusões geradas pelo uso dos conceitos de pulsão de vida e de morte. Diz ele a Hans Thorner, em carta de 1966:

> *Gostaria de dizer, porém, que as coisas ficam confusas, na Sociedade, quando vários termos são usados como se fossem plenamente aceitos. Tenho certeza de que você sabe exatamente o que tem em mente quando diz: "partes perigosas . . . derivadas da pulsão de morte [Todestriebe] . . . devem ser expulsas" etc. etc.; eu mesmo não sei o que você quer dizer, e pelo menos metade da Sociedade deve sentir que você está dizendo "pulsão de morte" [Todestriebe], em vez de usar as palavras "agressividade" e "ódio". Você talvez ache que isso não tem importância, e não tem mesmo, no contexto de seu ensaio, mas seria realmente muito útil para a Sociedade se conseguíssemos descobrir uma linguagem comum. Qualquer hora dessas, quando você não tiver nada para fazer, que tal reescrever aquela frase sem usar as palavras "pulsão de morte" [Todestriebe], só por minha causa? (Winnicott, 1987b, p. 134)*

A redescrição do conceito de instinto e o abandono do conceito de pulsão (Trieb)

Não se trata, para Winnicott, de manter os conceitos de pulsão de autoconservação (*Selbsterhaltungstriebe*) e pulsão sexual (*Sexualtrieb*), abandonando os de pulsão de vida e de morte. A sua proposta é mais radical: o próprio conceito freudiano de pulsão (*Trieb*)[5] é abandonado. Essa operação conceitual, de grandes consequências, é realizada sem muito alarde e não ocorre num único golpe, mas em diversos momentos da sua obra. Podemos considerar que ele faz isso de duas maneiras: primeiro, definindo o que ele chama de *instinto*, cuja análise mostra uma diferença radical entre o seu conceito e o que Freud denominou *Trieb* (pulsão); segundo, de maneira mais dispersa em sua obra, substituindo o conceito de *Trieb* pelos conceitos de *instinto*, *desejo*, *necessidade de ser* e *tendência inata à integração*.

Freud caracterizou a pulsão (*Trieb*) como um "conceito fundamental convencional do qual não podemos prescindir" (Freud, 1915c, p. 117, tradução nossa), isto é, um tipo de mito que serve como uma orientação para procurar a relação entre os fenômenos e as suas determinações. Note ainda que, para Freud, as pulsões não são forças físicas, mas psíquicas; não são forças propriamente biológicas, mas uma representação psíquica de uma fonte endossomática ou, ainda, um representante (*representans*) da fonte endossomática; são concebidas como um conceito-limite entre o soma e o psíquico (Freud, 1905d, p. 167).

Ao definir o que são os instintos, Winnicott escreve:

---

5 Cf. em Loparic (1999b) uma análise do termo *Trieb* na história da filosofia alemã e da psicanálise.

190 WINNICOTT E A REJEIÇÃO DOS CONCEITOS BÁSICOS...

> *Instinto é o termo pelo qual se denominam poderosas forças biológicas que vêm e voltam na vida do bebê ou da criança, e que exigem ação. A excitação do instinto leva a criança, assim como qualquer animal, a preparar-se para a satisfação quando o mesmo alcança seu estágio de máxima exigência. (Winnicott, 1988, p. 57)*

Para ele, os instintos não são as pulsões (*Trieb*) – como poder-se-ia erroneamente supor –, considerando tratar-se apenas de um problema de tradução do termo alemão *Trieb*. Segundo Winnicott, os instintos não são *ideias abstratas* ou *convenções*, mas dados empíricos, excitações corporais que recebem um sentido e que exigem ação para serem satisfeitas. Não é, pois, um conceito especulativo.

Para Freud, o que importa é a representação psíquica da excitação corpórea; é essa representação e o jogo de determinações recíprocas que ocorre entre essa e outras representações que compõem a vida psíquica, dando a dinâmica explicativa que anima os fenômenos. Pode-se dizer, então, que para a psicanálise freudiana o corpo é praticamente expulso, ficando apenas a representação desse corpo, ou, ainda, o afeto que é um representante da excitação corporal correspondente. Segundo Freud, o corpo é um problema da medicina ou da biologia, cabendo à psicanálise não o corpo, mas as suas representações e seus afetos.

Em Winnicott, estamos noutra perspectiva: as vivências e excitações corporais são *elaboradas imaginativamente*,[6] ou seja, as experiências corporais recebem um sentido, e esse sentido não é o representante das excitações nem a reapresentação do corpo, mas a *qualidade* que caracterizará a própria vivência ou excita-

---

6 Uma análise mais detalhada do conceito de elaboração imaginativa na obra de Winnicott pode ser encontrada em Loparic (2000a).

ção. Não se trata, para Winnicott, de um jogo de forças entre as representações ou afetos, mas de uma existência psicossomática que é vivida e significada nas relações inter-humanas, seja do ponto de vista do si-mesmo, seja do ponto de vista das relações do indivíduo com o ambiente.

Na orientação metodológica de Freud, há uma passagem necessária entre a descrição dos fatos clínicos e a elaboração teórica que os concebe (Freud, 1916x, p. 67). A adesão ao ponto de vista dinâmico é uma escolha epistemológica e metodológica para Freud, na qual devem ser supostas forças em conflito (apenas duas, equivalentes em dignidade às forças de atração e repulsão) estando na base das concepções sobre as causas dos fenômenos e de seus movimentos. Daí a necessidade de Freud de agrupar os diversos tipos de pulsões[7] como pertencentes a um ou outro conjunto mais geral, supondo, assim, um único par de forças que englobaria todas as outras – as pulsões de autoconservação ou sexuais – e, mais tarde, aprofundando essa mesma perspectiva, as pulsões de vida e de morte.

Para Winnicott, é irrelevante se estamos diante de um par de instintos ou lidando com um número maior deles (Winnicott, 1988, p. 57). O ponto de vista dinâmico (ou a dinâmica), para ele, não é o conflito de forças, mas as relações inter-humanas numa história, em termos de seus sentimentos, fantasias, desejos e conflitos – tanto os conscientes como os inconscientes –, ou no que se refere à administração dos instintos.

Quando Freud supôs as pulsões de autoconservação (*Selbsterhaltungstriebe*) e as sexuais (*Sexualtriebe*) como forças análogas

---

7 No início do processo de desenvolvimento da sexualidade, estas são caracterizadas por ele como *parciais*.

192 WINNICOTT E A REJEIÇÃO DOS CONCEITOS BÁSICOS...

às que se supunha na vida animal, ele também demarcou[8] a diferença entre a noção de *Instinkt* – que caracterizaria os animais[9] – e a de *Trieb* – que caracteriza o ser humano[10] –, considerando que as pulsões não têm a mesma fixidez na determinação dos comportamentos e objetos que os instintos. Segundo Winnicott, não é aí que ocorre a distinção entre os homens e os animais, pois, para ele, não há, num momento inicial, uma diferenciação entre eles (Winnicott, 1988, p. 57). Para Winnicott, o *animal humano* tem pressões biológicas como os outros animais, mas ele dá a elas um significado propriamente humano.[11]

Dentre esses sentidos especificamente humanos, Winnicott explicita, em sua teoria do amadurecimento pessoal,[12] que o homem tem um modo existencial constituído numa relação de dependência absoluta, característica do início da vida, que progride (na saúde) em direção a uma relação de dependência relativa para, depois, uma independência relativa, retornando a um segundo estado de dependência relativa (na velhice), o que dá um

---

8   Como foi explicitado na literatura secundária. Ver, por exemplo, a nota de Strachey na introdução ao "As pulsões e suas vicissitudes", nas obras completas de Freud em inglês (Freud, 1915c), e os comentários de Laplanche em *Vida e morte em psicanálise* (Laplanche, 1970).

9   Produzindo comportamentos mais rigidamente determinados, bem como objetos fixos para que esses instintos pudessem ser satisfeitos.

10 A qual, diferentemente dos instintos, não teria a mesma rigidez em suas determinações, nem na determinação dos seus comportamentos nem na dos objetos passíveis de uso para sua satisfação.

11 Para uma compreensão do que Winnicott chama de *animal humano* e do conceito de *elaboração imaginativa*, que é a maneira como o ser humano dá sentido às suas vivências corporais, ver Loparic (2000a).

12 Winnicott apresenta uma teoria do amadurecimento pessoal que redescreve e engloba a teoria da sexualidade freudiana. Cf. em Dias (2003) e em Loparic (2001c) uma análise da teoria de Winnicott; os autores optam por caracterizá-la como uma teoria do amadurecimento, ainda que Winnicott a tenha caracterizado de diversas maneiras (cf. em Fulgencio, 2017).

sentido temporal e relacional à existência, não encontrável, dessa maneira, noutros animais.

Um outro aspecto que diferencia o ser humano dos outros animais pode ser reconhecido a partir de uma das características do que Winnicott denominou fenômenos transicionais. No artigo "O lugar em que vivemos", ele coloca a questão:

> *O que estamos fazendo enquanto ouvimos uma sinfonia de Beethoven, ao visitar uma galeria de pintura, lendo Troilo e Cressida na cama, ou jogando tênis? Que está fazendo uma criança quando fica sentada no chão e brinca sob a guarda da mãe? Que está fazendo um grupo de adolescentes, quando participa de uma reunião de música popular? (Winnicott, 1971q, p. 147)*

Ele ressalta, então, que há, ainda, uma outra pergunta mais fundamental a ser feita, que diz respeito, a saber, a: "Onde estamos nesse momento (se é que estamos em algum lugar)?" (Winnicott, 1971q, p. 147) Para ele, a distinção entre interno e externo, bem como a noção de sublimação, não são suficientes para abordar esse problema. Diz Winnicott:

> *Já utilizamos os conceitos de interno e externo e desejamos um terceiro conceito. Onde estamos, quando fazemos o que, na verdade, fazemos grande parte de nosso tempo, a saber, divertindo-nos? O conceito de sublimação abrange realmente todo o padrão? Podemos auferir algum proveito do exame desse tempo que se refere à possível existência de um lugar para viver, e que não pode ser apropriadamente descrito quer*

194 WINNICOTT E A REJEIÇÃO DOS CONCEITOS BÁSICOS...

> *pelo termo "interno" quer pelo "externo"? (Winnicott, 1971g, p. 147)*

Para ele, não estamos nem no mundo externo, nem no interno, mas num outro mundo diferente desses, um mundo que é, ao mesmo tempo, criado por nós e encontrado no exterior. E, no que se refere aos animais, ainda que nestes possa existir algo desse tipo, não encontramos a mesma possibilidade de criar-encontrar um "lugar para viver" como ocorre com o homem.[13]

A substituição do conceito de pulsão (Trieb)

O abandono do conceito de pulsão (*Trieb*) e a redescrição do conceito de instinto também corresponde à substituição desses conceitos por outros, não só outros em termos de conteúdo, mas também de outra natureza epistemológica. Loparic, ao explicitar a redescrição da teoria da sexualidade feita por Winnicott, comenta essa modificação:

> *O lugar do conceito especulativo de pulsão é ocupado por, pelo menos, três conceitos radicalmente distintos entre si, todos referentes à experiência possível de um bebê humano: 1) o de necessidade (need) do indivíduo humano de ter um ambiente favorável no qual possa continuar crescendo, tornar-se alguém (um si-mesmo)*

---

13 Um possível aprofundamento dessa perspectiva do homem como criador do mundo no qual vive poderia ser desenvolvida apoiada numa análise de Heidegger sobre o que é o mundo para o homem, na qual diferencia o que ocorre com uma pedra, um animal e um homem, afirmando que a pedra é sem mundo, o animal é pobre de mundo e o homem é um formador de mundo. Cf. Heidegger (1983, pp. 205-208).

> *e entrar em contato com objetos e relacionar-se com eles de diversas maneiras, 2) o de instinto (instinct) ou de impulso (drive) biológico, de onde se originam as pressões em direção de objetos externos, e 3) o de desejo (wish), que investe ou cria objetos, apoiado em sonhos ou fantasias mais ou menos sofisticadas.[14] (Loparic, 2006, p. 110)*

Não cabe aqui desenvolver uma análise sobre cada um desses conceitos que, juntos, substituem o conceito de pulsão, mas tão somente indicá-los, explicitando um quadro para que sejam, no futuro, analisados.

O abandono da noção de aparelho psíquico

Quando Freud quis caracterizar qual foi a grande contribuição que a psicanálise deu à ciência, ele afirmou ser justamente a proposta de tomar o psiquismo *como se* fosse um aparelho (um telescópio, microscópio ou qualquer coisa desse tipo) (Freud, 1940a; 1940b; 1933a, p. 159).

Justamente essa operação – que toma o ser humano como um *objeto* e o psíquico como um *aparelho* – foi recusada por Winnicott. Quando ele se refere à psicanálise como uma psicologia dinâmica – "[A psicanálise se ocupa de] uma questão de sentimentos, de pessoas vivas, de emoções e instintos, e ela também lida com o inconsciente e com os conflitos inconscientes que causam os

---

14 Esses três tipos de "tendências" são enumerados em Winnicott (1989a, p. 256). Como sugeri num trabalho anterior (cf. Loparic, 2001a), as necessidades e instintos podem ser englobados sob o título de *urgências* e a vida humana pode ser caracterizada pela urgencialidade em vez de pela pulsionalidade.

sintomas por não estarem disponíveis para a consciência" (Winnicott, 1996q, p. 38) –, ele não toma o ser humano como qualquer objeto da natureza, ao contrário, ele o considera justamente em sua especificidade humana, marcado por relações que não são de tipo análogo às que ocorrem entre os aparelhos ou objetos.

Winnicott procurou desenvolver a psicanálise como uma ciência que pudesse fazer um estudo objetivo da natureza humana. Note-se, por exemplo, quando ele afirma:

> *Talvez vocês estejam começando a perceber que existe certo sentido em transformar o estudo da natureza humana numa ciência, num processo caracterizado pela observação de fatos, pela criação de teoria e testagem desta teoria, e pela modificação da teoria de acordo com a descoberta de novos fatos. (Winnicott, 1945h, pp. 32-33)*

Ele não está se referindo a um aparelho ou a um objeto, mas à própria natureza humana. Poder-se-ia perguntar: mas o que é essa natureza humana? Segundo ele, é um tipo de acontecimento que se realiza numa história pessoal: "O ser humano é uma amostra temporal da natureza humana" (Winnicott, 1988, p. 29). Para Winnicott, a natureza humana não será jamais tomada como uma abstração, um conceito filosófico ou uma metáfora, ao contrário, ele tem sempre em seu horizonte pessoas e suas experiências na existência.

Ao referir-se ao indivíduo, às pessoas vivas, às emoções, aos instintos, às fantasias etc., Winnicott nunca trata o homem em termos do funcionamento de um aparelho. Ao que tudo indica, em nenhum momento ele ficou seduzido pela ideia de conceber a natureza humana em termos de um aparelho (Freud) ou como estruturas formais, simbólicas ou matemáticas (Lacan); pelo contrário, ele mantinha-se numa linguagem ou teorização que estava tão próxima quanto possível da descrição das relações inter-humanas propriamente ditas, o que lhe parecia mais natural ao falar do ser humano.

Ao abandonar a noção de aparelho psíquico, também foi abandonada a ideia das instâncias ou sistemas psíquicos que comporiam esse aparelho. No entanto, Winnicott mantém termos como *id*, *ego*, *superego* etc., mas o faz com o objetivo de manter uma possibilidade de comunicação com seus colegas psicanalistas, ainda que os use num sentido diferente do que Freud estabelecera.

Convém, aqui, para salientar a magnitude das transformações propostas por Winnicott, lembrar da afirmação de Freud em seu último texto, quando tinha já 82 anos e estava lúcido sobre os quase cinquenta anos de desenvolvimento da ciência psicanalítica: "A psicanálise supõe um postulado fundamental [o de que o psiquismo pode ser figurado, heuristicamente, em termos de um aparelho psíquico]: que cabe à filosofia discutir, mas cujos resultados justificam o valor" (Freud, 1940a, p. 144, tradução nossa). É forçoso, assim, considerar que Winnicott não está apenas acrescentando certas contribuições (como os conceitos de objeto transicional e de falso e verdadeiro si-mesmo etc.) ao edifício teórico da psicanálise, mas propondo modificações que alteram esse edifício em seus fundamentos.

Ao substituir o conceito freudiano de aparelho psíquico pelo de integração ou identidade pessoal, nota-se que Winnicott realizou uma mudança no estatuto ontológico do objeto de estudo da psicanálise. Essa constatação reitera a interpretação segundo a qual a obra de Winnicott fez modificações profundas na psicanálise, alterando não só seu modelo ontológico de homem como também a apreensão dos seus problemas (o que sempre vem acompanhado de uma proposta para suas soluções) e estabelecendo, assim, um quadro mais amplo e redescrito das propostas teóricas e práticas de Freud e Klein (e de Lacan e Bion, poder-se-ia acrescentar), um novo quadro semântico a partir do qual os problemas são formulados e as soluções desenvolvidas, sem que isto signifique sair do campo psicanalítico. É justamente nesse quadro que tem sido defendida a ideia de que a obra de Winnicott foi influenciada pelo existencialismo moderno (cf. Fulgencio, 2016).

O abandono do conceito de libido como uma energia psíquica

O uso do conceito de libido como sinônimo de um tipo de energia que é passível de ser escoada, descarregada e armazenada não foi tão explicitamente recusado como foram os conceitos de pulsão (*Trieb*) e de aparelho psíquico, ainda que Winnicott critique claramente a utilização do ponto de vista econômico como um tipo de simplificação feita por Freud (Winnicott, 1958b, p. 20).

Winnicott usa o termo libido não no sentido forte, que caracteriza o ponto de vista econômico da metapsicologia freudiana, mas como sinônimo de relação afetiva ou amorosa ou, ainda, para referir-se à sexualidade, dando ao termo um sentido mais vago, para apontar ou referir-se a certos aspectos observáveis das relações humanas. Se para Freud notamos uma passagem que vai da descrição dos fatos para uma apresentação metapsicológica em termos dinâmicos e depois econômicos (Freud, 1916x, p. 378), em Winnicott teríamos exatamente o movimento inverso, que vai do abandono do ponto de vista dinâmico, tópico e econômico para a tentativa de descrever os fatos.

Ao apresentar, por exemplo, a sua maneira de conceber a posição depressiva – momento específico do desenvolvimento no qual a criança se vê como responsável pelos seus atos e pensamentos na relação com o outro (Winnicott, 1988, Parte II, cap. 1 e 2) –, Winnicott confirma sua preocupação em apresentar uma construção teórica que seja uma descrição dos fatos, dizendo: "A aceitação da posição depressiva (tenha ela este ou outro nome) no construto teórico implica novas e importantes maneiras de encaminhar *a descrição da natureza humana*" (Winnicott, 1988, p. 95). Ao fazer essa descrição, ele não se refere a uma energia que investe os objetos ou o eu. Não se trata de investimentos energéticos e deslocamentos de *quanta* de afeto, mas dos estados tranquilos e excitados da criança em desenvolvimento em sua relação com a mãe (aqui, sinônimo de "outro", que não ela mesma ou parte dela, com o qual a criança se relaciona). Winnicott diz que essa fase do desenvolvimento "envolve o bebê em sentimentos de culpa, levando-o a preocupar-se com os relacionamentos, em razão de seus componentes instintivos ou excitados" (Winnicott, 1988, p. 89). O importante, para ele, não é a capacidade de suportar a excitação ou descarregá-la, como uma máquina pode suportar ou não um determinado regime de funcionamento, mas, sim, os valores dados aos sentimentos e fantasias envolvidos nas relações da criança com o mundo, que nessa fase já está madura para se ver como uma unidade ao relacionar-se com as pessoas e seu ambiente (Winnicott, 1988, p. 89).

A substituição da teorização metapsicológica pela factual

Parece, pois, justificável conceitual e textualmente afirmar que Winnicott abandonou os conceitos de pulsão (*Trieb*), aparelho psíquico e libido, que estão respectivamente na base dos três pontos de vista que caracterizam a metapsicologia freudiana, propondo um tipo de teoria que tem uma ontologia e um conjunto de conceitos de natureza epistemológica diferentes daqueles utilizados pela psicanálise freudiana ou tradicional. Não se trata, para Winnicott, de substituir a metapsicologia, a bruxa freudiana, por uma outra, mas de propor uma teoria psicanalítica sem esse tipo de especulação ou de feitiçaria.

O abandono da metapsicologia, para Winnicott, não significa recusar tudo o que Freud e outros analistas pós-freudianos fizeram, em benefício de suas próprias teorias. Uma série de descobertas feitas por Freud (a sexualidade infantil, o complexo de Édipo, o inconsciente recalcado, a transferência, a resistência etc.) e Klein (a posição depressiva, o uso do jogo e da brincadeira na técnica de tratamento de crianças etc.), entre outras contribuições que caracterizam o desenvolvimento da psicanálise, estão presentes na teoria psicanalítica winnicottiana, ainda que tenham sido redescritas ou redefinidas por ele no interior de sua teoria do amadurecimento pessoal, configurando, assim, a fé de Winnicott no próprio progresso da psicanálise como uma ciência.

6. Winnicott fundamenta os conceitos básicos da metapsicologia freudiana?[1]

Martine Girard

Tradução: Margarita Lamelo[2]

Em artigo publicado em 2007, Leopoldo Fulgencio procurou demonstrar que Winnicott "rejeitou" ou "abandonou" os conceitos fundamentais da metapsicologia freudiana para substituí-los por conceitos não especulativos.

> *Isto não levou a uma rejeição generalizada das descobertas clínicas de Freud, mas somente a uma redefinição conceitual dos termos metapsicológicos, tais como id, ego e superego – constitutivos da segunda tópica freudiana – a partir da qual estes foram providos de referentes factuais adequados. (Fulgencio, 2007, p. 459, tradução nossa)*

---

1 Uma versão deste texto foi publicada originalmente em Girard, M. (2010). Winnicott's foundation for the basic concepts of Freud's metapsychology? *The International Journal of Psychoanalysis, 91*(2), 305-324. A tradução foi feita a partir da versão francesa, publicada em Girard (2017[2010]).

2 É professora da Aliança Francesa e tradutora.

202 WINNICOTT FUNDAMENTA OS CONCEITOS BÁSICOS...

Ele reexaminou a natureza dos conceitos da metapsicologia freudiana – superestrutura especulativa da psicanálise, construções auxiliares, ficções heurísticas – para defender que Winnicott faz uma "rejeição veemente" dos conceitos especulativos da metapsicologia freudiana numa "preocupação constante de dotar suas teorias de conteúdos factuais" (Fulgencio, 2007, p. 447, tradução nossa). Ele demonstra de forma extensa e sequencial a posição crítica de Winnicott em relação aos conceitos de pulsão de vida (*Lebenstrieb*), pulsão de morte (*Todestrieb*) e de pulsão (*Trieb*)[3] em geral, o uso específico do conceito de necessidade e a sua rejeição da noção de aparelho psíquico e de libido como energia psíquica. Concluindo, ele considerou que Winnicott teria rejeitado os conceitos especulativos da metapsicologia, não para substituí-los por outros conceitos similares especulativos, mas para "propor uma teoria psicanalítica não susceptível de recair nesse tipo de especulação ou de bruxaria", uma teorização tão próxima quanto possível da experiência ou "uma teorização factual" (Fulgencio, 2007, p. 458, tradução nossa).

Estou de acordo com muitos dos argumentos propostos por Fulgencio, mas discordo de sua interpretação. Minha intenção é essencialmente, em primeiro lugar, demonstrar que Winnicott propôs, de fato, uma teorização factual que não substitui, mas fundamenta a metapsicologia: os conceitos especulativos repousam em fatos e de forma mais precisa na dupla dependência dos primeiros tempos da vida do bebê que está sendo cuidado (*infant in care*). Ao diferenciar as necessidades do id das do ego, as relações do id das do ego e a mãe-objeto da mãe-ambiente, Winnicott procurou teorizar aquilo que Freud dava como adquirido, a saber: a função

---

3 Em francês, *Trieb* foi traduzido por *pulsion* e tem sido assim utilizado. Em inglês, *Trieb* foi traduzido por *instinct* e, mais tarde, substituído por *drive*. Winnicott usa, em diversos momentos, os termos *instinct, drive* e *instinctual drives* [N.O.].

da sustentação ambiental como estrutura para as experiências pulsionais e a função da apresentação do objeto como condição fundamental para a prova da realidade. Em segundo lugar, gostaria de demonstrar que o próprio Winnicott, ao introduzir os conceitos de elementos puros femininos e masculinos, recorreu a uma teorização altamente especulativa para distinguir dois princípios de base: o fazer (*doing*) e o ser (*being*). Se o *fazer* compreende as pulsões e seus destinos, o ser constitui a estrutura do trabalho da pulsão, o palco da experiência ontológica, paralelo ao trabalho da pulsão. Em último lugar, estou totalmente de acordo com Fulgencio em relação à rejeição explícita da pulsão de morte por Winnicott, mas essa rejeição está inserida na continuidade de sua teorização da dupla dependência. Assim, parece-me que Winnicott tentou enfatizar e teorizar as próprias condições da metapsicologia e da tópica intrapsíquica; a meu ver, seu ponto de vista não abandona os conceitos metapsicológicos, mas talvez tenda a lhes dar toda a sua força, circunscrevendo o campo de sua utilização.

A dupla dependência do bebê sob cuidados (infant in care)

Em 1960, Winnicott propôs uma perspectiva de trabalho fundamental em seu artigo "Teoria do relacionamento paterno-infantil". Ele se refere a ela comentando uma nota famosa de Freud, no texto "Formulações sobre os dois princípios do acontecer psíquico" (1911b). Nessa nota, Freud diz:

> *Pode-se discordar com toda razão que uma organização que é escrava do princípio do prazer e que negligencia a realidade do mundo externo não poderia subsistir por mais curto que fosse esse lapso de tempo, de tal for-*

204 WINNICOTT FUNDAMENTA OS CONCEITOS BÁSICOS...

> *ma que não seria possível se formar. Contudo, o recurso a uma* ficção *dessa ordem se justifica se considerarmos que o bebê* – por menos que sejam levados em conta os cuidados que ele recebe da sua mãe – *de fato realiza praticamente um sistema mental desse tipo. (Freud, 1911b, p. 219, n. 4, grifos nossos, tradução nossa)*

Winnicott, por sua vez, comenta:

> *No texto ele [Freud] traça o desenvolvimento do princípio do prazer ao princípio da realidade, seguindo seu curso habitual de reconstruir a infância a partir dos pacientes adultos... Aqui Freud paga inteiro tributo à função do cuidado materno, e pode-se presumir que ele deixou de lado esse assunto porque não estava preparado para discutir suas implicações. (Winnicott, 1960c, p. 40)*

Winnicott faz uma longa citação, o que é raro em sua obra. Ele retomará esse ponto em vários momentos. A expressão "*por menos que sejam levados em conta os cuidados que ele recebe da sua mãe*" tem para ele uma importância capital, pois se trata, justamente, em sua própria concepção sobre o estudo da primeira infância (*infancy*), de diferenciar esses *cuidados* dos mecanismos mentais primitivos (*primitive mental mechanisms*)[4] com base em sua con-

---

4 Essa diferenciação, que é o próprio objeto desse texto de Winnicott, busca estabelecer tanto a sua formulação e a sua terminologia quanto a sua conceitualização. No que se refere a "primitivo", enfatizemos simplesmente, por enquanto, que a expressão "mecanismos mentais primitivos (*primitive mental mechanisms*)" faz explicitamente alusão à "psicanálise" e à "transferência psicanalítica" (Winnicott, 1960c, p. 38) e se diferencia do "desenvolvimento emocional primitivo (*primitive emotional development*)", expressão ligada ao ambiente, em geral traduzida por "desenvolvimento afetivo primário".

cepção da dependência relativa e a sustentação ambiental (*holding environment*).

Em sua conferência, ele insiste no fato de que é impossível isolar o bebê do seu próprio ambiente, até mesmo "para observação e conceitualização": "Mas se olharmos para um bebê, vemos um bebê que está sendo cuidado [*infant in care*]". Diz Winnicott:

> *Ao preparar este trabalho, descobri haver alcançado uma compreensão mais profunda da que havia tido antes da função dos pais em termos deste problema, da maneira pela qual os bebês sobrevivem à imaturidade. Vi com mais clareza do que antes que, ao introduzir o mundo à criança em pequenas doses, isto é, na adaptação dela às necessidades de ego de seu bebê, a mãe concede tempo para o desenvolvimento das ampliações dos poderes do bebê que chegam ao amadurecimento.* (Winnicott, 1962c, pp. 59-60)

Em sua resposta aos participantes da discussão, ele retoma, com insistência, o fato de que as teorias kleinianas não estão erradas, mas não é possível aplicá-las num estágio demasiadamente precoce do desenvolvimento, ou seja, anterior àquele em que o bebê se torna diferente do seu ambiente. Parece que Winnicott tem uma certa dificuldade em fazer com que seu ponto de vista sobre a *teoria* da relação paterno-infantil seja compreendida.

Proponho analisar aqui seus principais elementos, articulando-os com o conjunto de sua obra, em sua coerência global: imaturidade, dependência, bebê que está sendo cuidado (*infant in care*); adaptação às necessidades do ego (*ego needs*); e apresentação do mundo em pequenas doses (*introducing the world to the child in small doses*).

206 WINNICOTT FUNDAMENTA OS CONCEITOS BÁSICOS...

A imaturidade do bebê nos remete à *Hilflösigkeit* de Freud, mas se refere tanto à sua incompetência fisiológica quanto à fraqueza do ego, compensado pelo ambiente: "Pode-se considerar fraco o ego do lactente, mas na verdade ele é forte por causa do apoio do ego do cuidado materno. Onde falha o cuidado materno a fraqueza do ego do lactente se torna manifesta" (Winnicott, 1960c, p. 54). Ele acrescenta:

> *Os processos de integração, de separação, de conseguir viver no corpo e de relacionar-se com objetos, são, todos eles, questões de amadurecimento e realização. Inversamente, o estado de não ser separado, de não ser integrado, de não estar relacionado a funções corporais, de não se achar relacionado a objetos, este estado é muito real; temos de acreditar nestes estados que pertencem à imaturidade [immaturity]. O problema é: como o bebê sobrevive a tais condições? (Winnicott, 1962c, p. 59, grifo nosso)*

A dependência, absoluta em relação ao ambiente, vem acompanhada de seu desconhecimento: o bebê não tem consciência dessa dependência e do ambiente enquanto ambiente: "Nesse estado, o lactente não tem meios de perceber o cuidado materno" (Winnicott, 1960c, p. 45). Diz Winnicott:

> *É axiomático nestes temas do cuidado materno do aspecto holding que quando as coisas vão bem o lactente não tem meios de saber o que está sendo provido adequadamente e o que está prevenido. Por outro lado é quando as coisas não vão bem que o lactente se tor-*

na perceptivo, não de uma falha [failure][5] *do cuidado materno, mas dos resultados, quaisquer que sejam, dessa falha [failure]; quer dizer, o lactente se torna consciente de reagir a alguma irritação. Como resultado disto, no cuidado materno há a ereção no lactente de uma* continuidade de ser *[is build up in the infant a continuity of being] que é a base da força do ego; enquanto que o resultado de cada falha [failure] no cuidado materno é que a continuidade de ser é interrompida por reações às consequências desta falha, do que resulta o enfraquecimento do ego. Tais interrupções constituem aniquilamento, e são evidentemente associadas a sofrimentos de qualidade e intensidade psicótica. (Winnicott, 1960c, p. 51, grifos nossos)*

A dupla dependência (*double dependence*) (Winnicott, 1950a-a, pp. 242-243; 1955d, p. 382; 1958i, p. 105; 1958j, pp. 4-6) tem consequências fundamentais. O que é do âmbito dos cuidados (e faz parte dessa unidade *infant in care*) está fora do alcance do bebê, escapa à sua apropriação psíquica, não pode estar presente no campo de sua onipotência e não pode ser projetado (no sentido do deslocamento transferencial) nem retornar na transferência. "É possível que Freud estivesse tentando prever esses fenômenos quando usou o termo repressão primária, mas isto está aberto ao debate" (Winnicott, 1960c p. 39).

Como o bebê é imaturo fisiologicamente e o seu ego é imaturo, ele depende dos cuidados do seu ambiente. A imaturidade e a dependência são tão grandes que não permitem, do ponto de vista

---

5 *Failure*: falência seria mais conveniente, no sentido de falha da adaptação por ausência ou excesso.

208 WINNICOTT FUNDAMENTA OS CONCEITOS BÁSICOS...

de Winnicott, que se fale do bebê como algo separado do seu ambiente (*infant in care*):

> *Na verdade a palavra infante significa "sem fala" [em inglês* infant, *do latim* in-fans: *que não fala], e não é inútil pensar na infância como a fase anterior à apresentação das palavras e uso das palavras como símbolos. O corolário é que ela se refere à fase em que o infante (lactente) depende do cuidado materno, que se baseia na empatia materna mais do que na compreensão do que é ou poderia ser verbalmente expresso. (Winnicott, 1960c, p. 41)*

Winnicott formula isto de um modo lapidar: "Não existe tal coisa chamada 'bebê', significando com isso que se decidirmos descrever um bebê, encontrar-nos-emos descrevendo *um bebê e alguém*. Um bebê não pode existir sozinho, sendo essencialmente parte de uma relação" (Winnicott, 1947b, p. 99).

Não é uma simples questão nominal. Como indica o título da conferência, Winnicott procura *teorizar* a relação paterno-infantil; ele procura mostrar que existe uma etapa de dependência absoluta e de não integração que se situa antes do que descrevem os trabalhos de Freud e Klein, durante a qual os cuidados oferecidos pelo ambiente são parte integrante do bebê, como já dizia Freud: "o bebê – por menos que sejam levados em conta os cuidados que ele recebe da sua mãe". Toda tentativa de teorização desse período refere-se, por um lado, ao bebê, e, por outro, aos cuidados que o próprio bebê desconhece. Nesse momento, o bebê não pode viver esse estado de não integração (*unintegrated state*) em si mesmo, dado que a integração se dá pelos cuidados.

Winnicott nos coloca diante de um problema epistemológico de fundo que poderia justificar a sua dificuldade em se fazer entender: todos os trabalhos que se dedicaram ao nascimento da vida psíquica, desde Freud, são da ordem da *ficção* teórica. Winnicott não contesta essa natureza ficcional da teoria, mas procura associá-la a *fatos*: especialmente, ao fato da dupla dependência. Ao ligar imaturidade, dupla dependência e a unidade bebê-cuidados maternos, ele obedece ao imperativo de apresentar um olhar teórico sobre essa fase inicial, convidando-nos a não nos contentarmos com evidências de uma visão naturalista ou sentimental dessa unidade bebê-cuidados maternos. Pode-se dizer que ele não se interessa exatamente pelo nascimento da vida psíquica, mas pelas condições desse nascimento. Não chega a ser surpreendente que essas condições saiam do âmbito estrito da metapsicologia, mas eu as situaria, certamente, nos próprios fundamentos da metapsicologia freudiana.

Necessidades do ego (ego needs) e necessidades do id (id needs), relações do ego (ego-relatedness) e relações do id (id-relatedness)

Concomitantemente a isso que acabo de citar, também é necessário considerar a constante referência de Winnicott à segunda tópica (freudiana), via sua noção de imaturidade do ego. Não se deve confundir aqui o eu instância (*ego*) com o não-eu (*not-me*), não-eu que representa o objeto transicional, a primeira possessão não-eu (*first not-me possession*). Uma das dificuldades é o fato de que isto está ligado à gênese do eu (*moi*), a qual, é necessário admitir, está longe de ter sido univocamente estabelecida na evolução da obra de Freud.

210 WINNICOTT FUNDAMENTA OS CONCEITOS BÁSICOS...

Winnicott já havia ressaltado a unidade bebê-ambiente, ligando-a ao narcisismo primário e fazendo uma distinção entre as necessidades do id e as necessidades do ego (*ego needs and id needs*):

> *quanto mais próximos nos colocarmos de um início teórico haverá menos falhas pessoais, e de certo ponto em diante ocorrerão apenas falhas ambientais de adaptação. Preocupa-nos aqui, portanto, não apenas a regressão a pontos bons ou maus nas experiências instintivas [*instinct experiences]*[6] do indivíduo, mas também pontos bons ou maus na adaptação do ambiente às necessidades do ego e do id na história do indivíduo. . . . Podemos construir teorias sobre o desenvolvimento dos instintos [*instinct]* e concordar em que o ambiente seja deixado de lado, mas não é possível fazê-lo quando se trata de formular hipóteses sobre o desenvolvimento do ego inicial [*early ego development].*[7] Devemos lembrar sempre, eis a minha sugestão, que a conclusão final sobre o desenvolvimento do ego é o narcisismo primário. No narcisismo primário o ambiente sustenta [*is holding]* o indivíduo, e o indivíduo ao mesmo tempo nada sabe sobre ambiente algum – e é uno com ele. (Winnicott, 1955d, p. 380)*

---

6 *Instinct* ou *instinctual*: como lembra Gribinski, "há quarenta anos, ainda se traduzia a palavra em inglês *instinct* (escolha de James Strachey na *Standard Edition* das obras de Freud para *Trieb*) por 'instinto' e não por 'pulsão'" (Gribinski, 2000). Winnicott utiliza às vezes *instinct* ou *instinctual experiences* ou *imperative*, outras vezes *instinct* ou *instinctual drive*, e às vezes também, indiferentemente, *drive* ou *instinct*" (p. 18).

7 *Early*: *precoce* seria muito mais conveniente e introduz justamente mais clareza em relação a *primitivo*.

Sempre nos deparamos com a dupla dependência, ainda que a referência explícita ao narcisismo primário seja relativamente rara em Winnicott. Ele mesmo explicou, em outros momentos de sua obra, suas reservas relativas a esse conceito (de narcisismo primário), que justamente não considera, em sua própria denominação, a parte fundamental do ambiente contemporâneo à dependência absoluta dos primeiros tempos:

> Em outras palavras, descobri-me reexaminando a movimentação para o princípio da realidade a partir... do quê? Nunca fiquei satisfeito com o emprego da palavra "narcísico/a" em conexão a isto, porque todo o conceito do narcisismo deixa de fora as tremendas diferenças que resultam da atitude e do comportamento geral da mãe. (Winnicott, 1972c, p. 149)

Não é possível retroceder indefinidamente o curso do desenvolvimento do ego sem se interessar pelo ambiente; no entanto, é possível remontar ao id inicial sem considerar o ambiente. Ao contrário do ego, o id, mesmo no início, não pode ser qualificado como imaturo; somente o ego pode ser qualificado como imaturo, bem como somente o ego pode fazer um com o ambiente. Essa distinção fortalece *a contrario*, com toda sua força, a invenção freudiana: a indestrutibilidade do id, reservatório pulsional sempre vivaz no inconsciente desde o primeiro dia. Ele funciona, de toda maneira, às próprias custas, de modo que, bem no início, ele é exterior ao bebê:

> As forças do id [id-forces] clamam por atenção. De início elas são externas ao lactente. Normalmente o id se torna aliado a serviço do ego, e o ego controla o

id, de modo que as satisfações do id [id-satisfactions] fortalecem o ego. . . . *Na psicose infantil (ou esquizofrenia) o id permanece total ou parcialmente "externo" ao ego, as satisfações do id [id-satisfactions] permanecem físicas e têm o efeito de ameaçar a estrutura do ego, isto é, até que se organizem defesas de qualidade psicótica. (Winnicott, 1960c, p. 41)*

Assim, concebe-se melhor, desde então, as noções de relação do eu (*ego-relatedness*) e de cobertura do eu (*coverage by ego-functioning*) em sua função fundamental de quadro ou de suporte da experiência pulsional: "*Para virem a fazer sentido*, os impulsos do id [*id impulses*] devem ser experimentados [*experienced*] no contexto de uma relacionabilidade do ego [*framework of ego relatedness*]" (Winnicott, 1958c, p. 416, grifos nossos).

Quando se fala da capacidade de adaptação da mãe, é preciso compreender que existe aí pouca ligação com a sua aptidão para satisfazer as pulsões orais do bebê (*infant's oral drives*), dando-lhe, por exemplo, de mamar. O que estudamos aqui é paralelo a esse aspecto das coisas. É possível, de fato, satisfazer uma necessidade oral e, ao fazê-lo, *violar* a função do ego do bebê... Uma satisfação oral pode constituir uma sedução e um traumatismo quando é oferecida ao bebê sem sustentação do funcionamento do ego.

No estágio que está sendo discutido é necessário não pensar no bebê como uma pessoa que sente fome, e cujos impulsos instintivos [instinctual drives] podem ser satisfeitos ou frustrados, e sim como um ser imaturo que está continuamente a pique de sofrer uma ansiedade inimaginável *[unthinkable anxiety]*.[8] *Esta ansiedade inimaginável é evitada por esta função vitalmente importante da mãe neste estágio. (Winnicott, 1965n, pp. 56-57; grifos nossos)*

Essa *angústia impensável* (*unthinkable anxiety*) tem apenas algumas variantes: desintegrar-se, cair para sempre, não ter relação com o seu corpo, não ter orientação. Para Winnicott, essas variantes constituem, propriamente, a essência das angústias psicóticas. "Assim, não faz sentido usar a palavra 'id' para fenômenos que não são registrados, catalogados, vivenciados e eventualmente interpretados pelo funcionamento do ego." (Winnicott, 1965n, p. 55) Winnicott nos obriga a levar em conta a diversidade das necessidades de autoconservação para além das necessidades alimentares e a temporalizar, de maneira dinâmica, o estado de angústia original [*Hilflösigkeit*], não somente como um estado de fato, mas como uma sucessão de instantes; desde então, ele restitui no coração da imaturidade as necessidades do eu e o risco de uma angústia impensável, sempre bem perto e sempre evitada: a cada momento o bebê está à beira de uma angústia impensável – desintegrar-se, cair para sempre, não ter relação com o seu corpo –, a cada momento a imaturidade e a dependência absoluta voltam a entrar em cena, e a cada momento essas angústias são evitadas pela sustentação

---

8 *Unthinkable anxiety*: angústia inimaginável, ou melhor, impensável, não pensável, literalmente, não no sentido de "que não podemos imaginar", mas cujo sujeito não pode imaginar, pensar ou "catalogar, interpretar", porque não existe ninguém que possa pensar nela, já que o eu é demasiadamente imaturo e não pode fazê-lo. Vale notar que Winnicott retomará em "O medo do colapso" a lista dessas angústias e de suas variáveis, qualificando-as de *primitive agonies* para enfatizar que "só a palavra angústia não é forte o bastante" (Winnicott, 1974, p. 72), acrescentando que o que a clínica das psicoses nos faz ver é sempre uma defesa contra essa angústia subjacente que permanece impensável. (Winnicott, 1974, p. 72).

214 WINNICOTT FUNDAMENTA OS CONCEITOS BÁSICOS...

ambiental, numa sucessão repetitiva de experiências com as quais o bebê se recompõe. "A partir dessas experiências, a confiança na recuperação começa a transformar-se em algo que leva ao ego e à capacidade do ego suportar frustrações." (Winnicott, 1958n, p. 404) Dessa maneira, a relação do eu aparece não somente como a relação da mãe com o eu imaturo do bebê, passando primeiramente pelos cuidados físicos, mas também como o *quadro* da experiência pulsional frustrante, como a própria condição dessa experiência. Pode-se, então, compreender melhor a defasagem entre a necessidade de uma frustração progressiva das necessidades do id e a continuidade da sustentação do ego totalmente necessária para "jamais deixar que o bebê se sinta desamparado [*letting the infant down*]"[9] (Winnicott, 1958c, p. 413).

Mãe-objeto (object-mother) e *mãe-ambiente* (environment-mother)

É na continuidade lógica dessa distinção que Winnicott postula "para o bebê imaturo" a existência de duas mães: "a mãe-objeto" e "a mãe-ambiente". Ele evita inventar etiquetas que venham a ter um sentido rígido e procura dar-lhes um significado:

> *a tremenda diferença que existe para o lactente entre dois aspectos do cuidado do lactente, a mãe como objeto, ou possuidora do objeto parcial que pode satisfazer as necessidades urgentes do lactente, e a mãe como a pessoa que evita o imprevisto e que ativamente provê o cuidado de suster e do manejo global. O que o lactente faz no ápice da tensão do id [id-tension] e o*

---

9 Em francês temos: "à ne pas 'laisser tomber l'enfant'".

uso que assim faz do objeto me parece muito diferente do uso que faz da mãe como parte do ambiente total. (Winnicott, 1963b, p. 72)

Ele acrescenta:

Deste modo a ansiedade sobre os impulsos do id e as fantasias destes impulsos se tornam toleráveis para o bebê, que pode então experimentar culpa, ou pode retê-la totalmente, na expectativa de uma oportunidade para fazer a reparação dela. A esta culpa que é retida, mas não sentida como tal [held], denominamos "preocupação" [concern]. (Winnicott, 1963b, p. 78)

É a mãe-ambiente que garante a *cobertura* dos fantasmas relativos à mãe-objeto.

Creio que o ponto extremo dessa diferenciação se encontra no fundamento, paradoxal, da *capacidade de ficar só*, visto que esta é a capacidade de estar só em presença da mãe (com quem se pode contar, mas que não exige nada). Considerando a sua imaturidade, o bebê não pode efetivamente estar só, isso é um fato, mas pode usufruir da presença do outro no sentido em que o outro pensa nele e organiza um espaço confiável de segurança e acolhimento: alguém está presente, ou está lá, "sem fazer exigências [*without making demands*]" (Winnicott, 1958g, p. 36). Tanto quanto a confiança, essa ausência de exigência merece nossa atenção, colocando-a em oposição à onipotência potencial da mãe em relação à dependência absoluta do bebê e em oposição ao risco de exercício efetivo dessa onipotência exigente. Assim, é possível perceber melhor a distinção entre as relações do ego e as relações do id: "Ligado ao ego [*Ego-relatedness*] se refere à relação entre duas pessoas, uma das quais está de qualquer modo só" (Winnicott, 1958g, p. 33); a relação de duas pessoas que não se encontram na reciprocidade de uma troca pulsional. Poderíamos ver nessa dimensão as premissas daquilo que Winnicott desenvolverá como o ser (*being*), via o elemento feminino não pulsional, no sentido de que o exercício da função ambiental (que dirige ativamente o conjunto dos cuidados) provém sem dúvida de uma dimensão pulsional da parte do *caregiver*, mas também diz respeito aos aspectos dos cuidados que não estão em interação pulsional direta com o bebê.

Esse outro, que não exige nada, não é a mãe-objeto excitante, nem a mãe poderosa, que submete o bebê e invade o seu espaço interior; é a mãe-ambiente, cobertura do eu. Nessas condições, o bebê pode enfrentar as suas próprias exigências pulsionais e senti-las como reais: "o impulso do id só é significativo se contido na vivência do ego [*id-impulse is significant only if it is contained in ego living*]" (Winnicott, 1958c, p. 35); "A cena está armada para uma experiência do id [*The stage is set for an id experience*]" (Winnicott, 1958c, p. 36). Alguém está presente sem exigir nada, a experiência pulsional se dirige para o objeto, parte ou totalidade da pessoa que cuida, e é sentida como real. "No contexto da relação do ego, conexões com o id ocorrem, e fortificam, em vez de perturbar, o ego imaturo [*In a frame of ego relatedness, id-relationships occur and stregthen rather than disrupt the immature ego*]" (Winnicott, 1958c, p. 37).

Estar só, num estágio de imaturidade do ego, implica uma imaturidade que é compensada pelo apoio do ego oferecido pela mãe; depois, essa mãe-apoio-do-ego é interiorizada, edificando um ambiente interno distinto da introjeção da mãe-objeto, o bom objeto interno dos kleinianos. Assim, a capacidade de estar só, em presença da mãe-ambiente, conduz à capacidade de enfrentar a cena primitiva e de tomar para si toda a responsabilidade do seu fantasma.

Dessa maneira, a relação do ego é a relação da mãe-ambiente com o ego imaturo do bebê; e sem a *cobertura* do ego, oferecida pela mãe-ambiente, não há, para Winnicott, possibilidade de vida pulsional. São as condições da vida pulsional e o nascimento da vida psíquica que ele interroga, como inseparáveis das condições de estruturação do ego. Se Freud aborda o intrapsíquico primeiramente a partir do interior segundo uma direção que tem a sua origem na pulsão, Winnicott, por sua vez, o faz a partir do exterior, da pediatria: *Through paediatrics to psychoanalysis...* É assim que ele se interessa à articulação temporal entre *holding* e trabalho da pulsão: por meio da função ambiental e a relação do ego, o *holding* significa primeiramente carregar e sustentar o bebê, no sentido físico e no sentido psíquico, e isso sem o largar, sem o abandonar. O significado mais exato dessa confiança, em termos temporais, é o de sustentar a situação até o fim, ou seja, durante toda a experiência pulsional: "a mãe *sustenta a situação* [*holds a situation*] de modo que o bebê tenha a chance de elaborar as consequências de suas experiências instintivas [*instinctual experiences*]" (Winnicott, 1955c, p. 356). O que implica também não retirar o objeto atacado:

> *A mãe está sustentando* [is holding] *a situação e o dia prossegue em sua marcha, e o bebê toma consciência de que a mãe "tranquila" esteve envolvida com a grande onda da experiência instintiva* [instinctual experience]*, e sobreviveu. Isto se repete dia após dia, e finalmente ocorre um somatório que faz o bebê começar a reconhecer a diferença entre os assim chamados fatos e fantasias, ou entre a realidade interna e a externa. (Winnicott, 1955c, pp. 362-363, grifos nossos)*

218 WINNICOTT FUNDAMENTA OS CONCEITOS BÁSICOS...

É assim que o bebê, ao reunir as duas mães – a mãe-ambiente e a mãe-objeto –, "adquire um ambiente interno [*internal environment*]" (Winnicott, 1955c, p. 366).

A *apresentação do objeto* (object presenting) como condição da prova de realidade (reality testing)

Seguindo o texto do qual partimos, falta examinar um aspecto fundamental da teoria do relacionamento paterno-infantil: "introduzir o mundo à criança em pequenas doses [*introducing the world to the child in small doses*]" (Winnicott, 1962c, pp. 59-60). De fato, se os cuidados maternos são parte integrante dessa *ficção* de uma organização inteiramente submetida ao princípio de prazer, cabe a eles assumir o princípio de realidade e assegurar-se da existência do objeto da necessidade na realidade. O bebê não tem que se preocupar com isso; ele só se pronuncia sobre a qualidade: o julgamento de atribuição antecede o julgamento de existência, escreveu Freud em *A negação* (1925h). Para Winnicott, assim como para Freud, do ponto de vista da realidade psíquica, o mundo externo não existe *a priori*. Mas na passagem a esse estágio, aquele em que a percepção objetiva se torna possível, a transposição da distância concepção-percepção, exige, segundo Winnicott, uma contribuição mínima do ambiente, dominado por uma adaptação *quase* perfeita: a apresentação do objeto (*object presenting*) que modera a prova de realidade; pois o princípio de realidade, para Winnicott, diz respeito à ofensa (*insult*), nunca é definifivamente adquirido e continua sendo, durante toda a vida, o objeto de um combate incessante (Winnicott, 1986h, p. 25).

Desde 1947, antes de seu famoso texto sobre os fenômenos transicionais, Winnicott já propusera uma primeira versão da apresentação do objeto, como condição do encontrar-criar a realidade e como "introdução à realidade externa": "a mãe é necessária para apresentar o mundo ao bebê [*to present the world to the baby*]" (Winnicott, 1947b, p. 100). Se no momento exato em que o bebê espera algo a mãe oferece o seio e lhe permite explorar com a boca, as mãos, o olfato,

> *o bebê cria justamente o que existe para encontrar. O bebê, finalmente, forma a ilusão de que esse seio real é exatamente a coisa que foi criada pela necessidade, pela voracidade e pelos primeiros impulsos de amor primitivo. . . . Daí se desenvolve uma convicção de que o mundo pode conter o que é querido e preciso, resultando na esperança do bebê em que existe uma relação viva entre a realidade interior e a realidade exterior, entre a capacidade criadora, inata e primária, e o mundo em geral, que é compartilhado por todos. (Winnicott, 1947b, p. 101)*

Só progressivamente caberá, então, ao bebê assumir a prova de realidade e estabelecer a diferença entre o mundo subjetivo e o mundo objetivo a partir do doloroso trabalho de desilusão (*job of disillusioning*):

> *Você já notou como estou gradativamente mudando da ideia de necessidade [need] para a de desejo [desire] ou aspiração [wish]? A mudança indica um crescimento e uma aceitação da realidade externa com um enfraquecimento consequente do imperativo ins-*

tintivo *[instinctual imperative]*. *(Winnicott, 1947b, p. 102, grifos nossos)*

A desilusão da prova de realidade constitutiva do desejo só se dá num fundo de ilusão.

Reconhecer que o ambiente facilitador garante a apresentação do objeto, a apresentação do mundo, em pequenas doses suportáveis para o bebê, significa, enfim, reconhecer que a mãe-ambiente garante a apresentação da mãe-objeto e fornece a sustentação da constituição do objeto interno, que é diferente do ambiente interno. O bebê, no entanto, desconhece totalmente essa adaptação. A ilusão de encontrar-criar e a sua breve experiência de onipotência são vividas em pleno estado de dupla dependência: um paradoxo de uma experiência de onipotência dentro de um estágio de dependência absoluta. Enfim, essa breve experiência de onipotência não deve ser confundida com os derivados pulsionais da dominação e da onipotência; talvez seja justamente o contrário: para Winnicott, ser Deus e criador do mundo, durante uma breve experiência, prepara para a humildade, que não deve ser confundida com a submissão.

As condições da metapsicologia freudiana

Mesmo limitando-se ao prisma da satisfação oral, desde *Esboço de uma psicolologia científica* (1950a [1897]), Freud não desconheceu a importância do ambiente, como vimos na nota de 1911 – "O recurso a uma *ficção* dessa ordem se justifica, entretanto, se considerarmos que o bebê – *por menos que sejam levados em conta os cuidados que ele recebe da sua mãe* – realiza quase efetivamente um sistema mental desse tipo" (Freud 1911b, p. 219, n. 4, grifo nosso, tradução nossa) – comentada por Winnicott. Seja como for, Freud mantém essa ficção: reconhecendo a necessidade absoluta dos cuidados maternos, ele os trata como naturais e não se preocupa em definir as modalidades de sua integração nesse sistema psíquico. Ele se interessa pelo nascimento da vida psíquica, pela dinâmica da pulsão como representante psíquica de uma excitação somática e pela constituição de nossos objetos internos, de nossa realidade psíquica, mas vê como adquiridas as condições basais de emergência dessa realidade psíquica, ou seja, uma maternagem adequada. Assim, essa inclusão, pouco explícita, pesará no futuro da teoria e da prática como um axioma fundador. Toda a tópica intrapsíquica, desenvolvida a partir da ficção de uma unidade autoerótica primária, incluindo os cuidados maternos, vê como adquirida essa situação primitiva, como também em sua continuidade, na situação analítica como Freud a instaurou:

> Suas [de Freud] próprias experiências infantis haviam sido suficientemente boas, fazendo com que em sua autoanálise ele tomasse a maternagem [mothering] do bebê como algo evidente por si mesmo. Freud considera óbvia a situação da maternagem inicial, e minha alegação é a de que isto transparece no contexto por ele estabelecido para poder trabalhar sem saber muito bem o que estava fazendo. (Winnicott, 1955d, p. 381, grifos nossos)

Portanto, ao mesmo tempo que Winnicott insiste nessa unidade *infant in care*, ele nos obriga a descrever as coisas de maneira diferente. Seria possível dizer que uma parte essencial de suas obras desenvolve essa *pequena* condição negligenciada por Freud ("por menos que sejam levados em conta os cuidados que ele recebe da sua mãe")? Ele rompe, por assim dizer, a ficção inicial de Freud e busca conceitualizar o que é natural, ou seja, os cuidados maternos: "o que denominamos ambiente satisfatório é algo que consideramos como certo [*taken for granted*]" (Winnicott, 1958i, p. 104). Ele distingue o estudo desse fator ambiente do ponto de vista teórico e do ponto de vista do bebê, separando radicalmente a mãe-objeto (ou seja, a relação do id, o ponto de vista pulsional, o ponto de vista da realidade psíquica) e a mãe-ambiente (ou seja, a relação do ego). Dessa maneira, ele dissolve radicalmente a noção de *objeto* primário. Além disso, ele diferencia nessa função ambiental o que é da ordem das necessidades de autoconservação literal, começando pela fome, e o que é da ordem do *holding* e da integração. A partir daí, Winnicott tenta teorizar as condições da interiorização desse ambiente ou do seu fracasso, bem como a distinção da introjeção do objeto.

Se o bebê carregado [ao colo] não tem consciência de que o impedimos de cair e volta a se colocar continuamente no risco de aniquilação, a ofensa da realidade à qual ele se depara, violentamente, é a da fome e a das necessidades de autoconservação, cuja satisfação o ambiente provê. Dessa maneira, a necessidade de repetir a satisfação é separada da necessidade de alimento, como já dissera Freud: é a sustentação do sexual na autoconservação. Mas essa sustentação não vive somente da experiência de satisfação da necessidade, ela depende também de um certo número de condições ambientais, que Winnicott descreve como um triplo entrelaçamento: a cobertura do ego, o *holding* como terreno da experiência pulsional; a maneira por meio da qual o objeto de satisfação da necessidade é proposto para que não seja uma invasão, uma violação, a apresentação do objeto como condição do encontrar-criar e da ilusão da breve experiência de onipotência; e, enfim, a frustração progressiva da necessidade, sem deixar o *holding*. Para que a pulsão possa se diferenciar da necessidade de autoconservação é preciso também que ela possa se apoiar aí solidamente. Winnicott nos leva, assim, a rever as condições da sustentação e a primeira teoria das pulsões.

Considero suas propostas como uma tentativa de fundar a metapsicologia em relação à antecedência do ambiente real e à situação incontornável da imaturidade e da dependência absoluta do *infant in care*. Fraturando conceitualmente a inclusão implícita desse real na metapsicologia, ele nos lembra que o intrapsíquico, lugar privilegiado da metapsicologia visto como natural, não pode ser concebido sem a cobertura da mãe-ambiente. Para Winnicott, o único fato natural e evidente é a imaturidade fisiológica do bebê, acompanhada da imaturidade do seu ego e da dependência absoluta do bebê em relação ao ambiente. Mas essa imaturidade não é cuidada *naturalmente* pela sustentação de qualquer *instinto materno*: quando ele evoca a função natural dos pais, em particular das mães, primeiramente, ele fala da espontaneidade criativa e não de um naturalismo biológico. Teorizando as relações precoces, ele nos dá meios conceituais para desnaturalizar o que é natural – os cuidados maternos da pequena nota de Freud – e para considerar as relações de dependência para muito além da maternagem.

Assim, enunciando os pressupostos implícitos da tópica intrapsíquica e da metapsicologia freudiana, Winnicott interroga os axiomas fundadores, nos obrigando a teorizá-los e a romper com a evidência *natural* dos cuidados primários. É nesse nível que os axiomas que ele propõe me parecem ao mesmo tempo como operadores externos no campo da metapsicologia freudiana e fundadores dessa mesma metapsicologia, o que o levaria não a rejeitá-la ou a substituí-la, mas a delimitá-la. A forma extrema disso seria a hipótese de um elemento feminino puro não pulsional.

Entre o ser (being) e o fazer (doing)

Na famosa passagem da primeira edição dos *Três ensaios sobre a sexualidade*, Freud escreveu: "se soubéssemos dar aos conceitos de 'masculino e feminino' um conteúdo mais preciso, seria possível defender a alegação de que a libido é, regular e normativamente, de natureza masculina" (Freud, 1905d, p. 219, tradução nossa); ao que ele acrescenta, numa nota dez anos mais tarde: "a pulsão é sempre ativa, mesmo quando estabelece para si um alvo passivo".[10]

Winnicott parece levar Freud ao pé da letra ao dizer em 1966:

> *Cheguei a uma posição em que digo que o relacionamento objetal [object-relating], em termos deste elemento feminino puro, nada tem a ver com a pulsão (ou instinto) [drive (or instinct)]. O relacionamento objetal respaldado pela pulsão instintual pertence ao elemento masculino na personalidade incontaminada pelo elemento feminino. . . . O estudo do elemento feminino puro, "destilado" e incontaminado, leva-nos ao SER [BEING], e isto forma a única base para a autodescoberta [self-discovery] e o senso de existir (e, depois, à capacidade de desenvolver uma parte interna, ser um continente, ter uma capacidade de utilizar os mecanismos de projeção e introjeção e relacionar-se com o mundo em termos de introjeção e projeção). (Winnicott, 1971va, p. 142, grifos nossos)*

---

10 Comentário introduzido em 1915, dez anos depois da primeira edição (Freud, 1905d, p. 219).

Ele também escreve: "Minha sugestão é que, em contraste, o elemento feminino puro relaciona-se com o seio (ou com a mãe) no sentido de *o bebê tornar-se o seio (ou a mãe), no sentido de que o objeto é o sujeito*. Não consigo ver pulsão instintual [*instinct drive*] nisso" (Winnicott, 1971va, pp. 139-40, grifos nossos).

Tomar a primeira relação oral considerando-a também numa dimensão desprovida de troca e de pulsionalidade talvez fosse o primeiro paradoxo de Winnicott. Esse termo feminino puro (*female*) não é satisfatório para Winnicott, mas ele o conserva, na ausência de algo melhor, dado que a oposição ativo/passivo não lhe parece nem um pouco apropriada. Esse feminino não tem nada a ver com o fato de o indivíduo ser menino ou menina. Aliás, clinicamente, Winnicott chega aí – nessa formulação da consideração de um elemento feminino puro – a partir do material de um homem adulto. Assim, como simétrico de um masculino puro, ativo libidinal que não tem nada a ver com o fato de o indivíduo ser homem ou mulher e de se voltar para objetivos ativos ou passivos, o feminino puro não pulsional nada tem a ver com o gênero, nem com a passividade. Trata-se de uma "hipótese [*speculation*] relativa ao contraste existente entre diversos tipos de relações de objeto" (Winnicott, 1971va, p. 139) que ele nos propõe, fazendo uma "dissecção *artificial*" dos elementos masculinos e femininos (Winnicott, 1971va, p. 143, grifo nosso).

Essa proposta foi enunciada várias vezes. Em fevereiro de 1966, ele a apresentou na Sociedade Britânica de Psicanálise, em "Os elementos masculinos e femininos ex-cindidos em homens e mulheres" ("The split-off male and female elements to be found in men and women"). Entretanto, as discussões suscitadas por sua conferência[11] levam-no a tentar se explicar em 1968-1969, mas sua resposta só é publicada em 1972, após sua morte em 1971. Winnicott avalia que talvez tenha causado uma confusão propondo esses "dois princípios básicos, aqueles que chamo de elementos masculinos e femininos" (Winnicott, 1972c, p. 150). Entretanto, os termos *ativo* e *passivo* não eram de forma alguma apropriados para o que ele buscava expressar: a comparação, o contraste entre *ser* e *fazer*. Ele retoma esse ponto várias vezes e com insistência: "O bebê é o seio (ou objeto, ou mãe, etc.) [*the baby is the breast (or object, or mother, etc.)*]; o seio é o bebê [*the breast is the baby*]. . . . o bebê *experiencia* onipotência [*the baby experiences omnipotence*]", ou "O bebê é confrontado por um objeto (seio, etc.) e precisa chegar a um acordo com ele [*the baby is confronted by an object (breast, etc.) and needs to come to terms with it*]" (Winnicott, 1972c, p. 150).

Winnicott chega mesmo a concluir: "pareço ter abandonado a escada (elementos masculinos e femininos) pela qual subi até o lugar onde experienciei esta visão [*I seem to have abandoned the ladder (male and female elements) by which I climbed to the place where I experienced this vision*]" (Winnicott, 1972c, p. 150). Ele remete, portanto, claramente à hipótese da cisão dos elementos masculinos e femininos puros como um estatuto de construção teórica que lhe permitira ter acesso a dois princípios correlatos da dependência em relação ao ambiente: *being* e *doing*.

Contudo, em 1971, Winnicott publica *O brincar e a realidade*, cujo Capítulo 5 tem como título "A criatividade e suas origens".

---

11 A cautela com a qual essa hipótese – a de um elemento feminino puro, associado à noção de ser na psicanálise – foi acolhida pelos psicanalistas é atual; eu retomarei esse tema mais detalhadamente no Capítulo 8, comentando a posição de André Green sobre ele. Na França, que eu saiba, foi sobretudo Georges Amado que o abordou em sua dimensão ontológica. Em Loparic, de que tomei conhecimento graças a Fulgencio, também encontrei desenvolvimentos desse tipo.

Nele, ele retoma, apesar de suas reservas de 1968-1969, integralmente a palestra de 1966, precedendo-a de um longo desenvolvimento sobre a ideia de criatividade. Em 1971, as intenções de Winnicott parecem claras: ele quer defender a existência de uma continuidade entre esses elementos femininos puros, o ser (being), e as origens da criatividade. Nesse nível, ele se separa radicalmente da lógica pulsional da sublimação. A criatividade é inerente ao fato de viver.

> É através da apercepção criativa, mais do que qualquer outra coisa, que o indivíduo sente que a vida é digna de ser vivida. Em contraste, existe um relacionamento de submissão com a realidade externa, onde o mundo em todos seus pormenores é reconhecido apenas como algo a que ajustar-se ou a exigir adaptação. A submissão traz consigo um sentido de inutilidade e está associada à ideia de que nada importa e de que não vale a pena viver a vida. (Winnicott, 1971g, p. 95)

Ela se revela na vida comum, não somente na criação de uma obra, mas pode-se considerá-la "como um colorido de toda a atitude com relação à realidade externa" (Winnicott, 1971g, p. 95). Trata-se, portanto, do processo de percepção. A criatividade primária não é senão um modo criativo de percepção, esse olhar novo que acompanha a breve experiência de onipotência, contemporânea da ilusão de ter criado o objeto e o mundo – uma outra maneira de insistir no valor fundamental, para uma aceitação da prova de realidade que preserva o sentimento de ser real, desse paradoxo cuja condição reside na apresentação do mundo pelo ambiente, cuja importância Winnicott não deixou de ressaltar desde 1947. Além disso, ele a relaciona também à função de integração e de

228 WINNICOTT FUNDAMENTA OS CONCEITOS BÁSICOS...

reunião atribuída ao ambiente: "Meu interesse se prende, na verdade, ao estudo do ponto exato em que um bebê é esquizóide" (Winnicott, 1971g, p. 97). Ele observa que utiliza as mesmas palavras para falar dos bebês e das pessoas esquizoides ou esquizofrênicas, que "precisam de auxílio no sentido de alcançar um *status* unitário . . ., ou um estado de integração espaço-temporal em que existe um eu [*self*], que contém tudo, ao invés de elementos dissociados colocados em compartimentos, ou dispersos e abandonados" (Winnicott, 1971g, p. 98).

Finalmente, recolocada no contexto geral da obra de Winnicott, essa proposta parece uma construção teórica altamente especulativa, que não é do âmbito nem de uma rejeição dos conceitos fundamentais da metapsicologia, nem de sua edulcoração ou dissolução, mas que abre um outro campo: o do ser (*being*).

Rejeição ou fundamentos da metapsicologia?

No ponto em que estamos, devemos nos deter na noção de experiência como uma via por excelência que leva a abordar o ser. De fato, como também enfatiza Fulgencio (2007, p. 458), mesmo que ele tenha uma interpretação diferente da minha, essa noção percorre com insistência a obra de Winnicott: desde a breve *experiência de onipotência* do encontrar-criar até *a experiência da cultura*; desde a *área transicional* como "área intermediária da *experiência*, para a qual não se coloca a questão de saber se ela pertence à realidade interna ou à realidade externa (compartilhada)" (Winnicott, 1953c, p. 329, grifo nosso) até o medo do colapso (*fear of breakdown*), como em "o medo do colapso pode ser um medo de um acontecimento passado que ainda não foi experienciado [*experienced*]" (Winnicott, 1974, p. 76); passando pela "*experiência* de ficar só quando mais alguém está presente [*the experience of being alone while someone else is presente]*" (Winnicott, 1958g, p. 32, grifo nosso). Para Winnicott, junto com a capacidade de estabelecer relações interpessoais e de elaborá-las fantasmaticamente e com o mundo pessoal (interior) da realidade psíquica, há uma terceira coisa de igual importância: a experiência e a capacidade de sentir a experiência como real. O campo da experiência nos introduz em outra lógica: a do traço e da repetição, da rememoração e do esquecimento. Como prova, utilizarei o devir do objeto transicional:

> *Seu destino é o de poder ser gradualmente descatexizado, de modo que no decorrer dos anos ele se torne não tanto esquecido, mas relegado ao limbo. . . . o objeto transicional não "vai para dentro" (go inside), nem o sentimento a seu respeito sofre repressão necessariamente. Ele não é esquecido e não há um luto por ele. Ele perde o sentido, e isto porque os fenômenos transicionais tornaram-se difusos, espalharam-se sobre todo o território intermediário entre a "realidade psíquica interna" e o "mundo externo conforme é percebido por duas pessoas que estão de acordo", isto é, sobre todo o campo da cultura. (Winnicott, 1953c, p. 321)*

A dimensão que prevalece não é tanto a do devir do objeto, mas a da difusão de uma experiência à margem da dinâmica pulsional e dos dois princípios do funcionamento mental – princípio de prazer e princípio de realidade –, que permite ao indivíduo suportar a prova da realidade.

Parece-me evidente que a proposta de Winnicott relativa ao elemento feminino puro está em conformidade com a transicionalidade, primeiro termo de uma série de experiências tanto matriciais quanto paralelas à dinâmica pulsional. Assim, a sua dimensão não pulsional deve ser considerada com atenção, por especificar radicalmente a distinção dos campos envolvidos: o do ser e o do fazer. Essa diferenciação entre "um seio que *é* [*a breast that* is]" e "um seio que *faz* [*a breast that* does]" (Winnicott, 1971g, p. 116) poderia constituir o núcleo dos seus desenvolvimentos teórico-clínicos sobre os objetos subjetivos, a apresentação do objeto e a distância concepção-percepção (*conception-perception gap*), seu derradeiro testamento publicado em *O brincar e a realidade*:

> *Teoricamente, pode-se dizer, de início, que o bebê vive num mundo subjetivo ou conceitual ["por menos que sejam levados em conta os cuidados que ele recebe da sua mãe", acrescentaria Freud]. A mudança de um estado primário para um estado em que a percepção objetiva é possível não é apenas questão de um processo de crescimento inerente ou herdado; necessita, além disso, de uma mínima provisão ambiental e relaciona--se a todo o imenso tema do indivíduo a deslocar-se da dependência no sentido da independência. (Winnicott, 1971xx, "Remate", p. 203)*

A construção tópica e a temporalidade, a pulsão e o conflito, estão indissoluvelmente ligados quando se fala de metapsicologia e se quer descrever um processo psíquico em suas relações dinâmicas, tópicas e econômicas. Com a metapsicologia freudiana, estamos na lógica da pulsão e do traço, do recalque e do deslocamento, da transferência e da interpretação. É a lógica dos sonhos, dos atos falhos e dos sintomas neuróticos como atos psíquicos completos; é a lógica do intrapsíquico e da temporalidade psíquica histórica, do desejo e do sentido.

Com um feminino puro, desprovido de troca e de pulsionalidade, com a transicionalidade como uma experiência de quietude sem conflito cujo devir é se espalhar (e não se repetir), com uma criatividade não sublimatória, com um "objeto" transicional cujo destino não está voltado nem ao recalque, nem ao luto (portanto, a nenhum traço interiorizado), mas à dissolução no limbo, pode-se de fato perguntar o que resta, em Winnicott, do ponto de vista metapsicológico.

É possível, entretanto, sugerir, junto com Fulgencio, que ele rejeita a metapsicologia e propõe novos modelos não especulativos e baseados nos fatos? Ou ele se situa fora disso, numa perspectiva decididamente do lado da metapsicologia: perspectiva que não é de fato integrável, nem de fato oposta, mas paralela, à perspectiva da experiência ontológica que precede, acompanha e condiciona o sentido da lógica pulsional?

Pois o que é característico dessa experiência ontológica é tanto a sua localização tópica – nem dentro, nem fora, nessa área intermediária do objetivo/subjetivo – quanto a sua localização temporal: o *hic et nunc*, o presente. Mas o presente não é uma categoria temporal familiar para a metapsicologia, salvo ser considerado como o tempo da reatualização do traço na transferência. E se Freud também falou de experiência, essencialmente a respeito da experiência de satisfação, ela só é válida para ele no sentido de inscrever o primeiro traço mnésico de onde nasce a busca repetitiva por uma satisfação alucinatória. Essa localização temporal deveria, portanto, ser diferenciada fundamentalmente da temporalidade psíquica histórica e do que é posterior, mas anterior à repetição, ao princípio de prazer, e não além. Ela mostraria a necessidade de se sentir vivo e real, existindo, mesmo tendo que enfrentar o paradoxo de se matar para não ser aniquilado psiquicamente. Em

"O medo do colapso" e com a noção de *primitive agony,* também é o inverso dessa experiência ontológica que Winnicott vai abordar.

Portanto, ao isolar *artificialmente* um feminino puro não pulsional, não é a "essência" do feminino, da feminilidade ou do maternal que Winnicott nos faria apreender. Ele extrai dois outros princípios elementares do funcionamento psíquico, *being* e *doing,* correlatos de dois campos, o não pulsional e o pulsional.

O fazer (*doing*) envolve a metapsicologia freudiana organizada em torno da *ficção* de uma mônada, incluindo os cuidados maternos, e regida segundo dois princípios de funcionamento psíquico, os princípios de prazer e de realidade; é o campo da pulsão, de seus destinos e de suas transposições, atividade-passividade, sadismo-masoquismo, sublimação. É o campo da libido "masculina", do fantasma, de sua lógica e de sua necessidade. E é o campo da cura analítica.

O ser (*being*) seria o campo do não pulsional, o *hic et nunc* da experiência, da evidência de ser real e de não ser fútil, que acompanha a troca pulsional, assim como constitui o seu terreno e condiciona o seu sentido. Independentemente dos possíveis desvios dessa construção teórica particularmente audaciosa, ela – a noção de ser – está inserida na continuidade do processo de teorização da função materna que ele nos propõe em torno da dupla dependência, da distinção entre função ambiental/função objetal, da diferenciação entre as necessidades do id e as necessidades do ego. É essa continuidade que ele indica, claramente e de forma sucinta, em seu resumo:

> *Mas descubro que é aqui, na dependência absoluta quanto à provisão materna daquela qualidade especial pela qual a mãe atende ou fracassa em atender o funcionamento mais inicial do elemento feminino,*

que podemos buscar os fundamentos para a experi-
ência de ser.[12] *Escrevi: Assim, não há sentido em fa-*
zer uso da palavra "id" para fenômenos que não são
abrangidos, catalogados, experienciados, e, eventu-
almente, interpretados pelo funcionamento do ego.
(Winnicott, 1971va, p. 143)

Winnicott escreve, noutro momento: "Hoje, desejo dizer: 'Após ser – fazer e deixar-se fazer. Mas ser, antes de tudo' [*After being – doing and being done to. But first, being*]" (Winnicott, 1971g, p. 120).

É nessa continuidade que se encontra, a meu ver, a sua rejeição da pulsão de morte.

A rejeição da pulsão de morte por Winnicott

De fato, há um conceito freudiano que Winnicott sempre recusou, clara e objetivamente, que é o de pulsão de morte. Aqui estou inteiramente de acordo com Fulgencio (2007, pp. 447-449). Mas eu gostaria simplesmente de ressaltar que essa rejeição se insere

---

12 Eu considero a escolha desse termo, com sua conotação de satisfação pulsional, particularmente infeliz. À versão inglesa – "But I find that it is here, in the
absolute dependence on maternal provision of that special quality by which
the mother meets or fails to meet the earliest functioning of the female ele-
ment, that may seek the foundation for the experience of being" (1971va, p.
182) –, eu proporia: "Mais je trouve que c'est ici, dans cette absolue dépendan-
ce à un apport maternel de cette qualité si particulière – la mère rencontrant
ou échouant à rencontrer le fonctionnement le plus précoce de l'élément féminin – que nous pouvons chercher le fondement de l'expérience d'être" [N.O.: o
que verteríamos, para o português, como: "Mas acho que é aqui, nessa dependência absoluta de um aporte materno dessa qualidade tão específica – quer
a mãe consiga ou não encontrar o funcionamento mais precoce do elemento
feminino – que podemos encontrar o fundamento da experiência de ser"].

na estrita continuidade da sua teorização da dupla dependência. Em "A ideia da criatividade", Capítulo 5 de *O brincar e realidade*, Winnicott termina o texto com uma longa crítica à pulsão de morte, em Freud e Klein:

> *O conceito de instinto de morte poderia ser descrito como uma reafirmação do princípio do pecado original. Já tentei desenvolver o tema de que tanto Freud quanto Klein evitaram, assim procedendo, a implicação plena da dependência e, portanto, do fator ambiental. (Winnicott, 1971g, p. 102)*

Numa nota, nesse artigo, ele faz referência justamente aqui à sua "teoria do relacionamento paterno-infantil", na qual ressaltava a consideração da dependência como uma obrigação teórica:

> *Nesse estágio, a palavra "morte" não pode ser aplicada e isso torna a expressão "instinto de morte" [death instinct] inaceitável para descrever a raiz da tendência destrutiva. A morte não tem nenhum significado até o aparecimento do ódio e do conceito da pessoa humana total. (Winnicott, 1960c, p. 47)*

Como ressaltamos desde o início, em um estágio precoce de dupla dependência só existem, para Winnicott, duas possibilidades: a continuidade de existência (*continuity of being*) ou a ruptura de continuidade, com a *aniquilação*, e a principal função da sustentação ambiental é limitar as invasões às quais o bebê deve reagir, reações que podem reduzir a nada a existência pessoal. Mais adiante, nesse texto, ele reafirma novamente a obrigação *teórica* de levar em conta o ambiente nesse estágio precoce, enquanto ressalta que os psicanalistas descreveram os processos dinâmicos pulsionais e a organização das defesas *isolando* o indivíduo.

Para Winnicott, é o próprio conceito de morte que, do ponto de vista do bebê, não tem nenhuma pertinência nesse estágio. Em 1963, ele contrasta ao menos dois opostos relativos à ideia de estar vivo: "a ideia de morte, como na defesa maníaca e a simples ausência de vida", acrescentando que

> *No desenvolvimento do lactente, viver se origina e estabelece a partir de não-viver e existir*... *A morte só se* torna significativa *no processo vital do lactente quando chega o ódio, que ocorre em data posterior, distante dos fenômenos que utilizamos para construir a teoria das bases da agressão. Por isso, para mim não tem utilidade unir a palavra morte com a palavra instinto, e ainda menos se referir a ódio e raiva pelo uso das palavras instinto de morte [death instinct]. É difícil se chegar às raízes da agressão, mas não nos auxilia o uso de opostos como vida e morte, que* nada significam *no estágio de* imaturidade *que está em consideração.* (Winnicott, 1965j, pp. 173-174, grifos nossos)

Sua rejeição da pulsão de morte é da esfera, portanto, da rejeição de um conceito que negligenciaria a dupla dependência e a imaturidade do ego do bebê: a sua utilização nesse estágio, do ponto de vista do bebê, seria da esfera do *non-sens*.

Nesse estágio em que o crescimento do ego é elaborado, se a destruição faz parte do objetivo pulsional, ela resulta *simplesmente* da satisfação do id. É um estágio destrutivo, mas pré-cruel; a pulsão libidinal primitiva tem uma qualidade destrutiva, e embora ela possa satisfazer o id, não é ainda responsabilidade do ego: "A destruição torna-se uma responsabilidade do ego, quando este já está integrado e organizado a ponto de existir a raiva e, consequentemente, o temor à retaliação" (Winnicott, 1958b, p. 296).

Em contrapartida, nesse estágio, a ruptura de continuidade de existência (*interruption of continuity of being*), a aniquilação, não tem sua origem em um movimento pulsional interno, mas aparece como reação às invasões do ambiente, em relação às quais o bebê não tem consciência enquanto tais e escapam, pois, à sua apropriação psíquica.

Reencontramos ao mesmo tempo a dupla dependência específica dessa unidade *infant in care* e a defasagem entre o id e a imaturidade do ego, cuja gênese depende em parte do ambiente. Contudo, o modelo da gênese do ego, o da vesícula *viva* e de suas relações com o mundo externo, que Freud desenvolveu em 1920, no próprio texto em que introduz a pulsão de morte ("Além do princípio de prazer"), seria um convite para aprofundar a confrontação. De fato, em relação ao dualismo pulsional freudiano, é preciso contar com a especificidade de uma lógica ternária, que é própria de Winnicott. Nós a encontramos não somente entre não vida/vida/morte, mas também entre não integração/integração/desintegração ou entre não comunicação/comunicação/rejeição de comunicação. Essa lógica nos obriga a renunciar a uma certa forma de dialetização dos contrários; mas ela também nos convida a não ler os fenômenos somente a partir da perspectiva pulsional, da negatividade, do contrário – morte, separação, desintegração, negativismo –; o que talvez fosse do âmbito não de algo posterior, mas de algo anterior ao princípio de prazer. Se, para Freud, a pulsão de morte, como retorno ao estado anorgânico, confirma a tendência de toda pulsão a restaurar o estado anterior, para Winnicott, a morte não é exatamente a não-vida anterior à vida.

Para ele, sem a sustentação do ego oferecida pela mãe-ambiente, não há possibilidade de vida pulsional. Essa diferença, que ele não deixa de ressaltar, nos obriga a recontextualizar a elaboração da selvageria pulsional à luz da dupla dependência e da diferença das gerações como *fato* de existência.

Dessa maneira, para Winnicott, como ressalta inúmeras vezes Fulgencio, o modelo da metapsicologia "não é capaz de explicar ... fases mais primitivas do desenvolvimento afetivo" (Fulgencio, 2007, p. 447, tradução nossa). De certa maneira, é o anacronismo da metapsicologia em relação à imaturidade e dependência absoluta do bebê que Winnicott interroga, bem como os limites de sua utilização para a unidade *infant in care*. Mas, a meu ver, isso não quer dizer que ele a rejeite; enfatizando os processos de amadurecimento a partir da dupla dependência, ele não substitui os conceitos especulativos da metapsicologia e da tópica intrapsíquica por suas propostas factuais: estas constituem o seu fundamento, a moldura, de certa maneira, que delimita sua pertinência.

Winnicott nos propõe um outro olhar sobre o que está na origem, com a distinção entre o primitivo, ou melhor, o *precoce* (*early*), em conformidade com o ambiente, a dupla dependência, escapando da apropriação psíquica, e o *profundo* (*deep*), levando-nos às raízes da vida pulsional, accessíveis na cura e na transferência (Winnicott, 1958i, pp. 101-103), o que abre perspectivas profundas de indicações terapêuticas diferenciais relativas ao trabalho com o ambiente, o *holding* e trabalho com a pulsão. Assim, a meu ver, Winnicott interroga as condições do nascimento da vida pulsional e, em última instância, as do próprio significado da vida pulsional, inserida no núcleo da metapsicologia freudiana.

7. Discussão do lugar da metapsicologia na obra de Winnicott[1]

Leopoldo Fulgencio

Em carta a Anna Freud, Winnicott mencionou sua dificuldade com os termos metapsicológicos, ao dizer que eles podem ter "a aparência de compreensão onde tal compreensão não existe" (Winnicott, 1987b, carta a Anna Freud, 18 março de 1954, p. 51). Também é evidente que Winnicott rejeita o conceito metapsicológico de pulsão de morte, que ele considera como "talvez o único erro de Freud" (Winnicott, 1987b, carta a Roger Money-Kyrle, 27 de novembro de 1952, p. 37).

A análise dessa posição de Winnicott implica elucidar a natureza, a função, o desenvolvimento e o futuro da teorização metapsicológica no desenvolvimento da psicanálise. A questão não diz respeito apenas a Winnicott, mas envolve também uma posição epistemológica e metodológica que tem estado presente durante todo o desenvolvimento da psicanálise, desde que foi fundada por Freud até o presente. Cada psicanalista acaba tendo,

---

1 Uma versão deste texto foi publicada originalmente em Fulgencio, L. (2015). Discussion of the place of metapsychology in Winnicott's work. *The International Journal of Psychoanalysis*, 96(5), 1235-1259.

240 DISCUSSÃO DO LUGAR DA METAPSICOLOGIA...

de forma explícita ou não, algum tipo de relação com a teorização metapsicológica, *revisitando-a*, *retificando-a*, *substituindo-a*, *criticando-a*, *rejeitando-a* ou usando-a como caixa de ferramentas, de uma forma ou de outra.

Neste capítulo, quero apresentar as seguintes hipóteses: 1) a teorização metapsicológica, enquanto estrutura especulativa, corresponde a um instrumento teórico, um conjunto de hipóteses e modelos de valor meramente heurístico, proposto para ajudar os pesquisadores a encontrar a descrição e a explicação para fenômenos que dizem respeito à psicanálise, o que significa dizer, como Freud sugeriu, que os conceitos metapsicológicos são *ficções heurísticas*; 2) Winnicott rejeitou o uso desse tipo de teorização procurando substitui-la por outra que se colocava como uma descrição sucinta dos fatos e de suas relações de determinação recíproca; 3) essas distinções implicam uma orientação cuja meta é distinguir as especulações dos fatos como referentes para conceitos usados em psicanálise; 4) no que diz respeito a sistemas teóricos específicos (Freud, Klein, Lacan, Winnicott, Bion etc.) com seus instrumentos teóricos particulares (especulativos e não especulativos), não se trata de integrar nem de julgar, comparativamente ou não, as eventuais metapsicologias, mas poder se beneficiar dos progressos que fizeram, ou que possam fazer, na descrição, apreensão e determinação dos fenômenos que dizem respeito à psicanálise; 5) nesse sentido, essa compreensão contribui igualmente para assinalar a trajetória para realizar o trabalho de integração entre os diversos sistemas teóricos da psicanálise.

Na defesa dessas hipóteses, neste capítulo, pretendo concentrar-me na investigação mais profunda da discussão entre Fulgencio (2007) e Girard (2010), ao mesmo tempo que incluo o diálogo com outros autores que se dedicaram à análise da posição de

Winnicott em relação à metapsicologia, como Assoun (2000, 2006) e Green (1995, 2005a, 2010c).

Discussão da atitude de Winnicott em relação à metapsicologia

Em 2007, argumentei que Winnicott rejeitou os conceitos básicos característicos da metapsicologia freudiana – Trieb,[2] aparelho psíquico e libido –, substituindo-os por conceitos não especulativos; e, a esse respeito, conclui que Winnicott produzira uma teoria psicanalítica factual. Opondo-se a mim, Girard considera que Winnicott na verdade apresenta elementos que possibilitam "o alicerce factual para a metapsicologia de Freud" (Girard, 2010, p. 305, tradução nossa). Para sustentar esse ponto de vista, ela coloca em relevo uma série de contribuições de Winnicott – imaturidade, dependência, cuidados com o bebê, adaptação às necessidades do ego, apresentação do mundo em pequenas doses para a criança – com o objetivo de mostrar não só que ele usa conceitos com elevado nível de abstração (por exemplo, ser, elemento feminino puro), como também que ele reformula a descrição do nascimento e do desenvolvimento da vida psíquica, concluindo:

> Do meu ponto de vista, ele não necessariamente a rejeita; enfatizando o processo de amadurecimento

---

2 Estou optando por usar o termo pulsão para traduzir Trieb, mais próximo à opção francesa (pulsion), visando guardar a especificidade do termo usado por Freud. As opções usadas nos textos de psicanálise em inglês (instinct, drive, instinual drive) podem causar alguma obscuridade; no entanto, quando me refiro ao texto de Winnicott procuro me manter utilizando os termos que ele utiliza (drive, instinctual drive) dado que, de meu ponto de vista, esses conceitos têm sentido diferente do Trieb de Freud.

> *começando a partir da dupla dependência, ele não substitui suas proposições factuais por conceitos especulativos da metapsicologia e da topografia intrapsíquica: eles constituem seu alicerce, em certo sentido o limite, e circunscrevem sua relevância. (Girard, 2010, p. 322, tradução nossa)*

Considero importante, antes de tudo, estabelecer um acordo sobre o significado e o referente específico que correspondem ao termo "metapsicologia", sem o qual não estaríamos falando da mesma coisa. Assim, evitaremos usar os mesmos termos para referentes diferentes e, inversamente, termos diferentes para o mesmo referente (esta é a questão, estabelecer uma *ética da terminologia*).[3]

---

3 Como prescreveu o fundador da semiótica americana, Charles Sanders Peirce (1903, "A ética da terminologia"). Peirce está reafirmando aquilo que Kant já observara como exigência e necessidade epistemológica para a produção do conhecimento e a comunicação: "Apesar da grande riqueza das nossas línguas, muitas vezes o pensador vê-se em apuros para encontrar a expressão rigorosamente adequada ao seu conceito, sem a qual não pode fazer-se compreender bem, nem pelos outros nem por si mesmo. Forjar palavras novas é pretender legislar sobre as línguas, o que raramente é bem-sucedido e, antes de recorrermos a esse meio extremo, é aconselhável tentar encontrar esse conceito numa língua morta e erudita e, simultaneamente, a sua expressão adequada; e, se o antigo uso da tal expressão se tornou incerto, por descuido dos seus autores, é preferível consolidar o significado que lhe era próprio (embora persista a dúvida quanto ao sentido que, em rigor, se lhe atribuía) a prejudicar o nosso propósito, tornando-nos incompreensíveis. Por essa razão, se para certo conceito se encontrasse uma única palavra, a qual, num sentido já usado, correspondesse rigorosamente a esse conceito, cuja distinção de outros conceitos afins fosse de grande importância, seria prudente não abusar dela nem empregá-la como sinônimo de outras só para variar a expressão, mas conservar-lhe cuidadosamente o significado particular; de outro modo, se a expressão não ferir particularmente a atenção e se se perder no meio de outros termos de significado bem diferente, facilmente se poderá também perder o pensamento que só ela deveria ter preservado" (Kant, 1787, p. 369).

Significados atribuídos ao termo metapsicologia

Nesse sentido, baseando-me, por um lado, em Fulgencio (2005b), na obra de Freud e na de outros psicanalistas que tentaram elucidar o significado do termo metapsicologia (Assoun, 1993, 1997, 2000, 2006; Gill, 1976; Green, 1995, 2002a; Imbasciati, 2002a, 2002b, 2007b, 2010d; Klein, 1976a; Laplanche & Pontalis, 1973; Roudinesco & Plon, 1997) e, por outro, na maneira como Girard se refere à metapsicologia, proponho demonstrar a existência de dois significados diferentes dados ao termo metapsicologia.

No que se refere ao termo metapsicologia para Freud, retomarei o que já analisei em detalhe noutro lugar (Fulgencio, 2005b, 2007), acrescentando apenas alguns esclarecimentos, especialmente no que se refere ao conceito metapsicológico de *Trieb*. Freud definiu a metapsicologia, no sentido estrito do termo, como uma superestrutura especulativa da psicanálise (Freud, 1925d, p. 32), constituída a partir de três pontos de vista (dinâmico, econômico e topográfico) (Freud, 1915e, p. 181) e construída com base em conceitos que são construções teóricas metafóricas de valor apenas heurístico: as pulsões, como forças psíquicas equivalentes às da física, caracterizadas por Freud como uma ideia abstrata, um conceito necessário, mas que é uma convenção (Freud, 1915c, p. 117), uma espécie de mito (Freud, 1933a, p. 95; 1933b, p. 211); a libido, como um tipo de energia psíquica, equivalente às da física (Freud, 1914c, p. 77); e o aparelho psíquico, como postulado fundamental reservado para discussão filosófica, cujo valor heurístico se justifica por seus resultados em psicanálise (Freud, 1940a, p. 145).

Para Freud, a metapsicologia corresponde a um conjunto de instrumentos teóricos e especulativos que podem ser modificados e substituídos (Freud, 1914c, p. 77), mas, ainda assim, *necessários* (Freud, 1937c, p. 225) para a compreensão dos fenômenos de que

244 DISCUSSÃO DO LUGAR DA METAPSICOLOGIA...

trata a psicanálise. Freud ressalta que a metapsicologia é um instrumento, e não o objetivo da psicanálise:

> *Tanto quanto sei, até o momento, não se fez o experimento de usar esse método de dissecação para investigar o modo pelo qual o instrumento mental se forma, e não vejo mal algum nisso.* Em minha opinião, estamos justificados em dar livre curso às nossas especulações, desde que conservemos a frieza do nosso julgamento e não confundamos os andaimes com o edifício. (*Freud, 1900a, p. 536, grifos nossos, tradução nossa*)

Penso que, ao usar conceitos especulativos auxiliares para o desenvolvimento da pesquisa em psicanálise, Freud simplesmente aplica um dos procedimentos clássicos do modo como se realiza pesquisa nas ciências naturais; esse foi um dos frutos da sua formação com Brücke (na escola de Helmholtz, que, por sua vez, se baseava nas posições kantianas sobre o desenvolvimento de pesquisa da natureza, ao usar ficções heurísticas).

Valho-me de dois conceitos fundamentais da psicanálise, a saber, *Trieb* e *inconsciente*, para explicar em que sentido estes são especulações metapsicológicas e em que sentido são conceitos que têm referentes factuais, aos quais correspondem, respectivamente, tanto as ficções heurísticas quanto os dados fenomenológicos não especulativos. Tento mostrar, assim, que Freud considera essas construções auxiliares, de valor apenas heurístico, e, ainda assim, projeta nelas certos conteúdos empíricos com o uso de analogias com outros processos e fenômenos, bem como que ele sempre reconheceu que essas construções são uma espécie de *andaime* ou *topo* (Freud, 1914c, p. 77) de um edifício que podem ser substituídas ou descartadas. A noção *Trieb* liga-se diretamente ao ponto de vista dinâmico na obra de Freud, distinção epistemológica que caracteriza a própria psicanálise.

Em 1915, Freud diz que os instintos (*Trieb*, forças psíquicas de dignidade igual às forças físico-químicas) são uma espécie de convenção necessária e, imediatamente após (essa definição), ele explica como esses conceitos podem ser usados: "Um conceito convencional básico desse tipo que, no momento, ainda é um pouco obscuro, mas indispensável para nós em psicologia, é o de 'instinto' [*des Triebes*]. *Tentemos dar-lhe conteúdo abordando-o a partir de ângulos diferentes*" (Freud, 1915c, pp. 117-118, grifos nossos, tradução nossa). Freud começa a fazer então uma série de analogias para preencher os conteúdos intuitivos (empíricos) dessa convenção. Embora fornecesse esses conteúdos intuitivos e propusesse referentes não inteiramente adequados para o conceito de *Trieb*, Freud é cauteloso quando caracteriza as pulsões (ou "instintos") como uma espécie de mitologia na psicanálise, da mesma maneira que o ponto de vista dinâmico é uma espécie de mitologia na física. Ainda que, em toda a sua obra, Freud continue a fornecer (projetar) conteúdos empíricos para os conceitos de pulsão (*Trieb*), de libido e de aparelho psíquico (com suas instâncias), isso não contradiz a ideia de que, em sua essência, os conceitos metapsicológicos são instrumentos heurísticos sem referentes adequados na realidade fenomênica.

A análise dos sentidos que Freud dá ao termo *inconsciente*, diferenciando quando se refere a uma descoberta no mundo dos fatos ou dos fenômenos e quando se refere a uma construção especulativa auxiliar, sem referente objetivo no mundo factual, mas útil para pesquisa, pode lançar luz na distinção entre conceitos especulativos e os que são uma descrição sucinta dos fatos da experiência. Freud (1912g) diferencia três sentidos do termo inconsciente (descritivo, dinâmico e sistêmico). Para ele, apenas o último, *stricto sensu*, tem sentido metapsicológico, dado que pressupõe o sistema

246   DISCUSSÃO DO LUGAR DA METAPSICOLOGIA...

fictício de um aparelho psíquico fictício, sendo que os outros dois sentidos são mais empíricos e descritivos, estritamente falando.

Apesar de ligados a certos conteúdos intuitivos (descritivos), os conceitos metapsicológicos são construções auxiliares que nos ajudam "a descrever fenômenos e, assim, agrupá-los, classificá-los e correlacioná-los" (Freud, 1915c, p. 117, tradução nossa); eles são *instrumentos* para essa finalidade, e não a descrição em si desses fenômenos.

Além do mais, Freud fala de metapsicologia, no sentido mais fraco do termo, como teoria da vida da alma que, considerando os processos psíquicos inconscientes, propõe uma compreensão que *vai além* da compreensão da psicologia (voltada para a consciência e o comportamento), daí a justificativa do uso do prefixo *meta*. Penso, portanto, que, para Freud, a metapsicologia, no sentido mais amplo do termo, consiste tanto em conceitos especulativos quanto não especulativos (como complexo de Édipo, transferência, resistência, sexualidade infantil, e assim por diante).

Embora *toda teoria seja um instrumento e todo conceito seja abstrato*, isso não equivale a dizer que *toda teoria* ou *todo conceito é especulativo*. Há conceitos que têm uma referência adequada na realidade de fenômenos (como os conceitos de cachorro, transferência e complexo de Édipo) e outros que não têm referência possível no mundo fenomênico (como os conceitos de centauro, Deus e outros conceitos metafísicos). Alguns conceitos especulativos podem ser úteis para descobrir as relações entre fenômenos e entre os seres humanos (como a hélice helicoidal do DNA, a consideração de que existe apenas uma única Natureza ao se estudar as leis de determinação recíproca entre fenômenos, os conceitos de *Trieb*, libido, aparelho psíquico etc.).

A posição tomada por Ernst Mach (1905), que caracteriza a teoria científica como simplesmente uma *descrição condensada dos fenômenos*, pode ser útil para diferenciar teorias factuais (descritivas) das teorias ficcionais/modelos (que são construções auxiliares que nos permitem fazer descrições). Estas últimas não são descrições condensadas, mas instrumentos que possibilitam chegar à descrição.[4]

Caracterização da metapsicologia pós-Freud

Para Laplanche & Pontalis, a metapsicologia é sinônimo da própria teoria psicológica desenvolvida por Freud, em que encontramos um conjunto de

> *modelos conceituais mais ou menos distantes da realidade empírica. Exemplos são a ficção de um aparelho psíquico dividido em instâncias, a teoria dos instintos, o processo hipotético de repressão, e assim por diante. Metapsicologia abarca três abordagens conhecidas, a dinâmica [com o conceito de Trieb, de acordo com Freud um tipo de mitologia], a topográfica [a ficção de aparelho psíquico] e o ponto de vista econômico [com a suposição de energia psíquica]. (Laplanche & Pontalis, 1967, p. 249)*

Para Roudinesco & Plon (1997), a metapsicologia também é uma concepção teórica geral desenvolvida por Freud para sua psicologia: "A abordagem metapsicológica consiste na elaboração de

---

4 Cf. Fulgencio (2005), em particular p. 100; Fulgencio (2007), em particular p. 445. Em 2015, publiquei *Mach & Freud: influências e paráfrases*, em que faço uma análise mais detalhada dos aspectos epistemológicos da obra de Mach comungados por Freud.

248 DISCUSSÃO DO LUGAR DA METAPSICOLOGIA...

modelos teóricos que não estão diretamente ligados à experiência prática ou à observação clínica" (Roudinesco & Plon, 1997, pp. 668-669, tradução nossa).

George Klein (1969) considera que na obra de Freud há dois tipos de teoria sobre a sexualidade: uma clínica, ligada diretamente à experiência sensual na história motivacional da pessoa (da infância à maturidade), e outra metapsicológica, descrita em termos quase fisiológicos, no quadro de referência de um modelo teórico que considera as forças e as energias em busca de descarga (Klein, 1969, p. 137). Em publicação que presta tributo a George Klein, Gill & Holzman (1976) reuniram diversos autores com o objetivo de discutir, dentro do referencial da teoria psicanalítica freudiana, a diferença das teorias *psicológica* e *metapsicológica*, propondo um conjunto de diferenciações que se tornaram referência para a discussão desse tema. Gill (1976) pensa que há dois tipos de teoria na obra de Freud: uma *psicológica* (teoria clínica), considerando que as relações interpessoais são dirigidas por intenções e têm significado; e outra *metapsicológica*, usada para referir-se à mente e sua dinâmica em termos do referencial semântico das ciências naturais, baseada em um conjunto de pressupostos biológicos e neurológicos referido a forças e energias. A questão colocada é que o referencial semântico e teórico das ciências naturais, expresso na metapsicologia, não seria aplicável às descobertas psicológicas (Gill, 1976, p. 85). Para ele, ainda que suas naturezas sejam diferentes, os dois tipos de teoria se relacionam a fenômenos psicológicos, e mesmo que se diga que não há vínculo direto entre elas, o "estado atual das coisas na teoria psicanalítica é tal que não faz sentido dizer de forma geral que se aceita ou rejeita a metapsicologia" (Gill, 1976, pp. 103-104, tradução nossa).

Green (1995, 2002a), por sua vez, sem colocar em questão a definição freudiana clássica de metapsicologia em termos dos pontos

LEOPOLDO FULGENCIO 249

de vista topográfico/econômico/dinâmico, escolhe uma acepção mais geral, concebendo-a como "tentativa de descrever e teorizar os processos psíquicos 'do outro lado da consciência'" (Green, 1995, p. 7, tradução nossa) ao mesmo tempo que considera a impossibilidade de substituir a metapsicologia freudiana de uma maneira convincente. Sua escolha, por isso mesmo, é revisitá-la e desenvolvê-la, transformando-a à luz de todo o progresso que tem sido feito nas ciências (dentro e fora da psicanálise) – progresso que nos permite tomar consciência de diversas coisas que Freud ignorava.

Paul-Laurent Assoun (2000) considera que ela – a metapsicologia – corresponde:

> *[ao] núcleo teórico da psicanálise; [ela] é até seu outro nome, sua denominação um pouco "esotérica", mas, como tal, distintiva. Como a psicanálise é um método de investigação de processos inconscientes, um recurso para tratar transtornos neuróticos e uma série de concepções psicológicas que aspiram status de "ciência", a metapsicologia constitui a superestrutura teórica desse todo. (Assoun, 2000, p. 5, grifos nossos, tradução nossa)*

Para ele, a metapsicologia tem três sentidos específicos: uma psicologia do inconsciente; um modo de apresentar fenômenos psíquicos; e um tipo de especulação (Assoun, 2000, pp. 6-11). Em seu primeiro sentido, a metapsicologia corresponde a uma teoria psicológica que trata todos os fenômenos psíquicos (conscientes e inconscientes) de forma a "extrair todas as consequências da 'hipótese do inconsciente' para uma concepção da psique" (Assoun, 2000, p. 8, tradução nossa). Em seu segundo sentido, é um modo de descrever fenômenos psíquicos no que diz respeito às relações das forças psíquicas no indivíduo: dinâmica (conflito entre pulsões), econômica (sobre a distribuição de investimento afetivo, visto como *quanta* de energia sexual ou libido) e topográfica (sobre as relações entre as instâncias ou sistemas do aparelho psíquico). E, no terceiro sentido, é uma questão de reconhecer que os conceitos são um tipo de especulação, *metapsicologia bruxa* ou *fantasia teórica*.

Quando Antonio Imbasciati (2007b, 2010d) retomou a ideia de Freud segundo a qual a metapsicologia é formulada como uma teoria que abrange as determinações inconscientes dos processos psíquicos, ele não só explicou as especulações energéticas e biológicas presentes nessa proposição como também esclareceu o sentido do "Projeto de psicologia para neurólogos" como um tipo de metapsicologia formulada em termos neurológicos, apresentada como uma metáfora. De acordo com Imbasciati, as obras de Melanie Klein, Winnicott e Bion correspondem a novas metapsicologias, e, para ele, os progressos científicos obtidos pelas neurociências e pelos desenvolvimentos em psicologia cognitiva, integrados às descobertas da psicanálise, contribuem significativamente para a elaboração de uma nova metapsicologia psicanalítica *não metafórica*.

Em minha opinião – fazendo a diferenciação que se segue e, também, investigando em maior profundidade as distinções feitas por George Klein (1969), Gill (1976) e Schafer (1975, 1982) –, há dois tipos de conceitos, de natureza diferente, no *corpus* teórico da psicanálise elaborada por Freud. No primeiro, encontramos conceitos que têm, ou podem ter, referentes adequados na realidade fenomênica, como os de sexualidade infantil, complexo de Édipo, transferência, resistência, repressão etc., constituindo uma totalidade teórica que prefiro caracterizar como a *psicologia dos fatos clínicos*, que leva em conta as determinações dos processos inconscientes desenvolvidas por Freud. No segundo, encontramos conceitos que são construções teóricas auxiliares de valor puramente heurístico, sem jamais haver a possibilidade de encontrarem referentes adequados na realidade fenomênica, como os conceitos de pulsão, libido e aparelho psíquico, que Freud caracterizou como parte da *superestrutura especulativa* [*spekulativer Überbau*] da psicanálise (Freud, 1925d, pp. 32-33), constituindo um conjunto teórico que, segundo penso, pode ser caracterizado como a *teoria metapsicológica* no senso mais *estrito* da expressão.

Assim, podemos considerar dois sentidos específicos diferentes, apesar de frequentemente misturados, do significado do termo metapsicologia: 1) um conjunto de conceitos auxiliares, de natureza especulativa, constituindo uma superestrutura teórica substituível, mas cujos referentes jamais podem ser encontrados de forma adequada na realidade fenomênica (metapsicologia, como Freud a definiu, no sentido estrito do termo, referindo-se aos conceitos de *Trieb*, libido e aparelho psíquico); 2) uma teoria geral da vida psíquica do ponto de vista da psicanálise, ou seja, que considera os processos psíquicos inconscientes, a sexualidade infantil, o complexo de Édipo etc., e que, além desses conceitos, também utiliza diversos conceitos especulativos auxiliares. Consequentemente, para evitar qualquer ambiguidade no uso do termo metapsicologia, poderíamos escolher a expressão *metapsicologia especulativa* ao nos referirmos a teorias e/ou conceitos ficcionais cujo valor é puramente heurístico e, por outro lado, falar de *teorias factuais ou descritivas* ao nos referirmos a teorias e/ou conceitos que têm um possível referente empírico na realidade fenomênica.

Para resumir meu ponto de vista, considero a metapsicologia especulativa como um instrumento de pesquisa que não deve ser julgado por sua correspondência adequada aos fatos, mas sim em termos do que nos permite ver, descrever e ligar. As ferramentas não são verdadeiras ou falsas, elas são úteis ou não para um dado propósito. Da mesma maneira, metapsicologias especulativas não são totalmente comparáveis ou integráveis, ainda que os

252 DISCUSSÃO DO LUGAR DA METAPSICOLOGIA...

fenômenos a que elas dão acesso possam sê-lo, se o campo dos fenômenos e dos problemas com os quais a psicanálise se ocupa for ampliado e enriquecido. *Stricto sensu*, os modelos especulativos diferentes não são comparáveis; contudo, o campo dos fenômenos da psicanálise pode convergir para uma possível síntese, ainda que esses fenômenos possam ser formulados de diferentes maneiras no campo semântico específico de cada modelo teórico de psicanálise.

A metapsicologia rejeitada e refundada por Winnicott

Quando Martine Girard afirma que Winnicott "fornece um alicerce factual para a metapsicologia na dupla dependência dos cuidados com o bebê" (Girard, 2010, p. 3050, tradução nossa), ela se refere à teoria metapsicológica em seu sentido de teoria geral da psicanálise sobre o nascimento e o desenvolvimento emocional do ser humano. Nesse sentido, concordo não só com a série de afirmações dela a respeito de Winnicott, como também com sua conclusão de que o que examinamos é a reformulação da teoria do desenvolvimento emocional do ponto de vista psicanalítico. Nas palavras de Girard: "Winnicott tenta teorizar o que Freud toma como garantido: a função de sustentação ambiental como quadro para experiências do id e para a função de apresentação do objeto como condição para o teste de realidade" (Girard, 2010, p. 305, tradução nossa). Além disso, ela escreve: "Winnicott nos força a levar em conta a variedade das necessidades de preservação do *self* além das necessidades alimentares" (Girard, 2010, p. 310). "Depois disso", ela acrescenta, "[após a construção do mundo interno, diferente do mundo externo] a capacidade de estar só, em presença da mãe-ambiente, leva o bebê a ter capacidade de enfrentar a cena primária e de assumir responsabilidade plena por sua fantasia" (Girard, 2010, p. 312, tradução nossa).

Por outro lado, outras afirmações de Girard necessitam esclarecimento, tanto aquelas que se referem ao fato de ela não fazer a distinção entre uma *metapsicologia como superestrutura especulativa* e uma *metapsicologia como teoria do desenvolvimento emocional levando em conta o inconsciente* quanto as vinculadas às nossas convergências e divergências a respeito da interpretação da obra de Winnicott. Nesse sentido, gostaria de destacar duas questões específicas, mais para marcar os temas que exigem análise mais detalhada do que para fazer a análise exaustiva deles. São eles: 1) o questionamento sobre a existência ou não de uma topografia na obra de Winnicott; e 2) as questões do nascimento da vida psíquica, da diferença entre a vida instintiva e a vida pulsional e do reconhecimento da diferença entre as necessidades do ego e as do id.

Com certeza, haveria uma lista mais extensa de questões a serem comentadas – como a relação de dependência e a imaturidade inicial do bebê, a noção de *ser* associada ao elemento feminino puro, as noções de objeto subjetivo e de narcisismo primário, a adaptação do ambiente materno às necessidades do ego, a apresentação do mundo em pequenas doses à criança, a rejeição da pulsão de morte etc. –, mas me limitarei às questões mencionadas anteriormente, de forma que meus comentários esclareçam o lugar da metapsicologia na obra de Winnicott. Para a análise mais decisiva dos referentes fatuais de conceitos como *id, ego, superego, narcisismo primário, ser, continuidade do ser* etc. na obra de Winnicott seria necessário empreender análises seletivas mais extensas, comparando-os com conceitos que levam o mesmo nome ou um outro semelhante proposto por Freud e Klein. Contudo, o espaço não me permitirá empreender todas as etapas de tais análises. Prosseguindo a análise conceitual desenvolvida neste capítulo,

254 DISCUSSÃO DO LUGAR DA METAPSICOLOGIA...

ao observarmos a questão da não existência de topografia (como conceito metapsicológico especulativo, em cuja base está a noção de aparelho psíquico) e a maneira pela qual Winnicott se refere à vida instintiva (diferente do mito conceitual de Freud denominado *Trieb*), bem como sua rejeição do conceito de pulsão de morte, penso que terei condições de propor argumentos e referências textuais aventando a possibilidade de considerar que os conceitos propostos por Winnicott têm referentes empíricos na realidade factual e, ao mesmo tempo, diferenciá-los, consequentemente, dos conceitos metapsicológicos especulativos que não têm referência factual possível, ainda que seja necessário fazer análises seletivas para investigar e discutir essa hipótese em maior profundidade.[5]

Haveria uma topografia em Winnicott?

Apesar de Winnicott fazer uso constante dos termos id-ego-superego, pertencentes tradicionalmente à segunda tópica de Freud, é importante se perguntar se ele está reiterando a metapsicologia freudiana usando esses termos como instâncias de um fictício aparelho psíquico. Greenberg e Mitchell (1983) já ressaltaram que, quando Winnicott usa os termos comuns da psicanálise, ele parece redescrevê-los à sua própria maneira, e os modifica a tal ponto que os torna quase irreconhecíveis. Eles escrevem:

---

5 Eu já empreendi análises desse tipo em que mostrei como Winnicott introduziu a noção de ser e, especialmente, da experiência de ser, como base ontológica do seu modelo de homem (Fulgencio, 2014a); deu referentes fatuais para a noção de id (2014b), ego (2014c) e superego (2013a); descreveu o fenômeno denominado narcisismo primário (2013b), debatendo a abordagem de René Roussillon (2010b) sobre esse tema; examinou mais atentamente a concepção do que seria o inconsciente não reprimido, partindo da trajetória indicada por Freud, sem utilizar a noção de inconsciente *como se fosse* uma instância de um suposto aparelho psíquico (Fulgencio, 2013c).

No entanto, Winnicott preserva a tradição de forma curiosa, distorcendo-a em grande medida. Sua interpretação de conceitos freudianos e kleinianos é tão idiossincrática e tão não representativa da formulação e intenção originais que às vezes os torna irreconhecíveis. (Greenberg & Mitchell, 1983, p. 189)

Quando Winnicott redescreve o sentido e o referente desses conceitos da topografia freudiana, não penso que esteja considerando-os em seu sentido especulativo; mais exatamente, ele se refere aos fenômenos específicos e à dinâmica do funcionamento emocional do ser humano. Se for assim, o id corresponderia a pressões instintivas elaboradas de maneira imaginativa (Winnicott, 1965n, p. 55; 1971f, p. 6); o ego nomearia a tendência à integração (Winnicott, 1965n, p. 55) e a unidade em si (em diversos níveis) do sujeito psicológico (Winnicott, 1956a, p. 394; 1958n, p. 405; 1965d, p. 154; 1965n, p. 56); e o superego seria um conjunto de valores e ideias pessoais que guiam, julgam e delimitam as ações, os pensamentos e os sentimentos do ser humano (Winnicott, 1989vl). Em nenhuma das referências citadas anteriormente, Winnicott considerou o id, o ego ou o superego como instâncias de um suposto aparelho físico, dado que teria rejeitado a noção de aparelho psíquico (o que já foi notado por Green, 2005a, p. 13).

Winnicott também usa, em toda sua obra, os termos *ego, self, eu, Eu Sou, Pessoa Total*, e muitas vezes acaba superpondo seus sentidos, seja a respeito da caracterização do conceito, seja a respeito do referente factual que ele designa. Para ele, a referência à vivência do sujeito psicológico diferenciada do mundo externo (*Eu Sou, Pessoa Total*) nem sempre é designada de modo unívoco, de tal forma que se exige o desenvolvimento da compreensão tanto do processo que leva à integração do sujeito psicológico, em suas diversas formas e graus, quanto da distinção terminológica envolvida na utilização desses termos. Aqui, falo da ideia de unidade do sujeito psicológico como um dos sentidos atribuído ao termo *ego* por Winnicott (mais próximo do que ele caracteriza como aquisição do indivíduo, do *status* existencial de *Eu Sou*, e não da integração que permite ao indivíduo viver e ter relações como *Pessoa Total*), ainda que, para distinguir os diferentes graus de integração dos seres humanos, bem como seu modo de se relacionar consigo e com os outros, seria necessário usar todos esses termos e seus referentes específicos.

Girard (2006, 2010) concorda com a ideia de que Winnicott reformulou o significado atribuído aos conceitos id-ego-superego, o que é levado em conta em sua consideração da radical imaturidade inicial do bebê, na distinção entre necessidades do id vistas como diferentes das necessidades do ego e na ênfase colocada sobre a importância da noção de ser, bem como na relação de dependência inicial ao ambiente. Para ela, quando Winnicott ressalta esses fatos, ele reformula a teoria de desenvolvimento emocional assinalando as condições que nos permitem referir-nos ao id, ao ego e ao superego, bem como às dinâmicas da vida psíquica. Ela escreve:

> *Assim, ao afirmar os pressupostos implícitos da topografia intrapsíquica e da metapsicologia freudiana, Winnicott examina seus axiomas fundantes e nos força a teorizá-los e a romper a obviedade "natural" do cuidado primário. Nesse nível os axiomas que ele propõe me parecem estar simultaneamente em funcionamento fora do campo da metapsicologia freudiana e também suprem alicerces para essa mesma metapsicologia, levando-o não a rejeitá-la nem a substituí-la, mas a circunscrevê-la. Sua forma extrema seria a hi-*

pótese de um básico "feminino" não pulsional. (Girard, 2010, p. 315, tradução nossa)

Para Girard, trata-se de um progresso na compreensão da topografia interior da vida psíquica, e, nesse sentido, o ponto de vista topográfico da metapsicologia recebeu apenas um conteúdo factual sujeito à apreensão fenomenológica. Penso que no sentido realçado por Girard podemos interpretar a asserção de Winnicott – a respeito da expressão "Eu estou sozinho", fazendo a distinção entre o indivíduo que se integrou como unidade, por um lado, e o mundo externo, por outro – que a distinção entre o ego e o mundo externo corresponde a uma distinção *topográfica* (Winnicott, 1958g, pp. 34-35), contrapondo assim a personalidade e o mundo externo como dados factuais (e não como instâncias de um aparelho psíquico ficcional).

Nesse sentido, poderíamos ainda nos perguntar em que medida a concepção de *objeto subjetivo*,[6] *objetos* e *fenômenos transicionais*, a elaboração do conceito de *espaço potencial*, bem como a ideia de Winnicott de *vida cultural* essencialmente como *o lugar*

---

6 A noção de objeto subjetivo corresponde a uma das grandes novidades propostas por Winnicott. Não se trata de um objeto alucinado, nem imaginado, mas criado num mundo em que não existe propriamente o bebê e os objetos que são não bebês, mas num mundo em que os objetos são também o bebê (por tratar-se de tema ainda pouco explorado, faço uma indicação mais extensa de algumas referências importantes de Winnicott a esse tema (1965j, pp. 168-172; 1965n, p. 56; 1971b, p. 12; 1971l, p. 177; 1971va, p. 140; 1988, pp. 121-135 e pp. 147-151). Poder-se-ia fazer uma crítica aos que consideram Winnicott um teórico das relações de objeto – especialmente Greenberg e Mitchell (1983) –, dado que o objeto subjetivo não seria *mais um objeto* (não há, no caso dos objetos subjetivos, um sujeito que se relaciona com um objeto, como dois aspectos ou elementos distintos da realidade: A se relacionando com B). Assim, Winnicott não seria propriamente um teórico das relações com os objetos, no sentido que foi dado a essa expressão na história clássica da psicanálise, mas sim um teórico das relações com o ambiente.

em que vivemos, não corresponde ao aprofundamento do ponto de vista topográfico.

Em minha opinião, ao usar termos como *id, ego, superego, Eu Sou, Pessoa Total, objeto subjetivo, objeto transicional, objetos externos*, Winnicott tenta caracterizar as estruturas e organizações psíquicas dos indivíduos, o que, num sentido mais amplo, poderia nos levar a pensar em uma nova topografia. No entanto, não penso que qualquer desses termos corresponda a uma ficção teórica ou a uma analogia, como a da representação figurativa analógica do aparelho para pensar a mente, mas a descrições de *modos de estar no mundo* de um ser humano que não existe como mônada, mas é composto de diversos interesses em sua constituição psicoafetiva.

Todas essas referências a sentidos específicos dos termos usados por Winnicott parecem mostrar a dificuldade de nos referirmos a uma topografia em sua obra, ao menos no sentido da topografia freudiana, em que as instâncias (id-ego-superego) são mais facilmente caracterizáveis, tanto no sentido metapsicológico quanto a respeito do que se poderia considerar como referentes empíricos desses termos.

Meu ponto de discórdia com Girard, a respeito do postulado de uma topografia possível proposta por Winnicott, liga-se à ideia de que os termos usados por Winnicott não correspondem a ficções heurísticas melhores, capazes de substituir as de Freud, e sim a termos teóricos que descrevem estruturas e modos de se relacionar do ser humano. Portanto, considero que não podemos falar de uma topografia metapsicológica na obra de Winnicott da mesma maneira que falamos de topografia na obra de Freud, mesmo que seja possível distinguir uma estrutura não unitária do funcionamento emocional do ser humano, com a dinâmica e estilos de funcionamento do indivíduo que pode ter interesses e objetivos conflitantes.

Necessidades do ego e o desenvolvimento das necessidades (instintivas) do id

Quando Girard se refere à questão do surgimento da vida psíquica e à teoria freudiana da anáclise (Girard, 2006, pp. 61-62), ela acredita que Winnicott fornece explicações mais consistentes e detalhadas para o que ocorre nas fases mais primitivas do desenvolvimento, no momento em que a vida instintiva se transforma em vida pulsional, referindo-se em particular aos primeiros *fatos* que levam em conta a extrema imaturidade do bebê, a situação da dupla dependência e a unidade mãe-bebê de cuidado materno (Girard, 2010, p. 308). Ela diferencia a vida instintiva da vida pulsional considerando o fato de que "sem a 'cobertura' do ego trazida pela mãe-ambiente, para Winnicott, não há possibilidade de vida pulsional, apenas de vida instintiva. Realmente, ele examina as condições do nascimento da vida psíquica e da vida pulsional" (Girard, 2006, p. 25, tradução nossa). Creio que a investigação mais aprofundada dessa questão exige, por um lado, que retomemos a distinção, em Winnicott, entre as noções de instinto, pressões biológicas efetivas que, elaboradas de maneira imaginativa, demandam ação (Winnicott, 1988, p. 57), e a noção de pulsão em Freud, um conceito convencional, uma ideia abstrata, um mito, para o qual o esforço pedagógico de Freud proporciona conteúdo analógico intuitivo, ao afirmar que é um conceito limite entre o somático e o psíquico (cf. Armeangou, 2009; Assoun, 1997, pp. 387-389; Fulgencio, 2005); e, por outro, que diferenciemos, como fez Girard, as necessidades do ego das necessidades do id ou instintuais, bem como o desenvolvimento dessas necessidades.

Assim, se retomarmos essas diferenças, em termos sumários, acredito que estaremos de acordo sobre a interpretação da obra de Winnicott em relação à afirmação de que necessidades do ego

260   DISCUSSÃO DO LUGAR DA METAPSICOLOGIA...

dizem respeito, primariamente (em termos ontológicos), à necessidade de ser, que, por sua vez, não pode reduzir-se às pressões da vida instintiva (Winnicott, 1971va, p. 177). Ao tomar a necessidade de ser e as necessidades do ego como sinônimos, Winnicott afirma que há um aspecto da necessidade de ser que não se liga à vida instintiva:

> Gostaria de dizer que o elemento que denomino "masculino" transita em termos do se relacionar ativo ou passivo do estar relacionado, cada um sendo apoiado por instinto. No desenvolvimento dessa ideia é que falamos de pulsão instintiva na relação do bebê com o seio e a alimentação e, subsequentemente em relação a todas as experiências que envolvam as principais zonas erógenas e as pulsões e satisfações subsidiárias. Sugiro que, por contraposição, o elemento feminino puro se relaciona com o seio (ou a mãe) no sentido de o bebê se tornar o seio (ou a mãe), no sentido de que o objeto é o sujeito. Não consigo ver pulsão nisso. (Winnicott, 1971g, p. 109)

Seria possível objetar, como fez Green (2011, p. 1159), que Winnicott postula uma situação inicial idílica em que a relação mãe-bebê não está ligada à vida instintiva. No entanto, não acho que seja exatamente isso o que Winnicott diz, dado que, para ele, o corpo e suas pressões estão presentes desde o início, desde o momento em que houver a organização de um sistema nervoso capaz de dar significado aos eventos físicos (Winnicott, 1965n, p. 55). O corpo e a psique, que também podem ser considerados, *nesse momento inicial*, como sinônimos de necessidades do id e necessidades do ego (como necessidade ontológica de ser), estão fundidos e não é possível dissociá-los (Winnicott, 1954a, p. 333), ainda que, durante todo o processo de desenvolvimento, as necessidades de ser e as necessidades do ego gradativamente se separem umas da outras (Winnicott, 1958f, p. 271). Assim, no início, seria correto afirmar que as necessidades do id (instintivas) são vividas como necessidades de ser (fome, por exemplo), ainda que a necessidade de ser não possa se reduzir à necessidade instintiva. Durante todo o processo de desenvolvimento é possível observar uma diferenciação dessa situação inicial, e as necessidades do id se diferenciam mais claramente das necessidades de ser (ou do ego) e são vividas como diferentes delas. Para esclarecer esse aspecto do pensamento de Winnicott, analisarei alguns aspectos da relação inicial mãe-bebê e como as pressões instintivas são vividas, tanto nesse momento inicial, levando em conta a extrema imaturidade do bebê, quanto quando, tendo adquirido integração como pessoa total, a criança precisa lidar com sua vida instintiva em suas relações interpessoais.

A primeira situação, que Winnicott caracteriza como uma relação de dependência absoluta – em que a mãe-ambiente se adapta às necessidades do bebê, constituindo uma unidade com ele –, corresponde à situação em que o bebê depende da mãe-ambiente sem saber o que é dependência. Em seu estado inicial de imaturidade, sem saber nada de si ou do ambiente – o bebê nem ao mesmo tem possibilidade de distinguir suas necessidades e, menos ainda, os objetos que podem satisfazê-las –, o bebê tem relações com objetos *que existem* da sua própria perspectiva e não da perspectiva do observador, levando Winnicott a denominar os objetos com os quais

262 DISCUSSÃO DO LUGAR DA METAPSICOLOGIA...

o bebê "tem relações"[7] de objetos subjetivos. A asserção de Winnicott de que SER é a condição para FAZER (Winnicott, 1971f, p. 27) diferencia a experiência de ser como a base da experiência de ter relações (ativas ou passivas) com objetos (subjetivos, transicionais ou reconhecidos como externos), o que, por sua vez, introduz a perspectiva da compreensão da vida emocional que é distinta mas complementar ao que Freud descobriu com sua descrição de relações de objeto, caracterizadas pela vida sexual infantil e, a esse respeito, pelas pulsões. O que afirmo aqui é que, por um lado, os instintos e o desenvolvimento da vida instintiva correspondem a um dos aspectos do processo de desenvolvimento do ser humano, ao qual poderíamos nos referir assim como nos referimos às necessidades do id – isso pode ser vivido como integrado ou não ao self (vivido ou não como externos ao *self*) – e, por outro, como um todo mais amplo para as necessidades do ego, o que se refere às necessidades de ser que incluem as necessidades do id, mas que não se reduzem à vida instintiva.

Enquanto para Freud o ego se origina no id, como diferenciação dele, para Winnicott "não há id antes do ego" (Winnicott, 1965n, p. 55). O ego corresponde a uma tendência inata para a integração – "O termo ego pode ser usado para descrever a parte

---

7 Uso aqui o termo "relaciona" entre aspas porque, na situação inicial, o bebê não conhece nenhuma realidade não-self (Winnicott, 1988, Parte IV, cap. IV e V) e, nesse sentido, não pode se relacionar. Ele é o seio, como diz Winnicott: "O bebê é o seio (ou objeto, ou mãe, etc.); o seio é o bebê. Isto se encontra na extremidade última da falta inicial de estabelecimento que o bebê tem de um objeto como não-eu, no lugar, onde o objeto é 100% subjetivo, onde (se a mãe se adapta suficientemente bem, mas não doutra maneira) o bebê experiencia onipotência" (1972c, p. 150) – ainda que, do ponto de vista do observador, seja possível falar ou reconhecer o bebê e o seio como separados. É fundamental, para compreender as descrições feitas por Winnicott, distinguir quando ele está se referindo ao ponto de vista do bebê e quando se refere ao ponto de vista do observador.

da personalidade humana em crescimento que tende, sob condições adequadas, a se integrar como unidade" (Winnicott, 1965n, p. 55) – e que é responsável, sob a condição de que exista um sistema nervoso capaz (o que não é o caso, por exemplo, em um bebê anencefálico) de dar significado a eventos e experiências corporais (instintivas). Por isso, Winnicott afirma: "Portanto, não faz sentido usar a palavra 'id' para fenômenos que não são registrados, catalogados, experienciados e finalmente interpretados pelo funcionamento do ego" (Winnicott, 1965n, p. 55).

Desenvolvimento da vida instintiva

Uma breve exposição do que considero a posição de Winnicott sobre o desenvolvimento da vida instintiva pode nos ajudar a compreender essa distinção, bem como o novo lugar que Winnicott dá à sexualidade no processo de desenvolvimento da vida psicoafetiva. André Green (2005) já comentou a posição de Winnicott, embora sem fazer uma análise mais detalhada das origens da sexualidade: "Para Freud", ele escreve,

> a sexualidade infantil tem papel duradouro. É o motor do desenvolvimento, a fonte de todas as mudanças significativas. Winnicott reconhece que isso não deve ser desconsiderado, mas não a considera como a mais importante (devido a suas observações de pacientes borderline e psicóticos). (Green, 2005a, p. 15, tradução nossa)

Primeiro, o bebê vivencia os instintos como externos a ele. "Isso deve ser enfatizado", Winnicott escreve:

ao me referir a suprir as necessidades do bebê não me refiro à satisfação de instintos. Na área que examino, os instintos ainda não estão definidos claramente como interiores ao bebê. Os instintos podem ser tão externos quanto o troar de um trovão ou uma pancada. O ego do bebê está criando força e, como consequência, está a caminho de um estado em que as exigências do id serão sentidas como parte do self, não como ambientais. (Winnicott, 1965m, p. 129)

Somente depois os instintos serão integrados ao ego e às relações interpessoais, tanto no quadro das relações duais quanto das triangulares marcadas pelo complexo de Édipo. O que Freud descobriu e caracterizou como sexualidade, tanto infantil quanto adulta, para Winnicott, corresponde ao que os neuróticos (aqueles que foram capazes de se constituir como *pessoas totais*)[8] vivem em suas relações interpessoais e, nesse sentido, podemos dizer que sexualidade corresponde a certa maneira elaborada e mais madura de viver a vida instintiva.

Para Winnicott, os instintos, considerados como pressões biológicas reais (Winnicott, 1988, pp. 57-58), no início, são elaborados de maneira imaginativa – isso quer dizer que, gradativamente, eles adquirem significados que são registrados, classificados, diferenciados e organizados, permitindo, por assim dizer, um colorido semântico (Winnicott, 1965vf, p. 25; 1987b, carta a Victor Smirnoff, 19 de novembro de 1958, pp. 105-106; 1988, p. 58). A elaboração imaginativa não corresponde à representação psíquica

---

8 No texto publicado no IJP, temos *real persons*, o que é um *erro* que não foi notado por mim mesmo, naquele momento, mas que está sendo notado e corrigido agora, nesta publicação, dado que a expressão winnicottiana correta é *whole persons*.

da excitação somática, nem é sinônimo da fantasia sexual (o que implicaria uma série de elaborações maduras do indivíduo que, no início, estão ausentes), mas corresponde à atividade que institui uma semântica para as experiências corporais que, além de organizar e unificar as experiências instintivas, permitirão ao indivíduo preparar-se para a satisfação dessas pressões instintivas (cf. Winnicott, 1988, p. 72). Winnicott considera que, durante o processo de maturação, a elaboração imaginativa das funções corporais se produz em termos do tipo de excitação instintiva dominante (por exemplo, a excitação oral do início e a excitação genital da maturidade) (cf. Winnicott, 1988, p. 58). Para ele, a sexualidade não é um dado inicial como motor do funcionamento da vida psíquica, mas uma conquista do processo de maturação que supõe, por um lado, ter alcançado e preservado um grau de integração que torna possível SER, e, por outro, uma vez que essa aquisição dinâmica básica ocorreu, desenvolver a vida instintiva integrando essa instintualidade ao ego e às relações interpessoais (duais, triangulares e múltiplas). A sexualidade humana, infantil e adulta, também corresponde a uma conquista do processo de desenvolvimento emocional. Está fundada no desenvolvimento da vida instintiva como certa forma de viver a elaboração imaginativa das pressões biológicas em um momento em que o indivíduo é capaz de apreender que as excitações corporais se originam dentro de si. Com essa conquista do processo de maturação, o indivíduo tem possibilidade de reconhecer objetos que são capazes de satisfazer suas excitações, ao mesmo tempo que toma consciência da ligação entre suas excitações corporais e fantasias, em particular as que envolvem a cena edipiana e genital.[9]

---

9 Para uma discussão do lugar da sexualidade na obra de Winnicott, ver Caldwell (2005); Green (2005a); Scarfone (2011); Villa (2011).

A afirmação de Winnicott não é suficientemente clara sobre a questão de saber onde a vida instintiva se integra (se no *self* ou no ego). Ele deve ter tomado esses termos como sinônimos e não foi suficientemente claro em sua descrição de como e quando essa integração ocorre. Do meu ponto de vista, essa integração diz respeito ao momento, no processo de desenvolvimento emocional, em que o bebê alcançou a fase EU SOU, ao diferenciar o ego do que não é ego, e ele segue esse processo de desenvolvimento (integração) até ter conquistado o *status* existencial de sentir-se e viver como uma Pessoa Total e ter relações com outros também como pessoas totais.

O pensamento de Winnicott parece voltar-se para a tarefa de descrever e explicar o processo de desenvolvimento emocional: "Você já deverá ter percebido", ele escreve, "que, por natureza, treinamento e prática sou uma pessoa que pensa de modo desenvolvimental" (Winnicott, 1984h, p. 42). Nesse sentido, esse tipo de compreensão da imaturidade do bebê e das necessidades do ego, diferentes das necessidades instintivas, bem como das diferentes maneiras em que a vida instintiva pode ser vivida, como pressões externas ou internas ao ego (em maior ou menor grau de integração do indivíduo), levam-me a afirmar que Winnicott mudou e redescreveu a teoria do desenvolvimento emocional do ponto de vista da psicanálise e, nesse sentido, reformulou a metapsicologia psicanalítica.

Para Winnicott, a introdução da noção de ser, da necessidade de ser e da continuidade de ser – que, por sua vez, pode ser considerada como sinônimo da "necessidade do ego" e da "tendência inata para a integração" (cf. 1945d, p. 224; 1988, pp. 136-142) – corresponde à inserção de novos fundamentos ontológicos na psicanálise (cf. Roussillon, 2009, p. 123). Isso não quer dizer que o corpo e a sexualidade tenham sido excluídos ou que a situação inicial mãe-bebê tenha sido concebida de maneira idílica, sem presença da vida instintiva, e sim que a necessidade de ser é maior do que as necessidades instintivas ou necessidades do id, ainda que as inclua.

Ao retomar as descrições de Winnicott sobre a necessidade de ser e sobre o desenvolvimento da vida instintiva, meu objetivo foi: 1) expressar minha concordância com a afirmação de Girard de que Winnicott redescreveu as fases iniciais do processo de desenvolvimento emocional, reformulando a teoria psicanalítica sobre esse processo à luz da situação inicial de dupla dependência, da extrema imaturidade do bebê e da diferença entre necessidades do ego e do id; 2) apresentar uma compreensão do desenvolvimento da vida instintiva e suas relações com a conquista da sexualidade, distinguindo duas maneiras principais de viver a vida instintiva (de acordo com o nível de maturidade e integração do indivíduo), aquela em que o ego vive a vida instintiva como algo externo e a outra em que o indivíduo vive a vida instintiva como algo que vem de dentro de si e que pertence ao indivíduo.

No que diz respeito às análises e proposições de Girard, não creio que ela tenha levado em consideração a distinção entre uma teoria metapsicológica especulativa e a modificação teórica introduzida por Winnicott com uma teoria (factual) do desenvolvimento emocional, o que significa que concordamos apenas em parte sobre a reformulação da metapsicologia psicanalítica. No entanto, isso não reduz meu desacordo com Girard a respeito da existência de uma nova topografia (metapsicológica, em termos análogos, embora diferente das topografias freudianas) e da reformulação da metapsicologia. A meu ver, Winnicott não propôs uma nova topografia que substitua a metapsicologia especulativa por outra do mesmo tipo; ao contrário, ele propôs uma teoria psicanalítica que não utiliza uma metapsicologia especulativa, que ele rejeitou.

268   DISCUSSÃO DO LUGAR DA METAPSICOLOGIA...

Green e sua crítica a Winnicott por ter rejeitado a pulsão de morte e a noção de aparelho psíquico

André Green é às vezes laudatório, às vezes crítico em relação a Winnicott. Suas críticas relativas à metapsicologia podem ser reunidas como se segue: 1) ao sustentar a necessidade da noção de um aparelho psíquico, Green reconhece que Winnicott não a utiliza, sem discutir por que Winnicott não o faz (Green, 2005, p. 13); 2) Green sustenta a necessidade e utilidade da noção de pulsão de morte (Green, 2010a) e critica Winnicott por tê-la rejeitado – ele supõe que Winnicott assim o fez por razões emocionais (Green, 2010c) ao introduzir a questão de ser na psicanálise, bem como a suposição de uma situação idílica da relação mãe-bebê que não é atribuída às pulsões; 3) ele considera que não foi apresentada ainda qualquer teoria que possa substituir a metapsicologia, apesar de suas lacunas (Green, 1995, p. 7), mas, igualmente, diz: "Winnicott foi, para mim, autor de uma concepção do desenvolvimento que ultrapassou as de Freud e Klein – teoria verossímil e suficientemente imaginativa para ser aceita" (Green, 2010b, p. 69, tradução nossa).

Meu objetivo neste capítulo não é discutir em detalhe as críticas levantadas por Green a respeito de Winnicott. No entanto, dentro de uma perspectiva crítica geral, não penso que Green tenha diferenciado entre teorias que descrevem fatos (e suas relações) e teorias (metapsicológicas) que são construções metafóricas auxiliares – quer dizer, ele não distinguiu a descrição de fatos em si e a "apresentação metafórica" (ou analógica) que caracteriza o pensamento metapsicológico.

Aqui, tenho a intenção de criticar esse aspecto da obra de Green na medida em que, ao não fazer esse tipo de distinção (ao mesclar sistematicamente proposições descritivas e proposições especulativas), ele acaba obscurecendo suas próprias e pertinentes descobertas clínicas na descrição de fenômenos importantes para o desenvolvimento da psicanálise (por exemplo, sua teoria da mãe morta [Kohon, 2009]), ao misturá-las com proposições metapsicológicas (por exemplo, sua hipótese de função desobjetalisante, ainda que construções auxiliares desse tipo tenham seu valor heurístico) e considerá-las da mesma ordem.

Em minha opinião, Winnicott não encontrou em conceitos metapsicológicos especulativos os referentes necessários para uma teoria capaz de descrever os fatos que ele tentava compreender. Note-se, por exemplo, como ele se refere ao conceito de pulsão de morte, como uma espécie de jargão que mais obscurece do que elucida certos fenômenos:

> *Gostaria de dizer, porém, que as coisas ficam confusas, na Sociedade, quando vários termos são usados como se fossem plenamente aceitos. Tenho certeza de que você sabe exatamente o que tem em mente quando diz: "partes perigosas... derivadas da pulsão de morte ... devem ser expulsas" etc. etc. Eu mesmo não sei o que você quer dizer, e pelo menos metade da Sociedade deve sentir que você está dizendo "pulsão de morte" em vez de usar as palavras "agressividade" e "ódio". Você talvez ache que isso não tem importância, e não tem mesmo, no contexto do seu ensaio, mas seria realmente muito útil para a Sociedade se conseguíssemos descobrir uma linguagem comum. Qualquer hora dessas, quando você não tiver nada para fazer, que tal reescrever aquela frase sem usar as palavras "pulsão de morte", só por minha causa? (Winnicott, 1987b, carta a Hans Thorner de 17 de março de 1966, p. 134)*

270 DISCUSSÃO DO LUGAR DA METAPSICOLOGIA...

Creio que ele toma a mesma atitude em relação à pulsão de morte como faz, de maneira bastante clara, em relação a outros conceitos metapsicológicos especulativos, como o de aparelho psíquico. No que diz respeito à libido, compreendida como energia psíquica, e à pulsão, compreendida como força psíquica, isso não é tão evidente e exige demonstração mais extensa, o que, por sua vez, implicaria uma argumentação mais ampla do que tenho espaço para desenvolver neste capítulo; mas foi tema, ao menos no que diz respeito à noção metapsicológica de *Trieb*, de outros artigos (ver Fulgencio, 2005b, 2007).

Desse ponto de vista, a rejeição por Winnicott das noções de pulsão de morte e de aparelho psíquico, que Green critica, a meu ver, corresponde a uma atitude epistemológica e metodológica, e não a uma solução de compromisso pessoal, ou seja, a uma reação defensiva contra agressividade e sexualidade, especialmente materna. Creio que Winnicott rejeitou a metapsicologia especulativa, de forma consciente e racional, por considerar que ela obscurecia o debate, dado que, para ele, conceitos metapsicológicos não têm referentes claros e objetivos e dão ilusão de compreensão quando, na verdade, essa compreensão não é dada por ela.

Avaliação de Assoun de Winnicott como autor a-metapsicológico

Podemos considerar agora o exame de Assoun sobre a posição de diversos psicanalistas pós-freudianos em relação à metapsicologia (como superestrutura especulativa). Ele diferencia os que a ampliaram e/ou modificaram por críticas em maior ou menor grau (Abraham, Ferenczi, Klein, Federn, Fairbairn, Hartmann, Kohut, Bowlby, Green); os que a substituíram (Biswanger, Bion, Lacan);

LEOPOLDO FULGENCIO 271

e Winnicott, como autor indiferente à metapsicologia (Assoun, 2000, pp. 114-116; 2006).

Assoun acha que Winnicott é um autor a-metapsicológico e até a-teórico porque, para ele, a metapsicologia (em sua estrutura teórica especulativa) corresponde à teoria psicanalítica propriamente dita (Assoun, 2000, pp. 114-116; 2006). Ao ler Winnicott, apesar de elogiá-lo por sua liberdade de pensamento, ele não encontra uma teoria metapsicológica como a de Freud ou de outros autores (como Klein, Lacan, Bion, Biswanger etc.). Diz Assoun:

> *Em Donald W. Winnicott a metapsicologia é literalmente posta fora de uso por conta da declarada inaptidão para empreender uma verdadeira análise metapsicológica – o que não o impede de usar as perspectivas freudianas, devido a sua liberdade em relação a referências teóricas, e até a um "a-teorismo". (Assoun, 2006, p. 114, tradução nossa)*

Ao analisar o livro *Natureza humana*, de Winnicott, apesar de pensar que esse livro "tem função axial de reflexão, simétrica aos *Artigos sobre metapsicologia* de Freud", Assoun finalmente conclui que o modelo de teorização de Winnicott coloca-o fora do campo da psicanálise. Para ele, a teoria de Winnicott é muito mais uma "antropologia que tem suas fontes na 'psicodinâmica'" (Assoun, 2006, p. 67, tradução nossa). A mesma atitude é reiterada em relação à introdução de Winnicott da noção descritiva de saúde em psicanálise:

> *Uma psicanálise se inicia a partir de um sintoma; nosso "antropólogo", aceitando plenamente o significado desse termo, começa a partir de outra coisa, a "saúde".*

272 DISCUSSÃO DO LUGAR DA METAPSICOLOGIA...

> *Aquilo com o que lidamos, então, no sentido mais literal do termo, é uma "antropologia clínica". (Assoun, 2006, p. 67, tradução nossa)*

Consequentemente, Assoun não pensa que o método de teorização de Winnicott leve a uma verdadeira teoria psicanalítica. É justamente esse tipo de julgamento da parte de Assoun que eu critico. Não se trata de desqualificar Winnicott como teórico da psicanálise só porque ele não elaborou uma teoria metapsicológica como Freud, mas, sim, de reconhecer que ele propôs uma teoria psicanalítica não especulativa, factual, sem utilizar o tipo de ficção heurística que caracteriza a metapsicologia de Freud. Para reiterar a posição de Freud, não é o instrumento que define o edifício teórico da psicanálise, mas a descrição dos fatos e dos fenômenos do desenvolvimento emocional e da prática clínica, descrição que leva em conta os processos psíquicos inconscientes, o primeiro xibolete da psicanálise (Freud, 1923b, p. 13), e os fatos da transferência e da resistência em um tratamento (Freud, 1914d, p. 16), ou seja, os termos e conceitos que têm seus referentes adequados na realidade fenomênica.

Assoun não diferencia a teorização metapsicológica especulativa da teoria psicanalítica factual e, a meu ver, isso o leva a considerar Winnicott como um antropólogo, na fronteira (e às vezes fora) do campo psicanalítico.

Conceitos abstratos e conceitos especulativos na obra de Winnicott

Quero retornar agora aos aspectos da metapsicologia psicanalítica que, conforme mencionei antes, foram rejeitados por

Winnicott: 1) sua concepção sobre a natureza dos instintos, como verdadeiras pressões biológicas que dirigem a ação, em vez de serem uma espécie de mitologia; Winnicott afirma, além do mais, que há diferentes formas de viver a vida instintiva (indiferenciada das necessidades do ego, externas ou internas ao *self*) que, por sua vez, pode ser diferentes das necessidades de ser (ou ego); 2) sua proposta de falar da estrutura da organização da vida emocional sem usar a ficção teórica de um aparelho psíquico dividido em instâncias, como um microscópio ou telescópio; 3) sua ideia relativa à existência de variações de intensidade afetiva, sem assumir que haja uma energia psíquica análoga às energias postuladas pela física; 4) sua rejeição da pulsão de morte; e 5) sua crítica à noção de inveja inata. A essas é possível acrescentar o fato de que Winnicott busca distanciar-se do jargão, na medida em que, para ele, o jargão envolve termos que dão a aparência de compreensão sem realmente oferecê-la. A esse respeito, Winnicott escreve: "Quem escreve sobre a natureza humana precisa ser constantemente atraído para o inglês simples, distante do jargão do psicólogo, ainda que esse jargão seja valioso em contribuições para revistas científicas" (Winnicott, 1957o, p. 121). A atitude empírica de Winnicott, que caracteriza sua formação e seu caráter inglês, parece tê-lo incitado a esse tipo de exigência epistemológica e metodológica em sua maneira de teorizar (cf. Spelman, 2013, p. 26).

Para ser sintético em minha avaliação da atitude de Winnicott, não penso que ele tenha se deixado seduzir pela metapsicologia especulativa – ele não confunde o andaime com o edifício. Ele propôs um modelo de teorização mais próximo e, em conformidade com os fenômenos que tentava tratar, forneceu teorias que podem ser lidas como descrições sucintas, não como metáforas ou analogias a serem projetadas sobre os fenômenos. Isso não significa, porém, que seus conceitos não sejam abstratos, dado que todo conceito, por definição, é uma abstração. No entanto, essas abstrações

274 DISCUSSÃO DO LUGAR DA METAPSICOLOGIA...

não são semelhantes às que não têm, nem nunca terão, referentes na realidade fenomênica, como no caso dos conceitos de aparelho psíquico e de centauro.

Além do mais, precisamos nos perguntar se as noções de *ser, continuidade de ser, elemento feminino puro, solidão essencial, tendência inata para a integração, núcleo sagrado do self* e *elaboração imaginativa das funções corporais* não são em si especulações e, nesse sentido, servem simplesmente para substituir a superestrutura especulativa freudiana por outra, igual em nível epistemológico, às que Lacan e Bion sugeriram. Esta é, eu penso, a posição de Girard ao afirmar que Winnicott "poderia muito bem ter proposto uma formulação abstrata (como Bion ou Lacan), mas que talvez não corresponda a seu estilo" (Girard, 2006, p. 52, tradução nossa). De novo, ao final do seu artigo de 2010, ela escreve:

> *Finalmente, vista no contexto geral das obras de Winnicott, essa proposição aparece como construção teórica especulativa tão elevada que não envolve rejeição dos conceitos básicos da metapsicologia nem sua diluição ou desintegração, mas, mais exatamente abre outro campo: o do ser. (Girard, 2010, p. 317, tradução nossa)*

Se respeitarmos as diferenças entre os conceitos que podem e os que não podem ter referentes adequados na realidade fenomênica, então penso que os conceitos formulados por Winnicott não podem ser vistos, estritamente falando, como especulações do mesmo tipo que as propostas por Freud. A noção de SER não corresponde a um mito ou a uma ficção teórica; nem mesmo é uma analogia, mas uma experiência reconhecível tanto por sua presença (pacientes que procuram alcançar o *status* de ser e de continuar a ser) quanto por sua ausência (pacientes que lutam para alcançar o *status* de SER, seja por jamais terem encontrado as condições ambientais adequadas necessárias para alcançá-lo ou por terem desenvolvido um falso-*self* patológico). Quando Winnicott fala da *solidão essencial, o estado de não ser do qual surge o ser* (Winnicott, 1988, pp. 153-156), poderíamos argumentar que não é algo que tenha qualquer realidade fenomênica (apenas o ser pode tê-la, falando do ponto de vista filosófico e epistemológico); dados fatuais que podem surgir exatamente quando o indivíduo não consegue vir a ser, quando o que Winnicott caracterizou como núcleo sagrado do *self* foi invadido (Winnicott, 1965j, p. 170). Nesses casos, a incapacidade de ser, as invasões ou aniquilações do ser são reconhecidos do ponto de vista clínico como fatos que têm referentes na realidade fenomênica que, consequentemente, deve ser capaz de dar um referente a esses conceitos, ainda que não sejam objetiváveis como os conceitos de transferência, resistência, complexo de Édipo, sexualidade infantil e assim por diante.

Certamente, esses conceitos não são objetiváveis como os conceitos de cachorro ou transferência; entretanto, apesar de sempre abstratos, eles não são especulativos como os conceitos de *pégaso* e de *aparelho psíquico*, que jamais terão referente adequado na realidade fenomênica. Se algo não é objetivável, não significa que seja uma especulação: o elétron, como onda ou partícula, também foi considerado, na física, como difícil de objetivar sem, no entanto, ter sido tomado como uma especulação. Além disso, sabemos que o mito de *Totem e tabu*, bem como as *pulsões*, entre outros conceitos desse tipo, jamais terão um referente que lhes possa corresponder adequadamente. Nesse sentido, considero que esses conceitos de Winnicott – as noções de *ser, continuidade do ser, elemento feminino puro, solidão essencial, tendência inata para integração, núcleo sagrado do self, elaboração imaginativa de funções corporais* – não constituem construções auxiliares pertencentes a uma superestrutura especulativa da psicanálise, mas conceitos

276 DISCUSSÃO DO LUGAR DA METAPSICOLOGIA...

que têm referentes possíveis na realidade fenomênica, ainda que não sejam objetiváveis. São conceitos que permitem descrever aspectos factuais que estão na base do processo de desenvolvimento emocional do ser humano.

Todas essas referências demonstram a possibilidade de argumentar que Winnicott rejeitou alguns conceitos metapsicológicos especulativos (como o de pulsão de morte e a noção de aparelho psíquico); e igualmente que ele procurou apresentar teorias e conceitos que permitiam a descrição dos fenômenos e de sua interdeterminação dinâmica. Portanto, com base nessas observações, eu argumentaria que Winnicott rejeitou a metapsicologia especulativa como modelo de teorização em psicanálise em favor de uma teorização factual e/ou descritiva, e que reformulou e ampliou a descrição dos fenômenos que são os referentes da teoria psicanalítica.

Considerações finais

Portanto, é possível considerar que uma consequência desse tipo de distinção entre maneiras diferentes de teorizar em psicanálise, seja uma teoria de processos psíquicos, seja uma teoria de prática clínica, é um retorno à verdadeira natureza e função da metapsicologia especulativa como Freud a concebeu, isto é, como andaime para a construção de um edifício! No entanto, isso não equivale a uma condenação a qualquer tipo de modelo analógico, ainda que especulativo, nem representa a crucificação da teorização metapsicológica, mas simplesmente o reconhecimento de seu valor, seus limites e a que objetivos serve. Essa foi a perspectiva de Freud, como eu a vejo, bem como a de Winnicott. Ainda mais radicalmente, Winnicott tentou formular teorias que não eram instrumentos para fazer descobertas, e sim expressões das descobertas em si. Se para Freud a metapsicologia foi *necessária* (Freud,

1937c, p. 225), para Winnicott ela poderia ser substituída por um método de teorização descritiva, marcando importante mudança epistemológica em psicanálise.

Outra consequência importante desse tipo de raciocínio diz respeito à tarefa ou possibilidade de integrar teorias psicanalíticas. O próprio Green já expressou suas preocupações acerca do estado atual da psicanálise para Bion:

> *No início dos anos 1980, recordo de me queixar para Bion sobre a situação Babelesca da psicanálise. Em sua sabedoria, ele respondeu que antes de alcançar uma linguagem comum e única em psicanálise, seria necessário ir aos extremos de cada idioma particular, falando de modo teórico, com certeza. Hoje, a psicanálise parece uma linguagem falada em diversos dialetos. (Green, 2005a, p. 12, tradução nossa)*

Em artigo recente, publicado com o objetivo de apresentar "um método que permita comparar diferentes versões de conceitos, suas teorias subjacentes e hipóteses básicas" (Bohleber *et al.*, 1913, p. 501, tradução nossa), consideram como necessária a tarefa de desenredar a psicanálise dessa Babel, integrando seus diferentes campos de conhecimento. Penso que minha distinção de metapsicologia como instrumento que nos permite conhecer certos fenômenos e suas relações pode contribuir, paradoxalmente, para a consecução dessa tarefa de integração, ao mesmo tempo que respeita a diferença de linguagem e tenta integrar os fatos de que falam, ou seja, seus referentes. Metapsicologias em si são incomensuráveis (como Kuhn [1970a] escreve, fazendo a distinção de paradigmas diferentes), já que não há possibilidade de síntese entre instrumentos de pesquisa. Todavia, o desenvolvimento

278 DISCUSSÃO DO LUGAR DA METAPSICOLOGIA...

da nossa ciência psicanalítica (como teoria e prática clínica) não diz respeito à metapsicologia ou síntese de metapsicologias, mas à ampliação (e, nesse sentido, capaz de integração) do que as metapsicologias e teorias descritivas nos possibilitaram ver, apreender e ligar nos fenômenos da vida emocional e da prática psicanalítica. Para esse fim, deveríamos também nos perguntar que linguagem e semântica são necessárias para descrever os fatos integrados dessa maneira, mas esse tema está fora do alcance do presente capítulo.

Como qualquer ciência, o desenvolvimento da psicanálise se baseia na tradição e no refinamento das descrições e explicações relativas às relações de determinação recíproca entre os fenômenos, bem como na necessidade de ultrapassar metáforas e analogias que, embora necessárias em dado momento, serão substituídas por teorias (em última análise dispensáveis) que forneçam uma descrição sucinta dos fatos, dos problemas e de suas soluções.

8. O precoce e o profundo: dois paradigmas independentes[1]

Martine Girard

Tradução: Margarita Lamelo[2]

Winnicott *substituiu* a metapsicologia freudiana? Essa é a pergunta central do diálogo que proponho continuar com Fulgencio. Já em 2007, ele afirmava que Winnicott havia rejeitado a metapsicologia freudiana, para substituí-la por uma metapsicologia factual – o que eu havia refutado, não como um ataque, mas como exame dos limites e das condições de aplicabilidade da metapsicologia (Girard, 2010, Cap. 6), apoiando-me num comentário de Winnicott (1960c, pp. 47-48) sobre uma nota de Freud no texto "Dois princípios do

---

1 Nota do revisor técnico: Martine Girard publicou este texto, em inglês, no *International Journal of Psychoanalysis* ("Early and deep: two independent paradigms?", 2017a) e uma versão estendida no seu livro *De psychiatrie en psychanalyse avec Winnicott: Les conditions du soin psychanalytique institutionnel* ("Le précoce et le profond: deux paradigmes indépendants?"). A tradução aqui apresentada foi feita a partir da versão em francês por Margarita Lamelo e o capítulo foi cotejado com a versão em inglês pelo revisor técnico. Assim, o texto em português traz indicações das variações entre o texto em francês e o em inglês.

2 É professora da Aliança Francesa e tradutora.

280 O PRECOCE E O PROFUNDO

funcionamento psíquico".[3] Puxando o fio desse ponto específico – "por menos que sejam levados em conta também os cuidados que ele recebe de sua mãe" –, este parece esclarecer o propósito de Winnicott, a saber, elaborar uma *pequena* condição negligenciada por Freud. Esta é também a compreensão que Patrick Mérot tem sobre onde se inserem as propostas de Winnicott:

> Esse *"por menos que sejam levados em conta também os cuidados que ele recebe de sua mãe"* freudiano poderia parecer como o ponto de ancoragem do seu pensamento, dado que se trata, para Freud, de considerar como indissociável a mãe e o bebê. . . . De fato, a teoria de Winnicott se inscreve, essencialmente, no espaço que Freud abre com essa nota. (Mérot, 2011, pp. 1361-1362)

Ainda que tenha me referido, inicialmente, só ao próprio Winnicott, proponho, agora, colocar em perspectiva outros autores, para tentar responder às questões que Fulgencio colocou em seus textos, mais especificamente as dos sentidos dados ao termo metapsicologia e a da existência de uma tópica em Winnicott.

---

3 Freud diz: "Pode-se discordar com toda razão que uma organização que é escrava do princípio do prazer e que negligencia a realidade do mundo externo não poderia subsistir por mais curto que fosse esse lapso de tempo, de tal forma que não seria possível se formar. Contudo, o recurso a uma *ficção* dessa ordem se justifica se considerarmos que o bebê – *por menos que sejam levados em conta os cuidados que ele recebe da sua mãe* – de fato realiza praticamente um sistema mental desse tipo" (Freud, 1911b, p. 219, n. 4, grifos nossos, tradução nossa) [N.T.].

O questionamento terminológico

Fulgencio reivindica uma ética da terminologia (*ethics of the terminology*) (Fulgencio, 2015, p. 1237) como fio condutor da sua demonstração. Nessa direção, também considerarei a metapsicologia freudiana como a ficção de um aparelho psíquico dividido em instâncias, não diretamente ligado à experiência prática e à observação clínica, funcionado como uma superestrutura especulativa da psicanálise. Sem dúvida, não é por acaso que esse estatuto ficcional da teoria seja estabelecido já no início dessa discussão. Ele nos remete tanto ao ponto de partida estabelecido por Winnicott quanto à *ficção* freudiana de um *organismo* inteiramente submetido ao princípio de prazer, *sob reserva* dos cuidados maternos. Todavia, é o próprio Freud que coloca os limites da ficção em relação a um organismo vivo. A meu ver, Winnicott não procura contestar o conteúdo e o estatuto ficcionais da teoria, mas interroga a maneira como essa ficção se insere num organismo, procurando, então, inserir nessa teoria a relação parental-infantil (*parent-infant*).

Fulgencio também analisa a terminologia em função da natureza dos conceitos segundo a existência ou não de referentes adequados para eles na realidade fenomênica (*adequate referents in fenomenal reality*), diferenciando dois tipos de conceitos: os de uma psicologia dos fatos clínicos (*psychology of clinical facts*) e os que fazem parte da superestrutura especulativa (*speculative superstructure*) da psicanálise (Fulgencio, 2015, p. 1241). No entanto, enquanto Freud recorre a conceitos especulativos e o diz, os conceitos winnicottianos, em geral, são mais difíceis de serem qualificados como especulativos. É lógico, portanto, que Fulgencio diferencie Winnicott de Freud no que se refere ao estatuto epistemológico de suas teorizações; e é justamente essa questão que está na essência da minha argumentação.

A mônada metapsicológica

Compartilho as posições de Fulgencio no que se refere a uma definição restrita da metapsicologia freudiana. Lembremos, no entanto, a dimensão circunscrita do que é uma mônada e a descrição das suas leis de funcionamento (leis de uma entidade existente que não coloca em questão as condições de sua existência) e, nesse sentido, com David, consideremos a "teoria do funcionamento mental aplicado ao ser humano visto como uma mônada, uma entidade fechada" (David, 1992, p. 12, tradução nossa). Ainda nessa direção, diz Brusset: "Para Freud, desde o início, há uma entidade funcional do indivíduo como organismo . . . [essa primeira metapsicologia] é fundamentalmente monádica, solipsista" (Brusset, 2006, pp. 126-127, tradução nossa). Freud é um herdeiro do seu século, lembra Vassilis Kapsambelis: "Assim como outros discípulos que nasceram na mesma época, a metapsicologia e sua psicopatologia se apresentam como teorias perfeitas da endogeneidade" e a sua estrutura epistemológica não se importa com "modelos que poderiam recorrer a objetos exteriores à mônade psicobiológica" (Kapsambelis, 2011, p. 122, tradução nossa). Da mesma maneira, para Bernard Penot, "a metapsicologia pode dar conta de algo que não seja um aparelho psíquico considerado como entidade individual?" (Penot, 2011, p. 1536, tradução nossa).

Assim, para uma grande maioria de autores, a psicanálise pósfreudiana (desde Winnicott, Bion ou Lacan) verá o psiquismo humano como uma coprodução que implica, necessariamente, alguém mais do que o próprio sujeito. "O pensamento psicanalítico da segunda metade do século XX estabeleceu as marcas de uma *metapsicologia do pré-individual*" (Penot, 2011, p. 1537, tradução nossa); ou, ainda, "o conceito de um conjunto indivíduo/ambiente representa, para nós, o postulado fundamental da *metapsicologia de Winnicott*" (Reid, 2006, p. 1544, grifo nosso, tradução nossa).

No entanto, se a noção de mônada metapsicológica não se coloca para discussão, duas questões distintas devem ser colocadas, em relação à metapsicologia: a das próprias condições de sua existência e a do estatuto epistemológico dessas condições.

Se falarmos da metapsicologia do pré-individual, segundo Penot, ou da metapsicologia do maternal primário, como Roussillon (2011), ou, ainda, se atribuirmos a Winnicott a elaboração de uma nova metapsicologia, a questão colocada é, pois, a da *ampliação* do conceito de metapsicologia. Além disso, nada indica que Winnicott reivindique para si uma nova metapsicologia, seus interesses estão muito mais dirigidos à teoria da relação parental-infantil (*the theory of the parent-infant relationship*), no sentido de compreender o que é o infantil na psicanálise.[4] Ele não se inscreve, portanto, a meu ver, na perspectiva da produção de novas metapsicologias ou das transformações da metapsicologia evocadas por Fulgencio, mas noutro lugar, o que o levaria a conceitos de outra natureza (antropológica ou ontológica).

O eixo antropológico e os fundamentos da metapsicologia

Paul-Laurent Assoun considera que o livro *Natureza humana*, cuja redação acompanhou Winnicott ao longo de toda a sua vida, deve ser caracterizado como uma antropologia clínica (Assoun,

---

4 Em seu relato sobre "L'après-coup", Jacques André denunciou a confusão entre a infância e o infantil e lembrou que para Pontalis o infantil não tem idade; não está atrás de nós, mas é sempre uma fonte no presente (André, 2009, p. 1310). São as consequências dessa diferenciação que Winnicott nos obriga a levar em conta: atemporalidade do infantil e do inconsciente em relação à temporalidade lógica e cronológica de amadurecimento do ego segundo um tempo escalonado.

284 O PRECOCE E O PROFUNDO

2006, p. 67). Para ele, Winnicott não aborda diretamente a metapsicologia freudiana, do ângulo da sua contestação, refutação ou discussão: seria muito mais justo falar de uma postura ametapsicológica (Assoun, 2006, p. 73). Ainda que Winnicott, diz Assoun, "se submeta à posição freudiana: a 'teoria da libido' é aceita, . . . a libido é um dado, não há dúvida, trata-se somente de uma hipótese teórica" (Assoun, 2006, p. 7, tradução nossa); e ainda, "[Winnicott] vai retomar a pulsão freudiana, inclusive recitá-la" (Assoun, 2006, p. 75, tradução nossa). O eixo da sua argumentação é o seguinte: "*não há em Winnicott conceitos psicanalíticos próprios.* Todos os seus conceitos, propriamente analíticos, são de outros autores: a pulsão freudiana, o objeto interno e a posição, em particular, a depressiva, kleiniana" (Assoun, 2006, p. 77, grifos nossos, tradução nossa). Para Assoun, as noções que Winnicott nos propõe, como *self*, objeto transicional e espaço potencial, devem ser "compreendidas como noções de antropologia clínica psicodinâmica" (Assoun, 2006, p. 77, tradução nossa); de modo que, para ele, Winnicott faz "um deslocamento tranquilo do propósito do psicanalista" (Assoun, 2006, p. 67, tradução nossa) na direção de uma antropologia pediátrica pragmática e clínica, mas sob influência freudiana (tendo a dependência do outro – materno – como fator de hominização, como valor de princípio antropológico [Assoun, 2006, p. 70]).

Sylvain Missonnier vai no mesmo sentido, ao colocar Winnicott no quadro de uma "situação antropológica fundamental" (Missonnier, 2011, p. 1641, tradução nossa); para ele, "Não existe nele [Winnicott] repúdio da metapsicologia, ele explora suas fundações" (Missonnier, 2011, pp. 1642-1643, tradução nossa).

O eixo ontológico e a questão do ser

Georges Amado, na França, colocou, nos anos 1970, a partir de Winnicott, a questão do ser na psicanálise.

> *Não se trata absolutamente de discutir os conceitos freudianos, nem de seus sucessores ou exegetas, fiéis ou hereges.* O termo psicanálise ontológica *indica somente que a psicanálise é ontológica em si, que ela é, para quem quer ver, uma ciência do ser. Não há dúvida de que ela também é outra coisa diferente* . . . Portanto, não poderia se tratar de teoria, cujo campo é o da ciência . . . *Ela [a ontologia] não muda nada das ciências. Ela coloca a questão do seu ser. A psicanálise ontológica declara que a psicanálise lida com o ser do homem, no sentido de estar presente no discurso analítico* . . . *O fato de ter em vista o ser do sujeito não acrescenta nada. (Amado, 1978, p. 19, grifos nossos, tradução nossa)*

Assim ocorre, por exemplo, com "emblemas do ser", os estágios freudianos da libido: o sujeito que é conduzido a eles "não escapa [deles] e só pode vivê-los em seu próprio ser, por mais universais que sejam" (Amado, 1978, p. 35, tradução nossa).

Em 1979, Amado afirmou que "nada da psicanálise é abolido pela atitude ontológica. Nada é mudado na sua teoria e na sua prática. . . . Winnicott foi o primeiro a ter realizado o salto ontológico" (Amado, 1979, p. 8, tradução nossa). Esse *salto* não tem o objetivo de acrescentar à psicanálise conceitos filosóficos, trata-se antes de levar em conta a maneira como o conceito de pulsão está presente em cada experiência de vida singular. E isto desde o início, no bebê, segundo uma perspectiva ontológica elementar: não

286 O PRECOCE E O PROFUNDO

se trata da filosofia do sujeito em si, mas desse famoso campo da experiência a partir do qual, para Winnicott, a pulsão se atualiza como real e se insere no vivo, na vida concreta. Lembremos que, sem nunca falar de ontologia, Winnicott indica, de maneira *repetitiva*, que o que ele tem em mente, quando fala do ser, é *paralelo* à lógica pulsional.

Com esses autores é possível já desenhar uma linha de demarcação entre os conceitos winnicottianos de natureza antropológica ou ontológica e os conceitos da metapsicologia freudiana, articulados em torno da pulsão e da tópica. Poderíamos encontrar aí os primeiros elementos para dar uma resposta à questão de Fulgencio (2015, p. 1243): existe uma tópica na obra de Winnicott?

A questão da tópica

Outros autores abordaram diretamente a questão da tópica em Winnicott, seguindo mais ou menos explicitamente essa mesma linha de demarcação. É o que faz, a meu ver, Jean-Bertrand Pontalis, mesmo que não formule essa questão em termos de uma ontologia. Desde 1983, Pontalis já situava claramente Winnicott em relação aos pressupostos das tópicas freudianas e do espaço psíquico, edificado com suas "fronteiras", "províncias" e "barreiras protetoras" (Pontalis, 1983, p. 215, tradução nossa), obrigando-nos a considerar os limites da teoria herdada de Freud: "a tópica freudiana pressupunha a constituição desse espaço com suas fronteiras, com sua estruturação interna. Não é preciso ter em mente *uma etapa anterior*?" (Pontalis, 1983, pp. 188-189, grifo nosso, tradução nossa) Ou seja, noutras palavras, tratava-se de interrogar os limites das capacidades da auto-organização da psique? Segundo Pontalis, para Winnicott, a ideia de instância psíquica "não é como para Freud estritamente dependente da ficção de um aparelho psíquico.

O ego freudiano, reafirmemos, é *definido*; limites, por mais elásticos que sejam, o delimitam" (Pontalis, 1983, p. 184, tradução nossa). Para ele, "Winnicott *não rejeita essa concepção*" (Pontalis, 1983, p. 185, grifo nosso, tradução nossa), mas vai numa outra direção, a dos sentidos de ser:

> *Creio que a questão do si mesmo [self] deveria, se não quisermos nos limitar a um debate escolástico, ser vista a partir da perspectiva dessa problemática mais ampla. Em que condições o que acontece com um indivíduo adquire sentido e vida para ele? É aí, a meu ver, que se coloca a questão para Winnicott; e o que indica de uma maneira que dá margem a muitos mal-entendidos, a sua expressão "verdadeiro si mesmo". Não se trata a meu ver de um ressurgimento de um sujeito inefável. Verdadeiro e falso não poderiam ser compreendidos como qualidades inerentes ao indivíduo. Não são predicados do sujeito. Designam o movimento de uma relação. (Pontalis, 1983, p. 189, tradução nossa)*

Não se trata de teoria, já dissera Amado; ou, ainda, como disse Pontalis, a análise conceitual não poderia nos ajudar muito, pois a distinção entre verdadeiro e falso em si mesmo não é *conceitual*. Para Pontalis, o ego é "o representante do *organismo como forma*", "*aquilo que o anima não está nele*",

> *o si mesmo é o representante do vivo: espaço aberto, por assim dizer, nos dois extremos, para o ambiente que primeiramente o alimenta e que, em troca, ele cria. . . . Pois, o que define a vida, tanto biológica quanto psicologica-*

288 O PRECOCE E O PROFUNDO

> *mente, é que ela se* transmite. *(Pontalis, 1983, p. 189,
> grifo do autor, tradução nossa)*

Béatrice Dessain, mesmo colocando-se num eixo mais fenomenológico, dedicou-se a analisar o sentido antropológico do que se dá antes, das condições e dos fundamentos da metapsicologia freudiana:

> *a obra que abordamos se foca naquilo que se dá antes
> do campo pulsional e trata das condições da emergência do seu significado. O autor [Winnicott] reinventa
> uma nova tópica, ou mais exatamente propõe, para a
> segunda tópica freudiana,* uma espécie de pré-estrutura, de fundamento. *(Dessain, 2011, p. 3, grifo nosso,
> tradução nossa)*

Vejamos as hesitações de Dessain: "O autor reinventa uma nova tópica, *ou mais exatamente...*";

> *Percebendo a relação que os bebês ou os pacientes
> psicóticos têm com a questão da evidência, D. W.
> Winnicott é levado a delinear* as condições de emergência do evento psíquico. *Ele se pergunta sobre o que
> antecede a chegada do sentido. (Dessain, 2011, p. 4,
> grifos nossos, tradução nossa)*

São várias as leituras às quais posso me referir para fundamentar a ideia de que Winnicott procurou fraturar conceitualmente a inclusão implícita dessa dependência antropológica na mônada metapsicológica freudiana (Girard, 1995; 2006; 2010; 2013,

Capítulo 1, p. 16) e interrogar os limites das capacidades de auto-organização da psique. Mas até que ponto a coconstrução da psique exige ampliar o conceito de metapsicologia, sem correr o risco de sua diluição? Até que ponto podemos nos interessar pela metapsicologia como instrumento metapsicológico?

Outros autores, ainda, começando por André Green, admitiram uma terceira tópica que teria sido introduzida por Winnicott. Em 1974, em seu relato de Londres dedicado à memória de Winnicott, Green ressalta:

> *Sem nos dizer, estamos agora de fato diante de uma terceira tópica elaborada a partir do espaço analítico em termos de self e de objeto. Mas enquanto que o objeto pertence à tradição psicanalítica mais antiga, o self, de aparecimento recente, ainda é um conceito impreciso, utilizado com significados muito diferentes. (Green, 1974, p. 1215, tradução nossa)*

Green liga Winnicott diretamente a um retorno ao narcisismo, associado a uma tendência muito corrente à dessexualização do campo analítico:

> *vimos o desenvolvimento de concepções que fazem alusão a um Ego central, não libidinal ou a um estado de ser (being) ao qual se nega toda qualidade pulsional (Winnicott e seus discípulos). Contudo, a meu ver, temos aí somente problemas relativos ao narcisismo primário, como bem percebeu Winnicott (1971va), apesar de tudo sem ser preciso a respeito desse ponto. (Green, 1974, p. 1216, tradução nossa)*

290   O PRECOCE E O PROFUNDO

Green retoma, em 1983, a hipótese de que houve uma instalação sub-reptícia de uma

> *nova metapsicologia, uma espécie de terceira tópica*
> *... cujos polos teóricos eram o Si-mesmo[5] e o objeto*
> *... impulsionada pela necessidade de uma construção*
> *teórica mais profundamente ancorada na clínica ...*
> *teoria que seria somente – o que não é o caso em Freud*
> *– uma teoria da clínica (Green, 1983b, p. 18, tradução*
> *nossa),*

e, a meu ver, esta tópica deve ser diferenciada, portanto, da tópica freudiana, como superestrutura especulativa (retomando os termos de Fulgencio). A partir dessa terceira tópica *self*/objeto (teoria da clínica articulada ao narcisismo e ao ser), Green chegará à análise das *vicissitudes do ser na obra de Winnicott.*

André Green e o mal-entendido ontológico

Entre 2005 e 2011, com "Origens e vicissitudes do Ser na obra de Winnicott",[6] Green buscou, com insistência, isolar o conceito de ser e enfatizar que este teve um aparecimento explícito tardio, apenas alguns anos antes da sua morte em 1971. Seja qual for o interesse das suas hipóteses, que ligam diretamente o conceito de ser às vicissitudes da vida pessoal de Winnicott (doença, iminên-

---

5   A maiúscula é de Green e é assim que ele traduz o *self.*

6   "Sources and vicissitudes of being in Winnicott's work", conferência de 20 de novembro de 2005 no Congresso Internacional Winnicott em Milão, retomada na Sociedade Psicanalítica de Paris em 3 de dezembro de 2005 e 16 de novembro de 2010, publicada em 2010 em *Psychoanalytic Quarterly* (Green, 2010c) e em 2011 na *Revue française de psychanalyse* (Green, 2011).

cia da morte) e profissional (o fracasso de certas curas), elas são determinadas, creio, por uma compreensão parcial de Winnicott por parte de Green.

Green, dentre outros, é extremamente crítico em relação à defesa de uma dimensão não pulsional do ser, via a hipótese de um elemento feminino puro:

> *Compreendo facilmente o ponto de vista de Winnicott, mas eu me pergunto sobre sua ideia de um elemento feminino puro, "destilado" como diz Winnicott. Manifestamente, Winnicott subentende a existência de um estado desprovido de atividade pulsional ... [mas, pergunta Green] como a relação corporal, mútua com o corpo exterior do bebê, poderia ser pensada sem nenhuma referência à atividade pulsional? (Green, 2011, p. 1157, tradução nossa)*

Além disso, ele insiste em interpretar essa dimensão não pulsional como *idílica*: "Não se pode facilmente concordar com uma concepção de início tão idílica" (Green, 2011, p. 1159, tradução nossa). Ele acrescenta:

> *na teoria de Winnicott, há uma separação entre a sexualidade feminina e sexualidade materna. As mães, do ponto de vista de Winnicott, não estabeleceriam uma ligação entre a sua vida sexual e o que vivem quando cuidam do bebê, em particular quando o amamentam, ou sentem qualquer coisa física nos contatos com o bebê. (Green, 2011, p. 1161, tradução nossa)*

292 O PRECOCE E O PROFUNDO

Enfim, para Green, ainda que Winnicott tenha aproximado o conceito de ser da famosa nota póstuma de Freud – "'Ter' e 'ser' no bebê. O bebê gosta de expressar a relação de objeto através da identificação: eu sou o objeto. O Ter é uma relação posterior" (Freud, 1941f, p. 299, tradução nossa) –, ele diz: "Winnicott redescobre Freud, mas o censura" (Green, 2011, p. 1161, tradução nossa).

Com essa leitura parcial, Green enfatiza a conotação semântica idílica do feminino não pulsional como proposta de Winnicott. Como Green pode *esquecer* que Winnicott foi o primeiro a afirmar de maneira tão crua que a mãe "odeia o seu bebê desde o início", "mesmo que seja um menino", ao contrário do que pensava Freud (Winnicott, 1949f, p. 285)? Como pode *esquecer* que, desde seus primeiros textos, Winnicott declara o grande prazer e toda a dimensão pulsional do aleitamento, sendo avesso a todo sentimentalismo? Poderíamos multiplicar, infinitamente, as citações: "o bebê tem impulsos instintivos e ideias predatórias. A mãe tem o seio e o poder de produzir leite, e a ideia de que ela gostaria de ser atacada por um bebê faminto" (Winnicott, 1945d, p. 227);

> *tão grandes sensações de prazer participam do íntimo vínculo físico e espiritual, que pode existir entre a mãe e seu bebê, que as mães são presas dos conselhos de outras pessoas que parecem dizer que devem ter tais sensações. Por certo o moderno puritano será encontrado nesse domínio da alimentação materna. (Winnicott, 1945c, p. 33)*

"Como eu já disse, ela [mãe] sente-se facilmente alarmada pelo enorme prazer que existe nisso e pensa que será censurada pelos sogros e vizinhos por tudo o que sair errado desse dia em diante" (Winnicott, 1945c, p. 34); "O sentimentalismo não tem utilidade para os pais, pois consiste numa negação do ódio, e do ponto de vista do bebê o sentimentalismo na mãe é muito prejudicial" (Winnicott, 1949f, p. 287); "O amor materno é bastante primitivo. Há nele um desejo de posse, um apetite e até mesmo um elemento equivalente a 'querer mandar o bebê para o diabo'. . . . Mas o sentimentalismo é totalmente excluído e é avesso às mães" (Winnicott, 1957n, p. 17).

> *O amor de mãe é algo semelhante a uma força primitiva. Nele se conjugam o instinto de posse, o apetite e até certo elemento de contrariedade, em momentos de exasperado humor; e há nele generosidade, energia e humildade, também. Mas o sentimentalismo é alheio a esse amor e algo que repugna às mães. (Winnicott, 1957n, p. 17)*

Como Green pode afirmar "uma separação entre sexualidade feminina e sexualidade materna" quando Winnicott, em particular a respeito do aleitamento, as aproxima: "Ela própria [mãe] precisa estar dotada de um tipo de potência especial, pois nem um seio cheio demais nem um seio inteiramente inerte serão perfeitamente apropriados. *Ela será muito ajudada pela experiência da potência genital de seu homem*" (Winnicott, 1988, p. 123, grifo nosso)?

Além disso, essa leitura *parcial* tende a desconhecer que, ao articular permanentemente ser e fazer, Winnicott faz do ser *apenas uma* das dimensões da relação, que não poderia caracterizá-la em seu todo. É nesse sentido que defendi, ao contrário de Green, a continuidade e a articulação estreita do conceito de ser com outros conceitos – *holding*, transicionalidade – emblemáticos da perspectiva de Winnicott. Mais do que um novo conceito, que aparece tardiamente perto do momento da sua morte, este conceito seria a ponta

294 O PRECOCE E O PROFUNDO

extrema que explica retrospectivamente a coerência global dessa perspectiva e a sua diferenciação da lógica pulsional (Girard, 1995, 2006, 2010). E mesmo que se renuncie à hipótese teórica de um elemento feminino puro não pulsional, essa ideia permite extrair a lógica do ser como independente de um movimento pulsional que emana do bebê, mas dependente da fiabilidade do ambiente; ela permite diferenciar a lógica identitária de uma lógica identificadora, como aquela proposta por Freud em sua nota póstuma. Pois a questão do ser, para Freud, é a do *ser... algo*, ser identificado a um objeto, "ser o seio ou ter o seio"; implicitamente, no fundo, é sempre aquela lógica da relação com um objeto total ou parcial, ser (o seio, o falo) ou ter (o seio, o falo). Para Winnicott, no entanto, trata-se simplesmente de estar vivo; uma espécie de equivalência matemática, paradoxo de uma *relação* desprovida de troca; uma questão que não é de identificação, mas de transmissão do vivo cuja viabilidade se deve garantir. Não há, para Winnicott, nada de idílico nessa situação, ao contrário, é uma questão da ordem da mutilação.[7]

Nos limites da apropriação pulsional: a representação

Toda a argumentação de Green se inscreve na continuidade das suas elaborações relativas à "alucinação negativa da mãe" como condição da representação (Green, 1983a, p. 127, tradução nossa); "*precondição de toda teoria da representação*" tratando-se de sonho ou de alucinação (Green, 1993, p. 376, grifo nosso, tradução nossa). Desde 1982, com o duplo limite, Green enunciava a primazia da "representação como o referente do trabalho psicanalítico"

---

7 A propósito da identidade bebê e seio, ele escreve: "Parece que a frustração pertence à busca da satisfação. À experiência de ser pertence algo mais, não a frustração, mas a *mutilação*" (Winicott, 1971va, p. 141, grifo nosso).

(Green, 1982a, p. 269, tradução nossa), colocando a transferência no nível do que é representável: "Para que haja *insight*, é preciso em primeiro lugar que haja representável" (Green, 1982a, p. 269). E com o modelo da dupla inversão, ele concebia "uma estrutura que enquadra o espaço psíquico capaz de recolher, inscrever, fazer agir entre si as representações" (Green, 1993, p. 280, tradução nossa).

Praticamente vinte anos mais tarde, ele escreveu a respeito do processo analítico: "não limito a projeção ao que a psique gostaria de afastar – o que ela pode ser, inclusive de modo predominante – mas como modalidade de externalização dos processos psíquicos internos, marcados pelo selo de sua origem pulsional e inconsciente" (Green, 2000, p. 91, tradução nossa):

> *a escuta do analista deve buscar captar o momento de emergência projetiva que traduz a iniciação de um embrião fantasmático, que não deve ser tanto considerada por seu valor em termos de conteúdo, mas como modalidade inaugural de apropriação subjetiva destinada a um terceiro. (Green, 2000, p. 113, tradução nossa)*

Ao aderir plenamente a essa formulação luminosa do trabalho psicanalítico, concebe-se a receptividade transferencial do analista como sua receptividade à projeção, em seu sentido mais amplo, transferencial do material pulsional. Contudo, é justamente essa dimensão da projeção que é enfatizada por Winnicott quando ele introduz os fatores ambientais precoces (que o bebê desconhece e que ficam fora do alcance de uma apropriação psíquica):

> *Na psicanálise como a conhecemos não existe trauma que fique fora da onipotência do indivíduo. Tudo fica eventualmente sob controle do ego, tornando-se por*

isso relacionado ao processo secundário. O paciente não é auxiliado se o psicanalista diz: "sua mãe não é suficientemente boa" (...) "seu pai realmente o seduziu" (...) "sua tia o abandonou". As mudanças ocorrem na análise quando os fatores traumáticos entram no material psicanalítico no jeito próprio do paciente, e dentro da onipotência do mesmo. As interpretações que podem mudar coisas são aquelas que podem ser feitas em termos de projeção. . . . O analista fica preparado para esperar um longo tempo a fim de estar em posição de fazer exatamente esse tipo de trabalho. (Winnicott, 1960c, p. 38)

É preciso, portanto, acrescentar à tese de um Winnicott eminentemente freudiano o fato de que a função fundamental do trabalho de apropriação pulsional é também o núcleo do trabalho analítico, a partir da projeção transferencial. Aí reside a especificidade da cura no campo delimitado que lhe é próprio.

O precoce (early) e o profundo (deep)

Esta concepção de análise apresenta-se, ainda, como uma concepção específica da metapsicologia freudiana, via a distinção entre o precoce e o profundo: "'profundo', no sentido analítico, não é o mesmo que 'precoce' [*early*] em termos do desenvolvimento da criança" (Winnicott, 1958i, p. 101). Green já havia assinalado: "A despeito de uma observação de Winnicott, que fazia uma distinção entre profundo e primitivo, a tendência geral na psicanálise reside na confusão entre *Prima* e *Summa*" (Green, 1982c, p. 198, tradução nossa); o que vem primeiro e o que é mais importante. Entretanto,

MARTINE GIRARD 297

Green continua a sua leitura do conceito de ser de dentro do espaço analítico, numa perspectiva endopsíquica e pulsional (*deep*), enquanto Winnicott a considera a partir de fora (*early*), da pediatria. De fato, essa distinção, extremamente precisa, indica também a linha de demarcação entre conceitos propriamente psicanalíticos e conceitos antropológicos e ontológicos, em conformidade com a situação da dupla dependência (frequentemente negligenciada). Diz Winnicott: "Posso me referir ao que é profundo como pertencente à criança, mas quando nos referimos ao que é precoce temos que levar em consideração o ambiente auxiliar do ego, que é um aspecto importante na extrema dependência dos estágios iniciais" (Winnicott, 1958i, p. 104).[8]

Para Green, é impensável que a continuidade de ser (*going on being*) seja construída num fundo de descontinuidade originária e não seja ligada à dinâmica e aos movimentos pulsionais:

> *Mesmo tendo a tentação de afirmar, como Winnicott, que o ser não tem de fato nada a ver com as pulsões, contudo é difícil concordar com ele quando se fala de "continuidade de ser". Continuar quer dizer que não*

---

8 Dominique Scarfone propõe identificar "dois momentos para a sexualidade": uma corrente libidinal *precoce* "às vezes quase harmonicamente realizada, dada a adequação ideal entre o bebê e o seu ambiente materno"; e "um sexual *profundo*, oriundo de uma retomada criativa destrutiva, resultante da experiência da unidade, experiência que surge no contexto da sedução e que corresponde ao pulsional propriamente dito da teoria clássica" (Scarfone, 2011, p. 38, tradução nossa). Ele relaciona o libidinal precoce à satisfação efetiva, mas imperfeita, das necessidades, favorecida pela preocupação materna primária, sem poupar sua vivacidade destrutiva pelo simples fato de o bebê estar vivo. *Eu tenderia a radicalizar o precoce numa certa categoria de necessidades vitais que, em sua essência, escapam de toda experiência de satisfação, pois são poupadas ao bebê e asseguradas de antemão na situação de dependência absoluta dos primeiros dias.*

nos referimos a um estado estático mas a um estado dinâmico que não deixa de evoluir. . . . Eu me pergunto como Winnicott pode falar por um lado de "pulsão criativa" e, por outro, dizer que o ser não tem nada a ver com as pulsões. Ele parece ter subestimado a última concepção freudiana que considera que a atividade mais fundamental do espírito é a moção pulsional. A moção pulsional é para a vida mental o que os batimentos cardíacos ou a respiração são para o ser vivo. (Green, 2011, p. 1164, tradução nossa)

Creio que o fato de querer ler *todo* Winnicott (em particular, o pediatra) a partir de dentro do espaço analítico faz com que esse tipo de não compreensão seja construída. A impossibilidade de Green para pensar uma continuidade de ser que não tenha sua origem num movimento pulsional me parece ser um emblema do desacordo sobre o lugar a ser dado ao sustentáculo conceitual da dupla dependência.

O pilar conceitual da dupla dependência: continuidade do holding e ignorância

Para um autor como Thomas Ogden, essa dimensão é evidente:

Holding, para Winnicott, é um conceito ontológico que ele usa para explorar tanto as qualidades específicas da experiência de estar vivo [experience of being alive] em diferentes estágios de desenvolvimento, quanto os meios pelos quais ocorrem as mudanças intrapsíquicas-interpessoais, pelos quais o sentido de

continuidade do ser é sustentado ao longo do tempo.
(Ogden, 2004, p. 1350, tradução nossa)

Ao fazer do próprio *holding* um conceito ontológico, condição da continuidade da experiência de ser, Ogden liga intimamente as perspectivas antropológicas e ontológicas, reforçando a prova da ligação entre a continuidade de existência e a continuidade dessa função. Winnicott diz que "a dependência é um fato da vida" (Winnicott, 1974, p. 71), um fato antropológico.

Nesse sentido, a *primeira* continuidade da existência do bebê se estabelece na continuidade silenciosa do *holding*, "o *holding* materno da continuidade da existência" (Ogden, 2004, p. 1349, tradução nossa), um estado de continuidade ontológica sem sujeito: "'continuar sendo', uma frase que é, na sua totalidade, um verbo sem sujeito... antes que o bebê se torne um sujeito" (Ogden, 2004, p. 1350). Nesse momento não existe sujeito, nem do lado do bebê, nem do lado da mãe. Assim, para Ogden, como também para Pontalis e Amado, temos uma perspectiva ontológica pediátrica elementar, relativa à transmissão da vida, que atravessa a obra de Winnicott; ao contrário do que pensa Green, que tende a isolar o ser como um conceito tardio reativo às dificuldades pessoais de Winnicott – a doença e a iminência da morte.

Entretanto, em 1983, em suas obras sobre o narcisismo, Green foi em larga medida influenciado por Winnicott, por exemplo, em relação, entre outras coisas, às referências espaciais do narcisismo. Os conceitos de área intermediária ou de espaço potencial, permitiram a ele

> *compreender o papel de interseção no campo de compartilhamento das relações mãe-bebê . . . A interseção ideal tem o objetivo de criar o afeto de existência.*

300 O PRECOCE E O PROFUNDO

> *Sentimento de coerência e consistência, a sustentação do prazer de existir, que não é óbvio, deve ser insuflado pelo objeto (o elemento feminino puro de Winnicott). (Green, 1983a, p. 58, tradução nossa)*

Green parecia estar de acordo com Winnicott, visto que o afeto de existência[9] pode ser considerado como a sua formulação pessoal do conceito de ser; mas ele também escreveu, nesse mesmo momento: "A fusão leva a uma dependência absoluta em relação ao objeto" (Green, 1983a, p. 59, tradução nossa). Esse enunciado já me parece exemplar para a compreensão do mal-entendido antropológico-ontológico de Green. Vejo aí uma *inversão* da hipótese de Winnicott, para quem a dependência absoluta é um fato da existência que se manifesta pela indistinção *infant in care*. Uma das dificuldades recorrentes nas quais tropeça essa noção (*infant in care*) é que ela não é sinônimo de união com a mãe (ser-um-com) – o que pressuporia uma separação e uma distinção entre o eu e o não eu –; Winnicott não descreve essa indistinção a partir de um ponto de vista adulto morfológico nostálgico ou aterrorizado por uma união com a mãe primitiva. Além disso, falar de *objeto* (no sentido psicanalítico do termo) impede levar em conta a descondensação winnicottiana da própria noção de objeto primário (em mãe-objeto e mãe-ambiente).[10]

Green prossegue: "A *passivação* supõe a confiança no objeto. Segurança de que o objeto não abusará do poder que lhe é

---

9 Inspirando-se sempre no feminino winnicottiano, ele propôs em 1982 a noção de transferência de existência: "a mãe é aquela que insufla no bebê o desejo de viver, através de um processo análogo ao que descrevo como transferência de existência na criação artística" (Green, 1982b, p. 340, tradução nossa).

10 "A unidade precoce ... não se faz com uma pessoa nem com um objeto. É uma unidade com ... o ambiente não projetivo", com os cuidados (*care*, de *infant in care*) (Winnicott, 1963i, p. 363).

atribuído.... Contudo, a tolerância na fusão é tão necessária quanto a necessidade de estar no estado separado" (Green, 1983a, p. 59, tradução nossa). Já em 1975, em uma homenagem a Winnicott, ele insistiu na aceitação da necessidade de fusão no trabalho analítico (Green, 1975, p. 117). Ele persiste, a meu ver, na interpretação de que Winnicott *negligencia* a especificidade da dupla dependência (em sua dimensão de ignorância, de desconhecimento) para insistir no campo da pulsão, com a tolerância na fusão e na passivação eminentemente pulsionais. Ele chega mesmo, mais adiante, nesse mesmo texto, a descrever em termos de *"passivação originária"* a referência winnicottiana ao elemento feminino de origem materna (Green, 1983a, p. 213, tradução nossa). Contudo, a especificidade do que Winnicott busca descrever com o elemento feminino puro não pulsional, a partir da dupla dependência, não poderia se reduzir à passivação pulsional, mas sim à sua fase anterior, a da situação antropológica fundamental de exposição do recém-nascido (Girard, 2006, pp. 52-53).[11]

Na lógica analítica da pulsão e da representação, Green se interessa pelas condições internas da representação, em conformidade com a *descontinuidade* da presença materna. Assim, quando ele introduz a alucinação negativa da mãe, ele segue de maneira explícita uma linha diretriz que estabelece uma relação entre a perda do objeto (o seio) e a apreensão da mãe como pessoa total; e com a hipótese da dupla inversão ele diz que "a perda do seio é o *homólogo*, num registro, do que é a alucinação negativa da mãe, no outro" (Green, 1983a, p. 132, tradução nossa, grifo nosso). Referindo-se explicitamente a Winnicott, à proximidade das suas ideias e à "intuição do negativo em *O brincar e a realidade*", Green poderá, em 2005, ressaltar a importância do *holding*:

---

11 É justamente o fato de que a oposição ativo/passivo não é apropriada para descrever os fenômenos que observa que leva Winnicott a formular o que vê em termos dos elementos feminino e masculino puros.

302   O PRECOCE E O PROFUNDO

> *Quando surge a separação, o bebê fica entregue a si mesmo; a representação da mãe pode ser suspendida e substituída por inúmeros substitutos. O mais importante é a construção introjetada de uma* estrutura enquadrante análoga aos braços da mãe no holding. *Essa estrutura enquadrante pode suportar a ausência de representação porque ela contém o espaço psíquico, como o continente de Bion.* (Green, 2005a, p. 38, grifo nosso, tradução nossa)

Ressaltemos desde já a analogia com Bion: o quadro corporal da mãe que segura o bebê vai dar lugar, em sua ausência, à estrutura enquadrante interna; a descontinuidade da sustentação é fundadora do quadro interno.

Mas é preciso *também* contar, em Winnicott, com um aspecto do *holding* muito mais prosaico, trivial e elementar, o da sua continuidade: antes da descontinuidade da sustentação e do contato corporal, que é fundadora do acesso à representação, uma continuidade é garantida para não deixar o bebê cair. Winnicott introduz termos gerais, não personalizados, que especificam funções que vão além das diferenças entre a mãe-objeto e a mãe-ambiente. A função do *holding* deve ser garantida na continuidade, dos braços ao berço; "a mãe ou mãe substituta, que está de fato confiantemente presente, ainda que representada por um momento por um berço ou um carrinho de bebê, ou pela atmosfera geral do ambiente próximo" (Winnicott, 1958g, p. 33).

Na ausência da presença materna, a função primordial do *holding* é garantir uma substituição que protege o bebê da descontinuidade. As condições externas primordiais são as da confiabilidade

MARTINE GIRARD 303

e da continuidade da função,[12] em termos nominais: não deixar o bebê cair e, quando os braços estão ausentes, substituí-los pelo berço. Deixar Édipo cair é expô-lo ao desfiladeiro de Citeron; não deixar Moisés cair é confiá-lo ao Nilo num berço...

Essas condições antropológicas externas mostram tanto os limites da auto-organização quanto os da construção compartilhada da psique. O fato dessas condições elementares externas não terem nada a ver com a pulsão não é surpreendente:

Por esta última [dupla dependência] quero significar o relacionamento do bebê com fenômenos ambientais de que o bebê não tem possibilidade de estar ciente, de maneira que, mais tarde, o bebê agora chegado à in-

---

12 "De cuidados maternos satisfatórios resulta a edificação no bebê de um *sentimento de continuidade de ser, base da força do eu*; ao contrário, cada falta de cuidados leva a uma interrupção desse sentimento de continuidade de ser, interrupção causada pelas reações às consequências dessa falta; um enfraquecimento do eu decorre disso. Essas interrupções constituem um aniquilamento e estão associadas evidentemente a um sofrimento de qualidade e intensidade psicóticas" (Winnicott, 1960c, p. 51). Para Winnicott a noção de força do eu reside no sentimento de continuidade de ser em conformidade com a continuidade da função ambiental. Portanto, pode ser compreendida como amadurecimento de um eu suscetível a organizar suas próprias defesas neuróticas: "Em outras palavras, a doença mental que não é a psiconeurose, . . . se refere menos às defesas organizadas do indivíduo que a sua incapacidade de atingir essa força do eu ou essa integração da personalidade que permite que as defesas se formem" (Winnicott, 1963c, p. 198). Assim, o *après-coup* que "desorganiza" a cronologia, a partir da atemporalidade do inconsciente, dá acesso à temporalidade psíquica, o *après-coup* "cujo inconsciente, *e não o imaturo*, é o primeiro referente" (André, 2009, p. 1311, tradução nossa) só pode se instaurar sob condição de uma temporalidade cronológica de amadurecimento e temporalidade basal do *holding* em sua função de fiabilidade e previsibilidade. Contudo, essa temporalidade cronológica de amadurecimento não é adquirida antecipadamente, como mostra sua falência em certas psicoses. Ela também deve ser construída.

> *fância ou ao estudo adulto não é capaz de reproduzi-lo como um padrão a revelar-se em uma transferência analítica. Em outras palavras, o meio ambiente a que me refiro no conceito de dependência dupla é um ambiente que, essencialmente, não é constituído de projeções. (Winnicott, 1963i, p. 363)*

A dupla dependência refere-se, portanto, a fenômenos ambientais não projetivos, ou seja, que escapam à dinâmica introjeção/projeção, remetendo também à noção de ambiente não humano (*the non-human environment*) de Searles, que Winnicott prefere chamar de ambiente não projetivo (*a non-projective environment*) na medida em que ele pode muito bem ser humano, mas "antes que o indivíduo bebê esteja pronto a dominar um pouco a realidade exterior pelos mecanismos de projeção e introjeção" (Winnicott, 1963i, p. 363). A dupla dependência escapa da representação; trata-se, como afirma Loparic, de uma relação efetiva, ou seja, psicossomática, e não representativa, mental ou simbólica (Loparic, 2007, p. 266).

No entanto, quando Winnicott fala de dupla dependência, isso inclui um desconhecimento dessa dependência, é a própria dependência que se desconhece, e não o outro enquanto tal. A ignorância do bebê é relativa à sua dependência dos cuidados e não aos cuidados, as relações sensoriais precoces que se desenvolvem, sua implicação pulsional e a resposta do objeto. Creio que é também nesse nível que existem muitos mal-entendidos.

As metapsicologias do pré-individual ou do maternal primário

Sem nada tirar da fecundidade das contribuições de Green, é preciso reconhecer que quando ele se refere explicitamente ao *holding* winnicottiano, seja qual for a etapa de sua elaboração, ele tende a negligenciar ou a achatar essa dimensão, da mesma maneira que ele negligencia a diferenciação entre Winnicott e Bion. Assim, para ele, o quadro interno não se explica somente pela negativação das representações, em particular visuais, da presença materna,

> *mas também pela transformação de dados não visuais, tácteis e sinestésicos entre outros, que vão fornecer a esse fechamento o que lhe permite "resistir" e que remete ao que no bebê se sente (dependendo se utilizarmos a terminologia de Winnicott ou a de Bion) "held" (sustentado-mantido) ou "contained" (contido). (Green, 1993, pp. 283-284, tradução nossa)*

Do meu ponto de vista, reencontramos essa intercambialidade entre Bion e Winnicott, mas ela não poderia se reduzir a uma escolha terminológica; ela é da ordem dos fundamentos conceituais diferenciados e fecundos em sua própria distinção, em particular entre função continente e *holding*, entre receber e conter a excitação pulsional e sustentar o bebê, ou, mais exatamente, manter a situação, ter a situação em mãos (Girard, 2011, p. 1732-1733). Por outro lado, é inegável que o bebê sente e ressente; contudo, se seguirmos Winnicott, vemos que Green ignora também aquilo de que o bebê é poupado, ou seja, as angústias impensáveis. Enfim, o fato de que a resposta do objeto participa do processo de construção da estrutura enquadrante (Green, 1983, p. 119) só constitui um dos aspectos do *holding*, dado que o *holding* é tanto da ordem da resposta quanto daquilo que antecede a todo pedido.

De fato, para Green,

> *O papel dos cuidados maternos pode ser interpretado de maneira* mais metapsicológica *do que propõe Winnicott. Sem dúvida não se trata de uma influência externa. Poderíamos antes concebê-lo como a necessária* conexão de dois aparelhos pulsionais *ligados um ao outro pela diferença de potencial que se deve ao seu desenvolvimento desigual (sustentação do Id-Ego do bebê pelo Ego-Id da mãe). (Green, 1983, p. 210, grifos nossos, tradução nossa)*

Green mostra, com isso, o seu projeto de reintegrar Winnicott, todo Winnicott, na metapsicologia; no entanto, a meu ver, ao custo de uma amputação da sua originalidade.

Esta me parece também ser a orientação de René Roussillon, para quem: "A obra de Winnicott 'prolonga' o pensamento de Freud e ao mesmo tempo o renova. Seu pensamento se situa no centro da configuração teórica global que a metapsicologia de Freud propõe" (Roussillon, 2010, p. 177). A sua análise do narcisismo primário lhe permite "desconstruir o postulado narcísico solipsista de identidade de si mesmo" (Roussillon, 2010a, p. 177, tradução nossa) e restabelecer, psicanaliticamente, a parte de alteridade inerente ao narcisismo a partir da consideração das diversas "formas da relação em dupla no pensamento de Winnicott": o objeto criado-encontrado, o "rosto da mãe como 'espelho' dos estados internos do bebê" e "a importância da troca, e da reciprocidade, na primeira alimentação, e depois no conjunto da relação" (Roussillon, 2010a, p. 180, tradução nossa). Isto forneceria uma convergência entre os investimentos de objeto e o narcisismo, entre a articulação da identificação narcísica e da identidade, entre tantas relações em dupla (que implicam as respostas do objeto diante dos impulsos pulsionais) e as primeiras necessidades.

Roussillon retoma a questão em 2011: "Os cuidados também são 'mensageiros', o corpo a corpo primitivo, no seu modo relacional específico, transmite ao bebê uma certa representação do que ele é para a mãe ou para aquele que chamamos, pelo termo genérico, de *care-giver*'" (Roussillon, 2011, p. 1499, tradução nossa). Assim, na perspectiva de uma *metapsicologia do materno primário*, que tem a sua origem no impulso pulsional do bebê e em sua recepção pelo *care-giver*, Roussillon defende a convergência das concepções dos fundamentos da vida psíquica em Bion, Winnicott e nos etólogos via um primeiro espectro de protorrepresentações que o bebê é capaz de criar. Essa preconcepção do "materno" no bebê implica não somente uma representação dos cuidados corporais (e coisas do gênero, como a apresentação do seio e do objeto, *holding*, *handling*) e da sua implicação pulsional, mas o desenvolvimento de um certo modo de comunicação primitiva. Para ele, são as decepções em relação a essas protorrepresentações que constituem a essência dos traumatismos precoces nas patologias narcísicas identitárias (Roussillon, 2011, pp. 1499-1500). Dessa maneira, a lógica da receptividade e do ajustamento do lado materno permitem a manifestação das moções pulsionais e reduz a *angústia* e a *experiência* da impotência infantil (Roussillon, 2011, pp. 1500-1501).

No entanto, seguindo Winnicott, isto diz respeito a somente *uma* dimensão da relação, fundadora da lógica pulsional. Há uma outra dimensão dessas *interações* precoces que escapa, bem no início, ao bebê, escapa-lhe sua função e sua finalidade: por exemplo, não deixá-lo cair. Encontramo-nos antes de toda representação ou

308 O PRECOCE E O PROFUNDO

protorrepresentação, antes de toda troca, antes de toda "dor" e de toda "experiência de impotência", dado que o que me parece notável, nessa situação, é *também tudo o que escapa ao bebê enquanto experiência de dor*. Esta é uma dimensão da não experiência de dor, pois, ainda que o bebê esteja o tempo todo à beira dessa experiência, ela geralmente é afastada pelos cuidados maternos. A mãe-ambiente é aquela que antecipa a dor em sua totalidade e diversidade; ela não se contenta em dar o alimento certo na hora certa, ela garante também o *holding* antes mesmo do primeiro grito do bebê e independentemente de todo pedido, de todo chamado (Girard, 2011, p. 1735). Diz Winnicott: "O bebê não sabe que o espaço circundante é mantido por vocês. Quantos cuidados vocês tomam para que o mundo não entre em choque com o bebê antes que ele o descubra!" (Winnicott, 1957m, p. 17) E, noutro lugar, ele afirma: "O bebê que é carregado ou que está em um berço não tem consciência de que é protegido infinitamente [*infinitely*][13] de cair" (Winnicott, 1958i, p. 105). Aí está, a meu ver, a essência das necessidades do ego, não identificáveis enquanto tais pelo *infans*, não exprimíveis enquanto tais e não suscetíveis de conduzir, na troca, a uma demanda específica.

> *Necessidades no sentido estrito, necessidades de auto-conservação que fogem de toda experiência de dor e/ou satisfação, de toda experiência de compartilhamento, de toda ação específica, nos remetendo a essa situação antropológica fundamental de exposição, antes da passivação e da passividade e antes de todo pedido. (Winnicott, 1974, p. 71)*

---

13 "*Infinitely* falling": enfatizemos novamente a *continuidade na duração* de uma temporalidade cronológica de amadurecimento (que não deve ser confundida com a temporalidade psíquica do *après-coup*) e seu desconhecimento: ao caráter *infinitely* da queda responde a *continuidade* temporal do *holding*.

O que também me parece importante nessa situação é, justamente, tudo o que interfere na experiência de continuidade de existência do bebê, sem que ele possa se apropriar disso via uma protorrepresentação antecipadora originada dos impulsos instintuais: "O ego organiza defesas contra o colapso da organização do ego, e é esta organização a ameaçada. Mas o ego não pode se organizar contra o fracasso ambiental, na medida em que a dependência é um fato da vida" (Winnicott, 1974, p. 71). Em seu artigo "O medo do desmoronamento" ("Fear of breakdown"), não se trata de decepção, mas de mutilação, no sentido próprio das angústias dissecantes, *primitive agonies*; sendo que a aposta terapêutica de Winnicott recai na apropriação pulsional desse colapso como ruptura da continuidade da vida, que ocorreu sem poder ser representada no campo da onipotência (Girard, 2006, p. 77-81; 2008, pp. 1688-1689).

Alguns comentários sobre a tradução de termos de Winnicott[14]

Winnicott retoma, em "O medo do colapso" (1974), a lista das angústias qualificadas de impensáveis (*unthinkable anxieties*) e suas várias formas de expressão, referindo-se a elas com o termo *primitive agonies* para ressaltar que o termo "ansiedade [angústia], aqui, não é uma palavra suficientemente forte"; ainda nessa obra, ele acrescenta, nesse esclarecimento, que o que a clínica das psicoses nos faz ver é sempre uma defesa contra esse tipo de angústia subjacente que se constitui como impensável (Winnicott, 1974, p. 72). Na primeira versão francesa desse texto, de 1975, a tradução de *primitive agony* foi discutida por Kalmanovitch, que optou por

---

14 Nota do revisor técnico: no texto em francês, há uma longa nota que não consta no artigo em inglês; decidiu-se transformá-la neste subtítulo para melhor encadeamento do texto.

310   O PRECOCE E O PROFUNDO

usar para tradução o termo *agonia*; essa opção foi conservada no cenário francês e continua sendo amplamente utilizada. Em 2000, numa nova tradução, Gribinski propôs que se usasse uma outra expressão para a tradução, "angústia dissecante primitiva" – formulação particularmente evocadora da clínica das psicoses (Girard, 2006, p. 255) –, em relação à qual ele se explicará em 2008: "É uma dissecação em carne viva das ligações orgânicas que o sujeito tem consigo e com o mundo . . . *Primitive* parece um pouco misterioso e não quer dizer muita coisa. É preciso compreender que a coisa já aconteceu, enquanto o paciente tem medo de que ela aconteça num futuro mais ou menos imediato" (Gribinski, 2000, p. 18). Ainda que *Primitive* possa parecer um pouco misterioso, parece-me o termo mais adequado para nomear aquilo que Winnicott busca designar com a caracterização dessas angústias: além de sua intensidade é, primeiramente, a experiência de aniquilamento, de mutilação e de ruptura da continuidade da existência, o contrário do *going on being*, da experiência de ser e do conjunto de fenômenos que se procura compreender. Em segundo lugar, trata-se de designar qual é o momento específico ao qual a sua ocorrência está ligada (o estágio de dependência absoluta, da dupla dependência, portanto, do desenvolvimento precoce). Cada vez que Winnicott fala de angústias impensáveis, o contexto de referência é indicado: "No estágio que está sendo discutido [o da dupla dependência]" (1965n, p. 56); "no estágio da dependência absoluta" (1965n, p. 60); "Nesse estágio muito primitivo [*this very early stage*] [*early* uma vez mais é traduzido por primitivo em vez de precoce]" (1956a, p. 404). Enfim, em terceiro lugar, trata-se de designar seu caráter, ou qualidade, como impensável (*unthinkable*), ou seja, não pensável no sentido estrito do termo, não aquilo em relação ao que não podemos imaginar, mas a respeito do qual o sujeito não pode imaginar, não pode pensar, "catalogar, interpretar", pois não há ninguém para pensá-lo, já que o eu é imaturo demais e não existe para fazê-lo. Diz Winnicott: "Não faz sentido, portanto, utilizar o termo 'id' para fenômenos que não são cobertos, catalogados, vividos e eventualmente interpretados, pelo funcionamento do eu" (1965n, p. 55). De qualquer maneira, a equivalência entre *angústias impensáveis* e angústias dissecantes (*agony*) primitivas – mais raramente chamadas de angústias arcaicas (Winnicott, 1970b, p. 201) – pode ser discutida e não é evidente. Winnicott também designa esse período do desenvolvimento do bebê como *Primitive*, período anterior aos seis anos de idade, que ele comenta, por exemplo, em seu texto "Primitive emotional development" (1960c), em que descreve os processos precoces de desenvolvimento (*early developmental processes*), inadequadamente traduzidos por "processos primários de desenvolvimento". Pena que as traduções não conservem esse *primitivo* do desenvolvimento, em conformidade com as angústias primitivas; como também esse *precoce*, particularmente preciso em termos cronológicos. Devemos reconhecer que Winnicott está longe de ser sempre preciso e pode designar esses processos como primitivos (*primitive stage of emotional development*) ou muito precoces (*earliest*) de diferentes maneiras. Ele falará, por exemplo, do isolamento primário (*individual's primary isolation*) (1953a, p. 312) e de mecanismos mentais primitivos (*primitive mental mechanisms*) em referência à transferência psicanalítica e em oposição aos processos de desenvolvimento da primeira infância (*infancy*). Para Gribinski, a concepção de mundo que Winnicott faz prevalecer é geralmente desprovida da referência às "origens", algo tão presente em Freud; mas os "inícios" são "os tempos daquilo que Winnicott chama, às vezes, indiferentemente, de 'primário' (*primary*) ou 'primitivo' (*primitive*): os inícios são para Winnicott tempos essenciais, ao mesmo tempo lógicos e concretos" (Gribinski, 2000, p. 15). A meu ver, a precisão e a clareza de *early* (precoce) se mostram com mais evidência, e é particularmente lamentável que frequentemente as traduções prefiram *primitivo*. Parece-me, finalmente, que a diferenciação mais clara se encontra entre *early* e *deep*: *early* se refere, precisa e regularmente, aos processos de desenvolvimento (*primitive stage of emotional development*) por diferenciação a *profundo* (*deep*), os mecanismos mentais primitivos (*primitive mental mechanisms*).

O paradoxo narcísico

Tudo isso também nos remete à ilusão do encontrar-criar ou, em outras palavras, ao paradoxo de uma breve experiência de onipotência no seio de um estado de dependência absoluta. Tratar-se-ia de uma outra formulação do paradoxo narcísico de *His majesty the baby* cujo charme, segundo Freud, reside no fato de que ele basta a si mesmo: haveria uma disjunção entre a realidade bruta da condição do bebê e a projeção nele de uma experiência de autossuficiência e de invulnerabilidade?

Bernard Penot interrogou esse paradoxo narcísico e, em Freud, a "grande distância" entre a famosa nota de 1911 (na qual inclui os cuidados maternos na economia psíquica do bebê) e, algumas páginas adiante, nesse mesmo texto, sua evocação da suficiência autoerótica: "Somos convidados fantasmaticamente ao extremo oposto da ansiedade do bebê cuja prematuridade o coloca à mercê das boas disposições da pessoa que está próxima" (Penot, 2011, pp. 1535-1538, tradução nossa). A meu ver, essa "grande distância" é o próprio referente do trabalho de Winnicott. O desconhecimento total da dependência em relação ao ambiente reforça a defasagem entre essa experiência de suficiência autoerótica, contemporânea de uma breve experiência de onipotência, e esse estado de dependência absoluta no qual surge o bebê:

> *A partir desta experiência de onipotência inicial o bebê é capaz de começar a experimentar a frustração, e até mesmo de chegar, um dia, ao outro extremo da onipotência, isto é, de perceber que não passa de uma partícula do universo, um universo que ali já estava antes mesmo da concepção do bebê, e que foi concebido por um pai e uma mãe que gostavam um do outro. Não é a partir da sensação de ser Deus que os seres humanos chegam à humildade característica da individualidade humana? (Winnicott, 1968d, p. 90)*

O bebê winnicottiano não teria tonalidades nietzscheanas, a criança Dionísio da afirmação primordial e da vontade de poder, opondo-se às forças reativas da submissão à interferência e do ressentimento?[15]

Retorno às questões da topografia

Creio que é possível, sob a luz dessas considerações, retomar a tese de Fulgencio segundo a qual Winnicott redescreve os conceitos da tópica freudiana num sentido não especulativo. Assim, por exemplo, a expressão "*I am alone*" seria um dado factual que pode conduzir a um aprofundamento do ponto de vista tópico.

Não leio como Fulgencio a maneira como Winnicott destrincha passo a passo a expressão "Eu estou só" ("*I am alone*").

---

15 "A criança é inocência e esquecimento, é um recomeço, uma brincadeira, uma roda que gira por si mesma, um primeiro movimento, uma santa afirmação. Sim, para fazer a brincadeira da criação, meus irmãos, é preciso uma santa afirmação: agora o espírito quer a *sua* vontade, e o homem que perdeu o mundo ganha o *seu* mundo" (Nietzsche, 1883, p. 55, tradução nossa).

Winnicott distingue o que é o "Eu" ("*I*"): "Trata-se simplesmente aqui de uma definição topográfica da personalidade enquanto coisa, enquanto organização de um núcleo do ego [*ego-nuclei*]. Nesse ponto, não há referência à existência [*living*]" (Winnicott, 1958g, p. 33, grifos nossos); e depois, o "Eu Sou" ("*I am*"): "Por essas palavras o indivíduo tem não só *forma* mas também *vida*" (Winnicott, 1958g, p. 35).[16] Creio ser necessário, de fato, diferenciar o eu da tópica enquanto forma e o *self* enquanto referência ao vivo. Não me resta senão remeter novamente a Pontalis, que situa, em relação à tópica e ao eu freudianos, a especificidade do *self* winnicottiano do lado do vivo.

Christiane Alberti (2011), numa perspectiva lacaniana, propôs considerar que, na elaboração winnicottiana relativa à presença do corpo, temos "uma *topologia* na interseção do sujeito e do organismo da mãe", referindo-se aos elementos qualificados por Lacan de *amboceptores*,[17] como o seio ao qual o bebê fica pendurado como a uma parte de si mesmo:

---

16 Em Winnicott, temos: "By these words the individual not only has shape but also life" (1958g, p. 33). Eu prefiro traduzir por: "Par ces mots, l'individu prend forme et vie".

17 *Amboceptores* seriam elementos que alimentam a interseção orgânica do bebê e da mãe, cujo propótipo é a placenta. Alberti se refere aqui ao seminário de Lacan *A angústia* (1962-1963), no qual muitas vezes ele desenvolve a questão da separação ou do corte a partir da analogia entre o seio, a *mamme* dos mamíferos e a placenta. A separação característica no início não é a separação da mãe, mas dos envelopes embrionários como elementos do corpo do bebê (Lacan, 1962-1963, p. 143): "No nascimento . . . o corte está num lugar diferente daquele em que o colocamos. . . . Ele é interior à unidade individual primordial tal como se apresenta no plano do nascimento. O corte se faz entre o que será o indivíduo colocado no mundo externo e seus envelopes, que são partes dele mesmo, . . . A separação se faz dentro da unidade que é a do ovo" (Lacan, 1962-1963, p. 269, tradução nossa); "Para o bebê, o corte do cordão deixa os envelopes separados, que são homogêneos a ele, contínuos com sua ectoderme e endoderme. Para a mãe, o corte se situa no nível da queda da placenta" (Lacan, 1962-1963, p. 196, tradução nossa); "Francamente, não é tanto o bebê que suga

*Não se sabe mais o que é do sujeito e o que é do outro.
. . . Pela mesma razão, o sujeito do organismo englo-*
ba tudo o que lhe permite ser vivo, e que, por isso
avança no corpo do Outro, bem além do corpo escó-
pico que se sustenta com a imagem. *. . . Coisa inédita,
portanto, onde Lacan pensa ocorrer a separação entre
o seio e o corpo da mãe. O seio está do lado do bebê.
(Alberti, 2011, p. IX-X, grifo nosso, tradução nossa)*

Diz Winnicott: "O sujeito do organismo engloba tudo o que lhe permite ser vivo": reencontramos o ponto de partida do Winnicott pediatra, essa unidade *infant in care* e seu centro de gravidade:

> *a unidade não é o indivíduo, a unidade é o contex-*
> *to ambiente-indivíduo. O centro de gravidade do ser*
> *não surge no indivíduo. Ele se encontra na situação*
> *global. Através do cuidado suficientemente bom [*good
> enough*],*[18] *através das técnicas, da sustentação [*hold-
> ing*] e do manejo geral [*general management*], a cas-*
> *ca passa a ser gradualmente conquistada, e o cerne*

---

o leite de sua mãe, é o seio. . . . De que lado está esse seio? Do lado daquele que suga, ou do lado daquele que é sugado? Há nisso uma *ambiguidade* . . . Será que qualificar o seio de objeto parcial é tudo? Quando digo *amboceptor*, destaco que é tão necessário articular a relação do sujeito materno com o seio quanto a relação do lactente com o seio. O corte não se dá para os dois no mesmo lugar" (Lacan, 1962-1963, p. 196, tradução nossa).

18 *Good-enough*: "By good-enough child care, technique, holding, and general management the shell becomes gradually taken over and the kernel (which has looked all the time like a human baby to us) can begin to be an individual" [Tradução do revisor técnico: Pelo cuidado suficientemente-bom dado, pela técnica, pelo holding e pelos manejos gerais, a casca passa a ser gradualmente conquistada, e o cerne (que parecia para nós, então, como um bebê humano) pode começar a ser um indivíduo] (Winnicott, 1958d, p. 166).

316   O PRECOCE E O PROFUNDO

> *(que até então nos dava a impressão de ser um bebê humano) pode começar a tornar-se um indivíduo. (Winnicott, 1958d, p. 166)*

Reencontramos o *self* da unidade *infant in care*, sem sujeito próprio, como o identifica Ogden; ou o *self* como representante da vida, como coloca Pontalis. Lembremos que, para Assoun, se o *self* pudesse complicar a leitura da tópica freudiana, isto não ocorreria, em Winnicott, como ocorre com os conceitos psicanalíticos, ou mesmo com outros conceitos de Winnicott (Assoun, 2006, p. 75).

Basicamente, argumenta Fulgencio, "nós não podemos falar de uma topografia metapsicológica, em Winnicott, da mesma maneira que falamos de uma topografia na obra de Freud" (Fulgencio, 2015, p. 1245, tradução nossa). No entanto, seguindo, dentre outros, Pontalis, Assoun, Amado, Dessain e Ogden, se a perspectiva antropológica-ontológica de Winnicott fica à margem da tópica freudiana, ela não poderia constituir propriamente uma refutação desta.

Limites da controvérsia conceitual: os desafios da psicanálise contemporânea

Retomando as suas elaborações sobre o narcisismo, Green se pergunta sobre a substituição do conceito de Ego[19] pelo de *Self*,[20] salientando, mais uma vez, o próprio uso que Winnicott faz desses termos:

---

19 Todas as maiúsculas são de Green.
20 Cabe, sempre, enfatizar que há uma acepção winnicottiana específica sobre o sentido do termo *self*.

longe de ver no Self o coração da identidade psíquica, vejo aí o lugar da resistência maior à interpretação... De fato, o Self é um conceito fenomenológico enquanto que o ego só é compreensível a partir das outras instâncias descritas por Freud... Não creio que encontremos na literatura muitas alusões ao "Self inconsciente", enquanto que a ideia de um Ego inconsciente é um avanço importante da segunda tópica. (Green, 2005b, pp. 133-135, tradução nossa)

Catherine Chabert, por sua vez, interroga o abandono do ego no pensamento psicanalítico contemporâneo pela mesma razão, talvez, considerando a maneira como as coisas são colocadas na tópica (Chabert, 2006, pp. 1309-1310).

Um dos desafios da psicanálise contemporânea não seria focar no que é incisivo na psicanálise, a partir de seus conceitos fundamentais – a pulsão, o inconsciente e a transferência –, numa definição restritiva da metapsicologia em torno da tópica do intrapsíquico e da representação como o fio condutor do trabalho psicanalítico? Não ceder em relação a esse aspecto incisivo – "as presas venenosas" de que Laurence Kahn acaba de nos lembrar (Kahn, 2012, p. 90, tradução nossa) –, não o edulcorar ou dissolvê-lo numa ampliação indefinida? Não *substituir* o ego pelo *self,* a temporalidade psíquica do *après-coup* pela temporalidade cronológica de desenvolvimento, e a interpretação pela empatia? Mas aceitar que a psicanálise não pode dar conta da totalidade do humano; aceitar não incluir *todo* Winnicott no campo da metapsicologia, sob a aparência de uma nova metapsicologia ou uma nova tópica.

A temporalidade cronológica do amadurecimento e do desenvolvimento não é a temporalidade psíquica do *après-coup* e não

318 O PRECOCE E O PROFUNDO

poderia representar sua *transformação*. Creio que defender a ideia de que se poderia *substituí-la* é simplesmente anular os fundamentos da psicanálise. Trata-se da questão dos paradigmas, de sua transformação ou mudança, que é o centro do nosso desacordo: mudar de paradigma, sim, mas não para *substituir* um pelo outro ou *transformar um no outro* (Fulgencio, 2015, pp. 1255-1256).[21] Até que ponto é possível fazer coexistir o uso desses dois paradigmas sem confundi-los, até mesmo acentuando a diferenciação entre uma teoria da relação paterno-infantil [*parent-infant*], o precoce, e uma teoria metapsicológica no sentido restrito, o profundo?

Retomemos o texto "A teoria da relação paterno-infantil [*parent-infant*]" e sua discussão por Winnicott:

> *Com referência à minha própria contribuição, interessa-me* que este tema não seja psicanálise, mas sim "psicanalistas debatendo algo que é muito importante para eles". *Quando estamos vendo mães e bebês em uma clínica infantil pública, alguns dos bebês que vemos já são doentes no sentido de que, quando crescerem, não serão aceitos para tratamento por uma psicanálise clássica. Eles podem ser, naturalmente, fisicamente muito sadios.* (Winnicott, 1962c, p. 59, grifos nossos)

Eu me pergunto às vezes se a separação dos elementos masculinos e femininos puros, evocada para chegar à hipótese de um feminino não pulsional a partir da clínica, não indica também a parte da separação irredutível tanto clínica quanto teórica entre o pediatra e o psicanalista. Me pergunto também se a insistência de Green

---

21 Também é, creio, a orientação de Dominique Scarfone, "a de um Winnicott que *não substitui* Freud, mas que acrescenta algo como uma nova *interface*" (Scarfone, 2011, p. 64, grifos nossos).

em isolar o conceito do ser do conjunto da obra de Winnicott não é da ordem do seu desejo testamentário de preservar esse aspecto incisivo da psicanálise, não contra Winnicott, que ele não quer renegar, mas contra as derivas de sua má utilização mitigadora como resistência à psicanálise, à custa de uma amputação de Winnicott.

Laurence Kahn nos adverte contra a "solução consensual" da qual os próprios psicanalistas são os primeiros artesãos e que, além do mais, "beneficia-se de uma leitura sumária de Winnicott" (Kahn, 2012, pp. 85-86, tradução nossa). Não esqueçamos de que foi o próprio Winnicott que respondeu a Lebovici que nunca teria escrito um artigo sobre a teoria do relacionamento parental-infantil se tivesse se limitado à empatia (Winnicott, 1963x, p. 524).[22,23]

É indiscutível que a adaptação do ambiente esteja no âmbito da empatia. Contudo, em relação a uma utilização extensiva e aproximativa dessa noção, lembremos a definição extremamente precisa que ele dá, justamente em "A teoria do relacionamento paterno-infantil [*parent-infant*]", e que vai muito além de um estudo da empatia. Para ele, a empatia é particularmente solicitada durante a fase de dependência absoluta e de indistinção bebê-ambiente. Ele enfatiza a sua sutileza, a complexidade viva e não mecânica, e sobretudo tanto o seu interesse quanto os seus riscos: se a mãe conhece muito antes as necessidades, ela as satisfaz de maneira mágica e se torna uma feiticeira; ela deve, portanto, estar atenta às flutuações do bebê, ora incapaz, ora capaz de dar indícios de suas necessidades:

> *Vemos portanto que na infância e no manejo dos lactentes há uma distinção muito sutil entre a compreensão da mãe das necessidades do lactente baseada na empatia, e sua mudança para uma compreensão*

---

22 Não publicado em inglês nem em português, apenas em francês.
23 O texto originalmente publicado em 2017 termina aqui.

> *baseada em algo no lactente ou criança pequena que indica a necessidade. Isto é especialmente difícil para as mães por causa do fato das crianças vacilarem entre um estado e outro; em um minuto elas estão fundidas com a mãe e requerem empatia, enquanto que no seguinte estão separadas dela, e então, se ela souber suas necessidades por antecipação, ela é perigosa, uma bruxa. (Winnicott, 1960c, pp. 50-55)*

Cada vez que o bebê pode dar indícios, é necessário prestar atenção a esses sinais e não mais às derivas de uma empatia esmagadora, que não passaria do exercício de uma onipotência do ambiente à qual o bebê se submeteria. Eu tampouco compartilharia formulações como as de Jean-François Rabain sobre "a profunda e misteriosa empatia" (Rabain, 2004, p. 821, tradução nossa) de Winnicott em relação aos seus pacientes. Creio, como Rabain, que não se trata de contentar-se com o mistério, na opacidade ou obscuridade das profundezas – com todo o seu cortejo de enternecimento, sentimentalismo e idealização –, mas de se esforçar, tanto quanto possível, para teorizar... o precoce.

O fato é que a descontextualização da hipótese teórica do elemento feminino puro não pulsional, considerada de modo isolado e ao pé da letra, poderia ter contribuído para fazer de Winnicott o arauto de uma versão idílica das relações precoces e o campeão da empatia, esse novo "*common ground*" de uma certa psicanálise contemporânea (Kahn, 2014, p. 117, tradução nossa).

Referências

Abensour, L. (2011). L'ombre du maternel. Rapport au 71ème Congrès des psychanalystes de langue française. *Revue française de psychanalyse, 75,* 1297-1335.

Agamben, G. (1998). *Stanze.* Paris: Rivages Poche.

Alberti, C. (2011). Préface. In B. Dessain, *Winnicott: illusion ou vérité* (pp. VII-X). Bruxelles, Belgique: De Boeck.

Amado, G. (1978). *L'être et la psychanalyse.* Paris: PUF.

Amado, G. (1979). *De l'enfant à l'adulte, la psychanalyse au regard de l'être.* Paris: PUF.

André, J. (2009). L'événement et la temporalité. L'après-coup dans la cure. Rapport au 69ème Congrès des psychanalystes de langue française. *Revue française de psychanalyse, 73,* 1285-1352.

Andréas-Salomé, L. (1970). *Correspondance avec Sigmund Freud.* Paris: Gallimard.

322 REFERÊNCIAS

Armengou, F. G.-C. (2009). The death drive: conceptual analysis and relevance in the spanish psychoanalytic community. *The International Journal of Psychoanalysis, 90*(2), 263-289.

Assoun, P.-L. (1981). *Introduction à l'épistemologie freudienne*. Paris: PUF, 1990.

Assoun, P.-L. (1985). Étude-Préface. Musil, lecteur de Mach *Pour une évaluation des doctrines de Mach*. Paris: PUF.

Assoun, P.-L. (1993). *Introduction à la métapsychologie freudienne*. Paris: PUF, 1995.

Assoun, P.-L. (1997). *Psychanalyse*. Paris: PUF.

Assoun, P.-L. (2000). *La métapsychologie*. Paris: PUF.

Assoun, P.-L. (2006). Le symptôme humain: Winnicott a-méta-psychologue. In C. Cyssau, F. Villa, J. André, M. Gribinski, P.-L. Assoun, P.-H. Castel, ... M. David-Ménard, *La nature humaine à l'épreuve de Winnicott* (pp. 61-78). Paris: PUF.

Bateman, A. W., & Fonagy, P. (2004). *Psychotherapy for borderline personality disorder*. London: Oxford.

Bespaloff, R. (2004). *De l'Iliade – 1943*. Paris: Allia.

Bhaskar, R. (1989). *The possibility of naturalism: a philosophical critique of contemporany human sciences*. New York: Harvester Press.

Bick, E. (1964). Notes on infant observation in psychoanalytic training. *International Journal of Psychoanalysis, 45*, 558-566.

Bion, W. R. (1962). *Learning from experience*. London: Heinemann.

Bion, W. R. (1963). *Elements of psychoanalysis*. London: Heinemann.

Bion, W. R. (1965). *Transformations*. London: Heinemann.

Black, M. (1962a). Methapor. In M. Black, *Models and metaphors: studies in language and philosophy* (pp. 25-47). Ithaca, NY: Cornell University Press.

Black, M. (1962b). Models and Archetypes. In M. Black, *Models and metaphors: studies in language and philosophy* (pp. 219-243). Ithaca, NY: Cornell University Press.

Blanton, S. (1973). *Journal de mon analyse avec Freud*. Paris: PUF.

Boesky, D. (2011). Foreword. In J. Ahumada, *Insight essays on psychoanalytic knowing* (p. XI). London: Routledge.

Bohleber, W., Fonagy, P., Jiménez, J. P., Scarfone, D., Varvin, S., & Zysman, S. (2013). Towards a better use of psychoanalytic concepts: a model illustrated using the concept of enactment. *The International Journal of Psychoanalysis, 94*(3), 501-530.

Bornstein, R. F. (2001). The impending death of psychoanalysis. *Psychoanalytic Psychology, 18*, 2-20.

Brémaud, N. (2010). Note sur le négativisme schizophrénique. *L'évolution psychiatrique, 75*, 445-453.

Brusset, B. (2006). Métapsychologie des liens et troisième topique. *Revue française de psychanalyse, 70*, 1213-1282.

Bucci, W. (1997). *Psychoanalysis and cognitive science*. New York: Guilford Press.

Caldwell, L. (Ed.). (2005). *Sex and sexuality: winnicottian perspectives (Winnicott studies monograph series)*. London: Karnac.

Calvet, M. H., Chinosi, C., & Falavigna, D. (2011). L'articulation partenariale dans le champ de la protection de l'enfance. *Neuropsychiatrie de l'Enfance et de l'Adolescence, 59*(2), 120-128.

324 REFERÊNCIAS

Chabert, C. (2006). Pulsions, emprise et narcissisme. *Revue française de psychanalyse, 70,* 1307-1313.

Chuster, A. (1999). *W. R. Bion: novas leituras.* Rio de Janeiro: Companhia de Freud.

Dalbiez, R. (1936). *La méthode psychanalytique et la doctrine freudienne* (vol. 2). Paris: Desclée de Brouwer.

David, C. (1992). *La bisexualité psychique. Essais psychanalytiques.* Paris: Payot.

Denis, P. (2011). Le maternel déifié. *Revue française de psychanalyse, 75,* 1435-1442.

Dessain, B. (2011). *Winnicott: illusion ou vérité.* Bruxelles, Belgique: De Boeck.

Dias, E. O. (2000). Winnicott: agressividade e teoria do amadurecimento. *Revista de Filosofia e Psicanálise Natureza Humana, 2*(1), 9-48.

Dias, E. O. (2003). *A teoria do amadurecimento de D. W. Winnicott.* Rio de Janeiro: Imago Editora.

Dias, E. O. (2006). Winnicott e Heidegger: temporalidade e esquizofrenia. *Revista de Filosofia e Psicanálise Natureza Humana, 8*(Especial 1), 383-400.

Ebtinger, R. (1999). *Ancolies.* Strasbourg, France: Arcanes.

Ellenberger, H. F. (1970). *The discovery of the unconscious: the history and evolution of dynamic psychiatry.* New York: Basic Books.

Ernest, J. (1957). *La vie et l'œuvre de Sigmund Freud* (vol. 3). Paris: PUF.

Etcheverry, J. L. (Ed.). (1988). *Obras completas de Sigmund Freud* (vol. 24). Buenos Aires, Argentina: Amorrortu.

A BRUXA METAPSICOLOGIA E SEUS DESTINOS 325

Fabozzi, P., & Ortu, F. (1996). *Al di là della metapsicologia*. Roma: Il Pensiero Scientifico.

Fairbairn, W. R. D. (1952). *Psychoanalytic studies on personality*. London: Tavistock.

Fédida, P., Montrelay, M., Solié, P., & Cazenave, M. (1983). *La psychanalyse aujourd'hui*. Paris: Imago.

Ferro, A. (2006). *Tecnica e creativitá*. Milano: Cortina.

Figueiredo, L. C. (2002). Apresentação. In L. Loureiro (Ed.), *O carvalho e o pinheiro*. São Paulo: Escuta.

Fine, A. (Ed.). (1998). *Routlegde Encyclopedia of Philosophy* (vol. 8). London: Routledge.

Fonagy, P. (1999). Memory and therapeutic action. *The International journal of psycho-analysis, 80(Pt 2)*, 215-223.

Fonagy, P. (2001). *Attachment theory and psychoanalysis*. New York: Other Press.

Fonagy, P., Gergely, G., Jurist, E. L., & Target, M. (2002). *Affect regulation, mentalization and the development of the self*. New York: Other Press.

Freud, S. (1891). *Zur Auffassung der Aphasien: eine kritische Studie*. Frankfurt, Germany: Fischer Taschenbuch Verlag.

Freud, S. (1891d). Hypnosis. In S. Freud, *Pre-psycho-analytic publications and unpublished drafts* (pp. 103-114) (Standard Edition of the Complete Psychological Works of Sigmund Freud, v. 1).

Freud, S. (1894a). The neuro-psychoses of defence. In S. Freud, *Early psycho-analytic publications* (pp. 43-61) (Standard Edition of the Complete Psychological Works of Sigmund Freud, v. 3).

326 REFERÊNCIAS

Freud, S. (1900a). The interpretation of dreams. In S. Freud, *"The interpretation of dreams (first part)"*, *"The interpretation of dreams (second part)"* and *"On dreams"* (pp. 1-627) (Standard Edition of the Complete Psychological Works of Sigmund Freud, v. 4 and 5). [Original em alemão: *Die Traumdeutung*. Frankfurt, Germany: Fischer Taschenbuch Verlag (Studienausgabe, v. 2).]

Freud, S. (1901b). *The psychopathology of everyday life* (Standard Edition of the Complete Psychological Works of Sigmund Freud, v. 6).

Freud, S. (1905d). Three essays on the theory of sexuality. In S. Freud, *"A case of hysteria"*, *"Three essays on sexuality"* and *"Other works"* (pp. 125-246) (Standard Edition of the Complete Psychological Works of Sigmund Freud, v. 7).

Freud, S. (1905e). Fragment of an analysis of a case of hysteria. In S. Freud, *"A case of hysteria"*, *"Three essays on sexuality"* and *other works* (pp. 3-122) (Standard Edition of the Complete Psychological Works of Sigmund Freud, v. 7).

Freud, S. (1906a). My views on the part played by sexuality in the aetiology of the neuroses. In S. Freud, *"A case of hysteria"*, *"Three essays on sexuality"* and *other works* (pp. 270-279) (Standard Edition of the Complete Psychological Works of Sigmund Freud, v. 7).

Freud, S. (1911b). Formulations on the two principles of mental functioning. In S. Freud, *"The case of Schreber"*, *"Papers on technique"* and *other works* (pp. 215-226) (Standard Edition of the Complete Psychological Works of Sigmund Freud, v. 12).

Freud, S. (1912g). A note on the unconscious in psycho-analysis. In S. Freud, *"The case of Schreber"*, *"Papers on technique"* and *other works* (pp. 257-266) (Standard Edition of the Complete Psychological Works of Sigmund Freud, v. 12).

Freud, S. (1913j). The claims of psycho-analysis to scientific interest. In S. Freud, *Totem and taboo and other works* (pp. 164-190) (Standard Edition of the Complete Psychological Works of Sigmund Freud, v. 13).

Freud, S. (1913m). On psycho-analysis. In S. Freud, *"The case of Schreber", "Papers on technique" and other works* (pp. 206-212) (Standard Edition of the Complete Psychological Works of Sigmund Freud, v. 12).

Freud, S. (1914c). On narcissism. In S. Freud, *"On the history of the psycho-analytic movement", "Papers on metapsychology" and other works* (pp. 69-102) (Standard Edition of the Complete Psychological Works of Sigmund Freud, v. 14).

Freud, S. (1914d). On the history of the psycho-analytic movement. In S. Freud, *"On the history of the psycho-analytic movement", "Papers on metapsychology" and other works* (pp. 3-66) (Standard Edition of the Complete Psychological Works of Sigmund Freud, v. 14).

Freud, S. (1915c). Instincts and their vicissitudes. In S. Freud, *"On the history of the psycho-analytic movement", "Papers on metapsychology" and other works* (pp. 105-140) (Standard Edition of the Complete Psychological Works of Sigmund Freud, v. 14).

Freud, S. (1915d). *Repression* (pp. 143-158) (Standard Edition of the Complete Psychological Works of Sigmund Freud, v. 14).

Freud, S. (1915e). The unconscious. In S. Freud, *"On the history of the psycho-analytic movement", "Papers on metapsychology" and other works* (pp. 161-215) (Standard Edition of the Complete Psychological Works of Sigmund Freud, v. 14).

328   REFERÊNCIAS

Freud, S. (1916x). *Introductory lectures on psycho-analysis (parts 1 and 2)* (pp. 3-240) (Standard Edition of the Complete Psychological Works of Sigmund Freud, v. 15).

Freud, S. (1917d). *A metapsychological supplement to the theory of dreams* (pp. 219-235) (The Standard Edition of the Complete Psychological Works of Sigmund Freud, v. 14).

Freud, S. (1917e). *Mourning and melancholia* (pp. 239-258) (The Standard Edition of the Complete Psychological Works of Sigmund Freud, v. 14).

Freud, S. (1920b). A note on the prehistory of the technique of analysis. In S. Freud, *"Beyond the pleasure principle", "Group psychology" and other works* (pp. 263-265) (Standard Edition of the Complete Psychological Works of Sigmund Freud, v. 18).

Freud, S. (1920g). Beyond the pleasure principle. In S. Freud, *"Beyond the pleasure principle", "Group psychology" and other works* (pp. 3-64) (Standard Edition of the Complete Psychological Works of Sigmund Freud, v. 18).

Freud, S. (1923a). Two encyclopaedia articles. In S. Freud, *"Beyond the pleasure principle", "Group psychology" and other works* (pp. 234-260) (Standard Edition of the Complete Psychological Works of Sigmund Freud, v. 18).

Freud, S. (1923b). The Ego and the Id. In S. Freud, *"The Ego and the Id" and other works* (pp. 3-66) (Standard Edition of the Complete Psychological Works of Sigmund Freud, v. 19).

Freud, S. (1925d). An Autobiographical Study. In S. Freud, *"An autobiographical study", "Inhibitions", "Symptoms and anxiety", "Lay analysis" and Other Works* (pp. 3-74) (Standard Edition of the Complete Psychological Works of Sigmund Freud, v. 20).

A BRUXA METAPSICOLOGIA E SEUS DESTINOS 329

Freud, S. (1925h). Negation. In S. Freud, *"The Ego and the Id" and other works* (pp. 234-240) (Standard Edition of the Complete Psychological Works of Sigmund Freud, v. 19).

Freud, S. (1926e). The question of lay analysis. In S. Freud, *"An autobiographical study", "Inhibitions", "Symptoms and anxiety", "Lay analysis" and other works* (pp. 179-258) (Standard Edition of the Complete Psychological Works of Sigmund Freud, v. 20).

Freud, S. (1926f). Psycho-analysis. In S. Freud, *"An autobiographical study", "Inhibitions", "Symptoms and anxiety", "Lay analysis" and other works* (pp. 261-270) (Standard Edition of the Complete Psychological Works of Sigmund Freud, v. 20).

Freud, S. (1927c). The future of an illusion. In S. Freud, *"The future of an illusion", "Civilization and its discontents" and other works* (pp. 3-56) (Standard Edition of the Complete Psychological Works of Sigmund Freud, v. 21). [Original em alemão: *Die Zukunft einer Ilusion Studienausgabe* (pp. 135-189) (v. 9). Fankfurt am Main Fischer Taschenbuch Verlag.]

Freud, S. (1930a). Civilization and its discontents. In S. Freud, *"The future of an illusion", "Civilization and its discontents" and other works* (pp. 59-146) (Standard Edition of the Complete Psychological Works of Sigmund Freud, v. 21).

Freud, S. (1931b). Female sexuality. In S. Freud, *"The future of an illusion", "Civilization and its discontents" and other works* (pp. 223-244) (Standard Edition of the Complete Psychological Works of Sigmund Freud, v. 21).

Freud, S. (1933a). New introductory lectures on psycho-analysis. In S. Freud, *"New introductory lectures on psycho-analysis" and other works* (pp. 3-182) (Standard Edition of the Complete Psychological Works of Sigmund Freud, v. 22). [Original em alemão: Neue Folge der Vorlesungen zur Einführung in die

330 REFERÊNCIAS

Psychoanalyse. In S. Freud, *Vorlesungen zur Einführung in die Psychoanalyse und Neue Folge* (pp. 586-608) (Studienausgabe, v. 1). Frankfurt am Main: Fischer Verlag.]

Freud, S. (1933b). Why war? In S. Freud, *"New introductory lectures on psycho-analysis" and other works* (pp. 197-216) (Standard Edition of the Complete Psychological Works of Sigmund Freud, v. 22).

Freud, S. (1937c). Analysis terminable and interminable. In S. Freud, *"Moses and monotheism", "An outline of psycho-analysis" and other works* (pp. 211-254) (Standard Edition of the Complete Psychological Works of Sigmund Freud, v. 23).

Freud, S. (1937c). *Análise terminável e interminável* (Edição Standard Brasileira das Obras Psicológicas de Sigmund Freud, v. 23). Rio de Janeiro, RJ: Imago.

Freud, S. (1940a). An outline of psycho-analysis. In S. Freud, *"Moses and monotheism", "An outline of psycho-analysis" and other works* (pp. 141-208) (Standard Edition of the Complete Psychological Works of Sigmund Freud, v. 23).

Freud, S. (1940b). Some elementary lessons in psycho-analysis. In S. Freud, *"Moses and monotheism", "An outline of psycho-analysis" and other works* (pp. 280-286) (Standard Edition of the Complete Psychological Works of Sigmund Freud, v. 23).

Freud, S. (1941f[1938]). Findings, ideas, problems. In S. Freud, *"Moses and monotheism", "An outline of psycho-analysis" and other works* (pp. 299-300) (Standard Edition of the Complete Psychological Works of Sigmund Freud, v. 23).

Freud, S. (1950a[1897]). Project for a scientific psychology. In S. Freud, *Pre-psycho-analytic publications and unpublished drafts* (pp. 283-387) (Standard Edition of the Complete Psychological Works of Sigmund Freud, v. 1).

Freud, S. (1953-1974). Indexes and bibliographies. (Standard edition of the complete psychological works of Sigmund Freud, v. 24). London: Hogarth Press.

Freud, S. (1985[1915]). *Vue d'ensemble des névroses de transfert* (pp. 279-300) (Oeuvres Completes, v. 13). Paris: PUF.

Freud, S. (1985d). *Studies on hysteria.* (*Standard Edition of the Complete Psychological Works of Sigmund Freud*, v. 2).

Freud, S., & Fliess, W. (1986). *The complete letters of Sigmund Freud to Wilhelm Fliess – 1887-1904.* London: The Belknap Press of Harvard University Press.

Fulgencio, L. (2000). Apresentação e comentários do documento: convocação para a fundação de uma "Sociedade para a Filosofia Positivista". *Revista de Filosofia e Psicanálise Natureza Humana, 2*(2), 429-438.

Fulgencio, L. (2003). As especulações metapsicológicas de Freud. *Revista de Filosofia e Psicanálise Natureza Humana, 5*(1), 127-164.

Fulgencio, L. (2005a). Aspectos metafísicos da teoria psicanalítica de Freud. In F. V. Bocca (Ed.), *Anais do Congresso Sul-americano de Filosofia: Natureza e Liberdade da PUCPR.* Curitiba: Editora da PUCPR.

Fulgencio, L. (2005b). Freud's metapsychological speculations. *International Journal of Psychoanalysis, 86*(1), 99-123.

Fulgencio, L. (2007). Winnicott's rejection of the basic concepts of Freud's metapsychology. *International Journal of Psychoanalysis, 88*(2), 443-461. Republicado em: Fulgencio, L. (2008). Le rejet par Winnicott des concepts fondamentaux de la métapsychologie freudienne. *L'année Psychanalytique Internationale, 2008*(1), 77-97.

Fulgencio, L. (2009). Winnicott e o abandono dos conceitos fundamentais da metapsicologia freudiana. *Livro Anual de Psicanálise, 23*, 77-94.

Fulgencio, L. (2008). *O método especulativo em Freud.* São Paulo: Educ.

Fulgencio, L. (2013a). Ampliação winnicottiana da noção freudiana de inconsciente. *Psicologia USP, 24*(1), 143-164.

Fulgencio, L. (2013b). A redescrição da noção de Superego na obra de Winnicott. *Rabisco: Revista de Psicanálise, 3*, 153-168.

Fulgencio, L. (2013c). A situação do narcisismo primário. *Revista Brasileira de Psicanálise, 47*(3), 131-142.

Fulgencio, L. (2014a). Aspectos diferenciais da noção de ego e de self na obra de Winnicott. *Estilos da Clínica, 19*(1), 183-198.

Fulgencio, L. (2014b). A necessidade de ser como fundamento do modelo ontológico do homem para Winnicott. In J. Birman, E. L. Cunha, D. Kupermann, & L. Fulgencio (Eds.), *A fabricação do humano: psicanálise, subjetivação e cultura* (pp. 145-159). São Paulo: Zagodoni.

Fulgencio, L. (2014c). A noção de Id para Winnicott. *Percurso. Revista de Psicanálise, XXVI*(51), 95-104.

Fulgencio, L. (2015). Discussion of the place of metapsychology in Winnicott's work. *The International Journal of Psychoanalysis, 96*, 1235-1259. Republicado em: Fulgencio, L. (2017). Discussão do lugar da metapsicologia na obra de Winnicott. *Livro Anual de Psicanálise, 31*(2).

Fulgencio, L. (2016). *Por que Winnicott?* São Paulo: Zagodoni.

Fulgencio, L. (2017). *A psicanálise de Winnicott como uma teoria do desenvolvimento socioemocional do ser*. Tese de Livre Docência, Universidade de São Paulo, São Paulo (SP), Brasil.

Gill, M. M. (1976). Metapsychology is not Psychology. In M. M. Gill, & P. S. Holzman (Eds.), *Psychology versus metapsychology: psychoanalytic essays in memory of George S. Klein* (pp. 71-105). New York: Internacional University Press.

Gill, M. M., & Holzman, P. S. (Eds.). (1976). *Psychology vs metapsychology: psychoanalytic essays in memory of George S. Klein*. New York: International University Press.

Girard, M. (1991). Penser avec Winnicott. *Empan, 6*, 13-23.

Girard, M. (1995). Du féminin singulier au masculin pluriel: le "dialogue" Winnicott-Freud sur la bisexualité psychique. *Bulletin du Groupe Toulousain de la SPP, 7*, 99-115.

Girard, M. (2006). *L'accueil en pratique institutionnelle: immaturité, schizophrénies et bruissements du monde*. Nîmes, France: Champ Social Éditions.

Girard, M. (2008). Continuité ou hétérogénéité des constructions en psychanalyse? *Revue française de psychanalyse, 72*, 1685-1691.

Girard, M. (2009). L'après-coup et les temporalités. Rapport au 69ème Congrès des psychanalystes de langue française. *Bulletin de la Société psychanalytique de Paris*, 115-121.

Girard, M. (2010). Winnicott's foundation for the basic concepts of Freud's metapsychology? *The International Journal of Psychoanalysis, 91*(2), 305-324. Republicado em: a) Girard, M. (2013). Les fondements des concepts de base de la métapsychologie freudienne chez Winnicott? *Revue Française de Psychanalyse, 77*, 842-865. b) Girard, M. (2017). Les fondements des concepts de base de la métapsychologie freudienne chez Winnicott? In M. Girard, *De psychiatrie en psychanalyse avec Winnicott: les conditions du soin psychanalytique institutionnel* (pp. 7-26). Paris: Éditions Champ Social.

Girard, M. (2011a). Les racines médicales de la psychiatrie. *La lettre de psychiatrie française, 204,* 6-8.

Girard, M. (2011b). Le maternel, quel appui pour la séparation? *Revue française de psychanalyse, 75,* 1731-1738.

Girard, M. (2013). Les fondements des concepts de base de la métapsychologie freudienne chez Winnicott? *Revue française de psychanalyse, 77,* 842-865.

Girard, M. (2014). Tenir les conditions d'un vacillement subjectif. *Empan, 96,* 47-53.

Girard, M. (2015). De l'ordinaire de la consolation à la consolation généralisée. *Revue française de psychanalyse, 79,* 394-406.

Girard, M. (2017). Early and deep: two independent paradigms? *The International Journal of Psychoanalysis, 98*(4), 963-984. Republicado em: Girard, M. (2017). Le précoce et le profond: deux paradigmes indépendants? In M. Girard, *De psychiatrie en psychanalyse avec Winnicott: les conditions du soin psychanalytique institutionnel* (pp. 35-48). Paris: Éditions Champ Social.

Girard, M. (2010). *Les fondements des concepts de base de la métapsychologie freudienne chez Winnicott? De psychiatrie en psychanalyse avec Winnicott. Les conditions du soin psychanalytique institutionnel.* Nîmes: Éditions Champ Social, 2017.

Gouin, J. F., Servant B. (2015). Argument "Consolation"? *Revue française de psychanalyse, 79*(2), 337-342.

Green, A. (1974). The analyst, symbolization and absence in the analytic setting. In A. Green, *On private madness* (pp. 30-59). London: Hogarth Press, 1986.

Green, A. (1975). La psychanalyse, son objet, son avenir. *Revue française de psychanalyse, 39*, 104-134.

Green, A. (1982a). La double limite. *Nouvelle Revue de psychanalyse, 25*, 167-183.

Green, A. (1982b). *La déliaison.* Paris: Les Belles Lettres.

Green, A. (1982c). Après-coup, l'archaïque. *Nouvelle Revue de psychanalyse, 26*, 195-215.

Green, A. (1983a). *Narcissisme de vie, narcissisme de mort.* Paris: Minuit.

Green A (1983b). *Life narcissism, death narcissism.* London: Free Association Books, 2001.

Green, A. (1993). *Le travail du négatif.* Paris: Minuit.

Green, A. (1995). *Propédeutique: la métapsychologie revisitée.* Seyssel: Champ Vallon.

Green, A. (2000). Mythes et réalités sur le processus psychanalytique. Publication de la Société Psychanalytique de Paris. *XLIIème Séminaire de Formation Continue,* 79-124.

Green, A. (2002a). *Key ideas for a contemporary psychoanalysis: Misrecognition and recognition of the unconscious.* London: Routledge, 2005.

Green, A. (2002b). *La pensée clinique.* Paris: Odille Jacob.

Green, A. (2005a). Winnicott at the Start of the Third Millennium. In L. Claadwell (Ed.), *Sex and sexuality: Winnicottian perspectives* (pp. 11-31) (Winnicott Studies Monograph Series). London: Karnac.

336 REFERÊNCIAS

Green, A. (2005b). Vingt ans après Narcisse Janus. *Libres cahiers pour la psychanalyse, 11*, 131-136.

Green, A. (2010a). Lacan et Winnicott: la bifurcation de la psychanalyse contemporaine. *Penser la psychanalyse avec Bion, Lacan, Winnicott, Laplanche, Aulagnier, Rosolato.* Paris: Ithaque.

Green, A. (2010b). *Pourquoi les pulsions de destruction ou de mort?* Sofia, Bulgary: Ithaque.

Green, A. (2010c). Sources and vicissitudes of being in D.W. Winnicott's work. *The Psychoanalytic Quarterly, 79*, 11-35.

Green, A. (2011). Origines et vicissitudes de l'Être dans l'œuvre de Winnicott. *Revue française de psychanalyse, 4*(75), 1151-1170.

Greenberg, J. R. & Mitchell, S. A. (1983). *Relações objetais na teoria psicanalítica.* Porto Alegre: Artes Médicas.

Greenspan, S. J. (1997). *Developmental based psychotherapy.* New York: McGraw Hill.

Gribinski, M. (2000). Comentário sobre a tradução de Fear of Breakdown. In W. D. Winnicott, *La crainte de l'effondrement et autres situations cliniques* (pp. 205-216). Paris: Gallimard, 2000.

Grünbaum, A. (1984). *The foudations of psychoanalysis: a philosophical critique.* Berkeley: University of California Press.

Guntrip, H. (1961). *Personality structure and human interaction: the developing synthesis of psychodynamic theory.* London: Karnac.

Habermas, J. (1968). *Knowledge and human interest.* London: Heinemman.

Harré, R. (1986). *Varieties of realism.* Oxford: Blackwell.

Heidegger, M. (1983). *Os conceitos fundamentais da metafísica: mundo, finitude, solidão*. Rio de Janeiro: Forense Universitária, 2003.

Heidegger, M. (1987). *Seminários de Zollikon*. Petrópolis: Vozes, 2001.

Hempel, C. (1966). *Filosofia da ciência natural*. Rio de Janeiro: Zahar.

Holt, R. R. (1965). *A review of Freud's biological assumptions and their influence on his theory*. Madison: University of Wisconsin Press.

Holt, R. R. (1972a). *Freud's mechanistic and humanistic image of man*. New York: Macmillan.

Holt, R. R. (1972b). *Psychoanalysis and contemporary science*. New York: Macmillan.

Holt, R. R. (1976). *Drive or wish?: A reconsideration of psychoanalytic theory of motivation*. New York: International Universities Press.

Holt, R. R. (1981). The death and transfiguration of metapsychology. *International Journal of Psychoanalysis, 8*, 129-143.

Holt, R. (1989a). Death and transfiguration of metapsychology. In R. Holt, *Freud reappraised: a fresh look at psychoanalytic theory* (pp. 305-323). New York: The Guilford Press.

Holt, R. (1989b). The manifest and latent meanings of metapsychology. In R. Holt, *Freud reappraised: a fresh look at psychoanalytic theory* (pp. 15-33). New York: The Guilford Press.

Holt, R. R., & Peterfreund, E. (Eds.). (1972). *Psychoanalysis and contemporary science*. New York: Macmillan.

Homère. (1938). *Iliade*. Paris: Les Belles Lettres.

338 REFERÊNCIAS

Imbasciati, A. (1978). *Principi introduttivi alla psicoanalisi*. Milano: Franco Angeli.

Imbasciati, A. (1983a). *Freud o Klein?* Roma: Armando.

Imbasciati, A. (1983b). *Sviluppo psicosessuale e sviluppo cognitivo*. Roma: Il Pensiero Scientifico.

Imbasciati, A. (1990). La rappresentazione dell'affetto. *Gli Argonauti, 12*(46), 197-213.

Imbasciati, A. (1991). *Affetto e rappresentazione*. Milano: Franco Angeli.

Imbasciati, A. (1994). *Fondamenti psicoanalitici della psicologia clinica*. Torino, Italia: Utet.

Imbasciati, A. (1998a). Le Protomental: une théorie psychanalitique. *Cliniques Méditerranéennes, 57*(58), 243-257.

Imbasciati, A. (1998b). *Nascita e costruzione della mente: la teoria del Protomentale*. Torino, Italia: Utet.

Imbasciati, A. (2001a). Que inconsciente. *Revista de Psicanálise da Sociedade de Porto Alegre, 8*(1), 65-88.

Imbasciati, A. (2001b). The unconscious as symbolopoiesis. *Psychoanalytic review, 88*(6), 837-873.

Imbasciati, A. (2002a). An explanatory theory for psychoanalysis. *International Journal of Psychoanalysis, 11*(3), 173-183.

Imbasciati, A. (2002b). A psychoanalyst's reflections on rereading a cognitivist: toward an explanatory theory of relationship. *Psychoanalytic Review, 89*(5), 595-630.

Imbasciati, A. (2002e). Uma leitura psicanalítica sobre as ciências cognitivas: em direção de uma teoria explicativa da relação. *Revista de Psicanálise da Sociedade de Porto Alegre, 9*(2), 177-201.

Imbasciati, A. (2003). Cognitive sciences and psychoanalysis: a possible convergence. *The journal of the American Academy of Psychoanalysis and Dynamic Psychiatry, 31*(4), 627-646.

Imbasciati, A. (2004a). A theoretical support for transgenerationality: the theory of the protomental. *Psychoanalytic Psychology, 21*(1), 83-98.

Imbasciati, A. (2004b). Una proposta per una teoria esplicativa in psicoanalisi. *Rivista di Psicoanalisi della Società di Psicoanalisi Italiana, 50*(2), 351-372.

Imbasciati, A., & Margiotta, M. (2004). *Compendio di psicologia per gli operatori sanitari*. Padova, Italia: Piccin.

Imbasciati, A. (2005a). *La sessualità e la teoria energetico-pulsionale: Freud e le conclusioni sbagliate di un percorso geniale*. Milano: Franco Angeli.

Imbasciati, A. (2005b). *Psicoanalisi e cognitivismo*. Roma: Armando.

Imbasciati, A. (2006a). *Constructing a mind: a new basis for psychoanalytic theory*. London: Brunner & Routledge.

Imbasciati, A. (2006b). *Il sistema protomentale*. Milano: LED Edizioni.

Imbasciati, A. (2006c). Psychanalyse et neurosciences: il faut une nouvelle metapsychologie. *Revue Française de Psychanalyse*, numéro spécial.

Imbasciati, A. (2007a). *Fondamenti psicoanalitici della psicologia clinica nuova edizione*. Torino, Italia: Utet.

Imbasciati, A. (2007b). Neurosciences et psychanalyse: pour une nouvelle métapsychologie. *Revue Française de Psychanalyse, 71*(2), 455-477.

Imbasciati, A. (2007c). Nuove metapsicologie. *Psychofenia, 10*(16), 143-163.

Imbasciati, A. (2007d). Psychanalyse et neurosciences: pour une nouvelle metapsychologie. *Revue Française de Psychanalyse, 71*(2), 455-477.

Le cure materne: matrice dello sviluppo del futuro individuo. *Nascere, 35,* 4-14.

Imbasciati, A. (2010a). *Il bambino e i suoi caregivers.* Roma: Borla.

Imbasciati, A. (2010b). Pacientes difíceis e comunicação não verbal: mudanças em psicanálise. *Revista de Psicanálise da Sociedade Psicanalítica de Porto Alegre, 17*(3), 463-498.

Imbasciati, A. (2010c). Qualche interogativo sulla talking cure. *Psichiatria e Psicoterapia, 29,* 247-261.

Imbasciati, A. (2010d). Towards new metapsychologies. *Psychoanalytic Review, 97,* 44-61.

Imbasciati, A. (2011). The meaning of a metapsychology as an instrument for "explaining". *The Journal of the American Academy of Psychoanalysis and Dynamic Psychiatry, 39*(4), 651-669.

Imbasciati, A., Dabrassi, F., & Cena, L. (2007). *Psicologia clinica perinatale: Vademecum per tutti gli addetti alla nascita (genitori inclusi).* Padova, Italia: Piccin.

Imbasciati, A., & Calorio, D. (1981). *El Protomentale.* Torino, Italia: Buringhieri.

Imbasciati, A., & Cena, L. (2010). *Le relazioni genitore/bambino.* Milano: Springer.

Imbasciati, A., & Daltassi, F. (2007). *Psicolgia clinica perinatale.* Padova, Italia: Picini.

A BRUXA METAPSICOLOGIA E SEUS DESTINOS 341

Imbasciati, A., & Margiotta, M. (2004a). *Compendio di psicologia per gli operatori sanitari*. Padova, Italia: Piccin.

Imbasciati, A., & Margiotta, M. (2004b). *Psicologia clinica perinatale*. Padova, Italia: Piccin.

Isaacs, S. (1952). The nature and function of phantasy. In M. Klein, P. Heimann, S. Isaacs, & J. Riviere (Eds.), *Developments of psychoanalysis*. London: Hogarth Press.

Isaacs, S. (1952). A natureza e a função da fantasia. In M. Klein, P. Heimann, S. Isaacs, & J. Riviere (Eds.), *Desenvolvimentos em psicanálise* (pp. 79-135). Rio de janeiro: Guanabara, 1986.

Juignet, P. (2000). *Psychanalyse, une science da l'homme?* Paris: Delachaux et Niestle.

Kaës, R. (1989). *Le pacte dénégatif dans les ensembles trans-subjectifs*. Paris: Dunod.

Kahn, L. (2012). La solution consensuelle. *Penser/Rêver, 22*, 63-90.

Kahn, L. (2014). *Le psychanalyste apathique et le patient postmoderne*. Paris: Ed. de l'Olivier.

Kant, I. (1786). *Princípios metafísicos da ciência da natureza*. Lisboa, Portugal: Edições 70, 1990.

Kant, I. (1787). *Crítica da razão pura*. Lisboa, Portugal: Fundação Calouste Gulbenkian, 1997. (1. ed. 1781, 2. ed. 1787).

Kapsambelis, V. (2011). L'aliénation, psychopathologie et condition humaine. *Psychanalyse et psychose, 11*, 119-136.

Kapsambelis, V. (2014). L'"homme psychique" de la psychanalyse est-il encore transmissible en psychiatrie? *Revue française de psychanalyse, 78*, 439-452.

Keat, R. (1981). *The politics of social science: Freud, Habermas and the critique of positivism*. Chicago: University of Chicago Press.

342 REFERÊNCIAS

Keat, R. (1998). Scientific realism and social science. In E. Craig, *Routledge Encyclepedia of Philosophy* (vol. 8, pp. 584-587). London: Routledge.

Keat, R., & Urry, John. (1975). *Social theory as science.* London: Routledge.

Klein, G. S. (1969). Freud's two theories of sexuality. In L. Breger (Ed.), *Clinical-cognitive psychology: models and integrations* (pp. 136-182). Englewood Cliffs: Prentice Hall.

Klein, G. S. (1976a). Freud's two theories of sexuality. *Psychological Issues, IX,* 14-70.

Klein, G. S. (1976b). *Psychoanalytic theory.* New York: International Universities Press.

Köhler, W. (1929). *Gestalt psychology.* New York: Liveright.

Kohon, G. (Ed.). (2009). *Essais sur la mère morte et l'oeuvre d'André Green.* Paris: Ithaque.

Kohut, H. (1971). *Análise do self.* Rio de Janeiro: Imago, 1988.

Kuhn, T. S. (1970a). *A estrutura das revoluções científicas.* São Paulo: Perspectiva, 1975.

Kuhn, T. S. (1970b). *The structure of scientific revolutions.* Chicago: University of Chicago Press.

Külpe, O. (1893). *Grundriss der psychologie.* Leipzig, Germany: Würzburg Verlag.

Lacan, J., (1962-1963). *Le séminaire, livre X, l'angoisse.* Paris: Seuil, 2004.

Laplanche, J. (1970). *Vie et mort en Psychanalyse.* Paris: Flammarion.

Laplanche, J. (2001). Pulsão e instinto. *Percurso, 27.*

Laplanche, J., & Pontalis, J.-B. (1973). *The language of psychoanalysis*. New York: W. W. Norton & Company.

Lebrun, G. (1977). A idéia de epistemologia. In G. Lebrun, *A filosofia e sua história* (pp. 129-144). São Paulo: Cosac Naify.

Leys, S. (2012). *Le studio de l'inutilité*. Paris: Flammarion.

Lipps, T. (2001). O conceito de inconsciente na psicologia. *Revista de Filosofia e Psicanálsie Natureza Humana*, 3(1), 335-356, 1897.

Loparic, Z. (1985). Resistências à psicanálise. *Cadernos de história e filosofia da ciência*, 8(1), 29-49.

Loparic, Z. (1999a). Heidegger and Winnicott. *Revista de Filosofia e Psicanálise Natureza Humana*, 1(1), 104-135.

Loparic, Z. (1999b). O conceito de Trieb na filosofia e na psicanálise. In J. A. T. Machado (Ed.), *Machado 1999* (pp. 97-157). Porto Alegre: EDIPCRS.

Loparic, Z. (2000a). O animal humano. *Revista de Filosofia e Psicanálise Natureza Humana*, 2(2), 351-397.

Loparic, Z. (2000b). *A semântica transcendental de Kant*. Campinas: CLE, 2000.

Loparic, Z. (2001a). Além do inconsciente: sobre a desconstrução heideggeriana da psicanálise. *Revista de Filosofia e Psicanálise Natureza Humana*, 3(1), 91-140.

Loparic, Z. (2001b). Theodor Lipps: uma fonte esquecida do paradigma freudiano. *Revista de Filosofia e Psicanálise Natureza Humana*, 3(2), 315-331.

Loparic, Z. (2001c). Esboço do paradigma winnicottiano. *Cadernos de História e Filosofia da Ciência*, 11(2), 7-58.

344 REFERÊNCIAS

Loparic, Z. (2006). De Freud a Winnicott: aspectos de uma mudança paradigmática. *Revista de Filosofia e Psicanálise Natureza Humana*, 8(Especial 1), 100-130.

Loparic, Z. (2007). Elementos da teoria winnicottiana da sexualidade. *Revista de Filosofia e Psicanálise Natureza Humana*, 7(2), 311-358.

Loparic, Z. (2008). Apresentação. In L. Fungencio, *O método especulativo em Freud* (pp. 9-15). São Paulo: Educ.

Luria, A. (1973). *The working brain*. New York: Basic Books.

Mach, E. (1883). *The science of mechanics: a critical and historical account of its development*. London: The Open Court Publishing Company, 1919.

Mach, E. (1905). *Knowledge and error: sketches on the psychology of enquiry*. Boston: D. Reidel Publishing Company, 1976.

Machado, J. A. T. (1999). *Filosofia e psicanálise: um diálogo*. Porto Alegre: EDIPCRS.

Mackay, N. (1989). *Motivation and explanation: an essay on Freud's philosophy of science*. Madison: International University Press.

MacMillan, M. (1991). *Freud evaluated: the completed arc*. Cambridge: MIT Press.

Manfredi, P., & Imbasciati, A. (2004). *Il feto ci ascolta e impara*. Roma: Borla.

Masson, J. M. (Org.). (1985). *The complete letters of Sigmund Freud to Wilhelm Fliess*. Cambridge: Belknap Press.

Meltzer, D. (1981). The Kleinian expansion of Freud's metapsychology. *The International Journal of Psycho-Analysis*, 62(Pt 2), 177-185.

A BRUXA METAPSICOLOGIA E SEUS DESTINOS   345

Merciai, J., & Cannella, B. (2008). *La psicoanalisi nelle terre di confine.* Milane: Cortina.

Mérot, P. (2011). Trace du maternel dans le religieux. *Rapport au 71ème Congrès des psychanalystes de langue française, Revue française de psychanalyse, 75*, 1353-1433.

Mezan, R. (1989). *Metapsicologia/fantasia: figuras da teoria psicanalítica* (pp. 33-60). São Paulo: Escuta/EDUCSP.

Missonnier, S. (2011). L'ombre d'un futur: prélude à l'action spécifique du Nebenmensch. *Revue française de psychanalyse, 75*, 1641-1648.

Monsacré, H. (2010). *Les larmes d'Achille [1984].* Paris: Éditions le Félin.

Monzani, L. R. (1989). *Freud: o movimento de um pensamento.* Campinas: Editora da Unicamp.

Musil, R. (1908). *Pour une évaluation des doctrines de Mach.* Paris: PUF, 1985.

Nagel, E. (1959). *La estrutura de la ciencia – Problemas de la lógica de la investigation científica.* Buenos Aires, Argentina: Paidos, 1978.

Nietzsche, F. (1883). *Ainsi parla Zarathoustra.* Paris: Rivages Poche, 2002.

Ogden, T. (2004). On holding and containing, being and dreaming. *The International Journal of Psychoanalysis, 85*, 1349-1364.

Penot, B. (2011). Avant même l'individuation psychique, déjà le maternel trinitaire. *Revue française de psychanalyse, 75*, 1535-1538.

Peterfreund, E. (1971). Information systems and psychoanalysis. *Psychol. Monographs*, 25-26.

346 REFERÊNCIAS

Phillips, A. (1988). *Winnicott ou le choix de la solitude* (M. Gribinski, Trans.). Paris: Ed. de l'Olivier, 2008.

Peirce, C. S. (1903). *A ética da terminologia: semiótica*. São Paulo: Perspectiva, 1997.

Politzer, G. (1928). *Critique des fondements de la psychologie*. Paris: Rieder.

Pontalis, J.-B. (1983). *Entre le rêve et la douleur*. Paris: Gallimard.

Porte, M. (1994). *La dynamique qualitative en psychanalyse*. Paris: PUF.

Pulver, S. E. (1971). Can affects be unconscious? *International Journal of Psychoanalysis, 52*, 347-354.

Quignard, P. (2015). *Sur l'idée d'une communauté de solitaires*. Paris: Arléa.

Rabain, J. F. (2004). L'empathie maternelle de Winnicott. *Revue française de psychanalyse, 48*, 811-829.

Reid, W. (2006). De l'ensemble individu/environnement à la troisième topique. *Revue française de psychanalyse, 70*, 1543-1557.

Ricoeur, P. (1965). *De l'interpretation. Essai sur Freud*. Paris: Seuil.

Riva Crugnola, C. (1999). *La comunicazione affettiva tra il bambino e i suoi partners*. Milane: Cortina.

Riva Crugnola, C. (2007). *Il bambino e le sue relazioni*. Milane: Cortina.

Roudinesco, E., & Plon, M. (1997). *Dictionnaire de la psychanalyse*. Paris: Fayard.

Roussillon, R. (2009). Transitionnel et réflexivité. *Les Lettres de La Société de Psychanalyse Freudiene, Winnicott, un psychanalyste dans notre temps*, (21), 123-140.

Roussillon, R. (2010a). Déconstruction du narcissisme primaire. *Année psychanalytique internationale, 2011, 91*(4), 821-837.

Roussillon, R. (2010b). The deconstruction of primary narcissism. *The International Journal of Psychoanalysis, 91*(4), 821-837.

Roussillon, R. (2011). Le concept du maternel primaire. *Revue française de psychanalyse, 75*, 1497-1504.

Scarfone, D. (2011). Winnicott: libido précoce et sexuel profond. *Le Carnet psy, 150*, 33-39.

Schafer, R. (1975). Psychoanalysis without psychodynamics. *The International journal of psycho-analysis, 56*(1), 41-55.

Schafer, R. (1982). *A new language for psycho-analysis*. London: Yale University Press.

Schore, A. N. (2003a). *Affect disregulation and the disorders of the self*. New York: Norton.

Schore, A. N. (2003b). *Affect regulation and the repair of the self*. New York: Norton.

Shakow, D., & Rapaport, D. (1964). Nineteenth and early twentieth-century background. In D. Shakow, & D. Rapaport, *The influence of Freud on american psychology* (Psychological Issues, v. 4, Monograph 13). New York: International Universities Press.

Simanke, R. T. (2006). Cérebro, percepção e linguagem: elementos para uma metapsicologia da representação em Sobre a concepção das afasias (1891) de Freud. *Discurso – Filosofia USP, 36*, 55-94.

348 REFERÊNCIAS

Simanke, R. T. (2007). As ficções do interlúdio: Bento Prado Jr. e a filosofia da psicanálise. *O Que nos Faz Pensar: Cadernos do Departamento de Filsofia da PUC-RIO, 22,* 67-88.

Simanke, R. T. (2009). Realismo e antirrealismo na interpretação da metapsicologia freudiana. *Revista de Filosofia e Psicanálise Natureza Humana, 11*(2), 97-152.

Souza, P. C. (1998). *As palavras de Freud.* São Paulo: Editora Ática.

Spelman, M. B. (2013). *The evolution of Winnicott's thinking: examining the growth of psychoanalytic thought over three generations.* London: Karnac.

Spence, D. P. (1987). *A metáfora freudiana: para uma mudança paradigmática na psicanálise.* Rio de Janeiro: Imago.

Stern, D. (1977). *The first relationship.* Cambridge: Harvard University Press.

Stern, D. (1987). *The interpersonal world of the infant.* New York: Basic Books.

Stern, D., & Group, B. C. P. S. (2005). The something more than interpretation revisited. *Journal of the American Psychoanalytic Association, 53*(3), 693-729.

Stern, D., & Group, B. C. P. S. (2007). The foundational level of psychodynamic meaning. *International Journal of Psychoanalysis,* (88), 843-860.

Stern, D., & Group, B. C. P. S. (2008). Forms of relational meaning: issues in the relations between the implicit and the reflective verbal domains. *Psychoanalytic Dialogues,* (18), 125-202.

Stern, D. N., Sander, L. W., Nahum, J. P., Harrison, A. M., Lyons--Ruth, K., Morgan, A. C., et al. (1998). Non-interpretive mechanisms in psychoanalytic therapy. The 'something more' than interpretation. The process of change study group. *The International Journal of Psychoanalysis, 79(Pt.5)*, 903-921.

Summers, J. (1996). *Henry Moore, l'expression première.* Catalogue de l'exposition présentée au Musée des Beaux-Arts de Nantes (3 mai-2 septembre 1996) et à la Städische Kunsthalle de Mannheim (29 septembre 1996-12 janvier 1997). Paris: Seuil.

Turchi, G. P., & Perno, A. (2002). *Modello medico e psicopatologia come interrogativo.* Padova, Italia: Upsel Domenighini.

Tyson, A., & Strachey, J. (1956). A Chronological Hand-List of Freud's Works. *International Journal of Psychoanalysis, 37*(1), 19-33.

Vassalli, G. (2001). The birth of psychoanalysis from the spirit of tecnique. *International Journal of Psychoanalysis, 82*, 3-25.

Vassalli, G. (2006). Transformations epistemologiques de la psychanalyse. *Bulletin of the European Psycho-Analytical Federation, 60*, 42-51.

Vidal-Naquet, P. (1984). Préface. In H. Monsacré, *Les larmes d'Achille.* Paris: Éditions du Félin, 2010.

Villa, F. (2011). Avant que la pulsion sexuelle n'occupe la position centrale... *Le Carnet PSY, 150*, 40-46.

Wakefield, J. (1991). Freud and cognitive psychology: the conceptual interface. *Interface of Psychoanalysis and Psychology.* Washington: American Psychological Association.

Winnicott, D. W. (1941a). Sobre influenciar e ser influenciado. In Winnicott, D. W., *A criança e seu mundo* (pp. 225-230). Rio de Janeiro: Zahar, 1982.

Winnicott, D. W. (1945c). Alimentação do bebê. In D. W. Winnicott, *A criança e seu mundo* (pp. 31-36). Rio de Janeiro: Zahar, 1982.

Winnicott, D. W. (1945d). Desenvolvimento emocional primitivo. In D. W. Winnicott, *Da pediatria à psicanálise: obras escolhidas* (pp. 218-232). Rio de Janeiro: Imago, 2000.

Winnicott, D. W. (1945h). Para um estudo objetivo da natureza humana. In D. W. Winnicott, *Pensando sobre crianças* (pp. 31-37). Porto Alegre: Artes Médicas, 1997.

Winnicott, D. W. (1947b). Mais idéias sobre os bebês como pessoas. In D. W. Winnicott, *A criança e seu mundo* (pp. 95-103). Rio de Janeiro: Zahar, 1982.

Winnicott, D. W. (1948b). Pediatria e psiquiatria. In D. W. Winnicott, *Da pediatria à psicanálise: obras escolhidas* (pp. 233-253). Rio de Janeiro: Imago, 2000.

Winnicott, D. W. (1949c). O bebê como pessoa. In D. W. Winnicott, *A criança e seu mundo* (pp. 83-88). Rio de Janeiro: Zahar, 1982.

Winnicott, D. W. (1949f). O ódio na contratransferência. In D. W. Winnicott, *Da pediatria à psicanálise: obras escolhidas* (pp. 277-287). Rio de Janeiro: Imago, 2000.

Winnicott, D. W. (1950a-a). Algumas considerações sobre o significado da palavra democracia. In D. W. Winnicott, *A família e o desenvolvimento individual* (pp. 227-247). São Paulo: Martins Fontes, 1999.

Winnicott, D. W. (1950a-b). Algumas reflexões sobre o significado da palavra "democracia". In D. W. Winnicott, *Tudo começa em casa* (pp. 249-271). São Paulo: Martins Fontes, 1999.

Winnicott, D. W. (1953a). Psicoses e cuidados maternos. In D. W. Winnicott, *Da pediatria à psicanálise: obras escolhidas* (pp. 305-315) (D. Bogomoletz, Trans.). Rio de Janeiro: Imago, 2000.

A BRUXA METAPSICOLOGIA E SEUS DESTINOS 351

Winnicott, D. W. (1953c). Objetos transicionais e fenômenos transicionais. In D. W. Winnicott, *O brincar & a Realidade* (pp. 13-44). Rio de Janeiro: Imago, 1975.

Winnicott, D. W. (1953c[1951]). Objetos transicionais e fenômenos transicionais. In D. W. Winnicott, *Da pediatria à psicanálise: obras escolhidas* (pp. 316-331). Rio de Janeiro: Imago, 2000.

Winnicott, D. W. (1954a). A mente e sua relação com o psicossoma. In D. W. Winnicott, *Da pediatria à psicanálise: obras Escolhidas* (pp. 332-346). Rio de Janeiro: Imago, 2000.

Winnicott, D. W. (1955c). A posição depressiva no desenvolvimento emocional normal. In D. W. Winnicott, *Da pediatria à psicanálise: obras escolhidas* (pp. 355-373). Rio de Janeiro: Imago Ed., 2000.

Winnicott, D. W. (1955d). Aspectos clínicos e metapsicológicos da regressão no contexto psicanalítico. In D. W. Winnicott, *Da pediatria à psicanálise: obras escolhidas* (pp. 374-392). Rio de Janeiro: Imago, 2000.

Winnicott, D. W. (1956a). Formas clínicas da transferência. In D. W. Winnicott, *Da pediatria à psicanálise: obras escolhidas* (pp. 393-398). Rio de Janeiro: Imago, 2000.

Winnicott, D. W. (1957f). A contribuição da psicanálise à obstetrícia. In D. W. Winnicott, *A família e o desenvolvimento individual* (pp. 153-163). São Paulo: Martins Fontes, 1999.

Winnicott, D. W. (1957m). *Os bebês e suas mães.* São Paulo: Martins Fontes, 1994.

Winnicott, D. W. (1957n). Um homem encara a maternidade. In D. W. Winnicott, *A criança e seu mundo* (pp. 15-18). Rio de Janeiro: Zahar, 1982.

352 REFERÊNCIAS

Winnicott, D. W. (1957o). A contribuição da mãe para a sociedade. In D. W. Winnicott, *Tudo começa em casa* (pp. 117-122). São Paulo: Martins Fontes, 1999.

Winnicott, D. W. (1958a). *Da pediatria à psicanálise: obras escolhidas* (D. Bogomoletz, Trans.). Rio de Janeiro: Imago, 2000.

Winnicott, D. W. (1958b). A agressividade em relação ao desenvolvimento emocional. In D. W. Winnicott, *Da pediatria à psicanálise: obras escolhidas* (D. Bogomoletz, Trans.) (pp. 288-304). Rio de Janeiro: Imago, 2000.

Winnicott, D. W. (1958c). A tendência anti-social. In D. W. Winnicott, *Da pediatria à psicanálise: obras escolhidas* (pp. 406-416). Rio de Janeiro: Imago, 2000.

Winnicott, D. W. (1958d). Ansiedade associada à insegurança. In D. W. Winnicott, *Da pediatria à psicanálise: obras escolhidas* (pp. 163-167). Rio de Janeiro: Imago, 2000.

Winnicott, D. W. (1958f). Memórias do nascimento, trauma do nascimento e ansiedade. In D. W. Winnicott, *Da pediatria à psicanálise: obras escolhidas* (pp. 254-276). Rio de Janeiro: Imago, 2000.

Winnicott, D. W. (1958g). A capacidade para estar só. In D. W. Winnicott, *O ambiente e os processos de maturação* (pp. 31-37). Porto Alegre: Artmed, 1983.

Winnicott, D. W. (1958i). Sobre a contribuição da observação direta da criança para a psicanálise. In D. W. Winnicott, *O ambiente e os processos de maturação* (pp. 101-105). Porto Alegre: Artmed, 1983.

Winnicott, D. W. (1958j). O primeiro ano de vida. Concepções modernas do desenvolvimento emocional. In D. W. Winnicott,

A BRUXA METAPSICOLOGIA E SEUS DESTINOS   353

A família e o desenvolvimento individual (pp. 3-20). São Paulo: Martins Fontes, 1997.

Winnicott, D. W. (1958n). A preocupação materna primária. In D. W. Winnicott, *Da pediatria à psicanálise: obras escolhidas* (pp. 399-405). Rio de Janeiro: Imago, 2000.

Winnicott, D. W. (1958o). Psicanálise do sentimento de culpa. In D. W. Winnicott, *O ambiente e os processos de maturação* (pp. 19-30). Porto Alegre: Artmed, 1983.

Winnicott, D. W. (1960c). Teoria do relacionamento paterno-infantil. In D. W. Winnicott, *O ambiente e os processos de maturação* (pp. 38-54). Porto Alegre: Artmed, 1983.

Winnicott, D. W. (1962c). Observações adicionais sobre a teoria do relacionamento parento-filial. In M. Davis, & R. Sheperd, C. Winnicott, *Explorações psicanalíticas: D. W. Winnicott* (pp. 59-61). Porto Alegre: Artes Médicas, 1994.

Winnicott, D. W. (1963a). Dependência no cuidado do lactente, no cuidado da criança e na situação psicalítica. In D. W. Winnicott, *O ambiente e os processos de maturação* (pp. 225-233). Porto Alegre: Artmed, 1983.

Winnicott, D. W. (1963b). O desenvolvimento da capacidade de envolvimento. In D. W. Winnicott, *Privação e delinquência* (pp. 111-117). São Paulo: Martins Fontes, 1999.

Winnicott, D. W. (1963c). Os doentes mentais na prática clínica. In D. W. Winnicott, *O ambiente e os processos de maturação* (pp. 196-206). Porto Alegre: Artmed, 1983.

Winnicott, D. W. (1963f). Caso XIV: "Cecil" aos 21 meses, na primeira consulta. In D. W. Winnicott, *Consultas terapêuticas em psiquiatria infantil* (pp. 253-285). Rio de Janeiro: Imago, 1984.

Winnicott, D. W. (1963i). Resenha de *The Non-Human Enviroment in Normal Development and Schizophrenia* de Harold F. Searles. In M. Davis, R. Sheperd, & C. Winnicott, *Explorações psicanalíticas: D. W. Winnicott* (pp. 362-364). Porto Alegre: Artes Médicas, 1994.

Winnicott, D. W. (1963x). Réponse de D. W. Winnicott. *Revue Française de Psychanalyse, 27*, 524-527.

Winnicott, D. W. (1964a). *A criança e seu mundo* (Á. Cabral, Trans.). Rio de Janeiro: Zahar, 1982.

Winnicott, D. W. (1965b). *O ambiente e os processos de maturação* (I. C. S. Ortiz, Trans.). Porto Alegre: Artmed, 1983.

Winnicott, D. W. (1965d). Os objetivos do tratamento psicanalítico. In D. W. Winnicott, *O Ambiente e os processos de maturação* (pp. 152-155). Porto Alegre: Artmed, 1983.

Winnicott, D. W. (1965j). Comunicação e falta de comunicação levando ao estudo de certos opostos. In D. W. Winnicott, *O ambiente e os processos de maturação* (pp. 163-174). Porto Alegre: Artmed, 1983.

Winnicott, D. W. (1965m). Distorção do ego em termos de falso e verdadeiro self. In D. W. Winnicott, *O ambiente e os processos de maturação* (pp. 128-139). Porto Alegre: Artmed, 1983.

Winnicott, D. W. (1965n). A integração do ego no desenvolvimento da criança. In D. W. Winnicott, *O ambiente e os processos de maturação* (pp. 55-61). Porto Alegre: Artmed, 1983.

Winnicott, D. W. (1965r). Da dependência à independência no desenvolvimento do indivíduo. In D. W. Winnicott, *O ambiente e os processos de maturação* (pp. 79-87). Porto Alegre: Artmed, 1983.

A BRUXA METAPSICOLOGIA E SEUS DESTINOS 355

Winnicott, D. W. (1965va). Enfoque pessoal da contribuição kleiniana. In D. W. Winnicott, *O ambiente e os processos de maturação* (pp. 156-162). Porto Alegre: Artmed, 1983.

Winnicott, D. W. (1965vf). O relacionamento inicial entre uma mãe e seu bebê. In D. W. Winnicott, *A família e o desenvolvimento individual* (pp. 21-28). São Paulo: Martins Fontes. 1999.

Winnicott, D. W. (1968d). A comunicação entre o bebê e a mãe e entre a mãe e o bebê: convergências e divergências. In D. W. Winnicott, *Os bebês e suas mães* (pp. 79-92). São Paulo: Martins Fontes, 1994.

Winnicott, D. W. (1970b). A experiência mãe-bebê de mutualidade. In C. Winnicott, R. Shepherd, & M. Davis, *Explorações psicanalíticas: D. W. Winnicott* (pp. 195-202). São Paulo: Artes Médicas,1994. [Versão em francês: Entre la mère et l'infans: expérience de l'échange (1969). In D. W. Winnicott, *La crainte de l'effrondement et autres situations cliniques* (pp. 177-189). Paris: Gallimard.]

Winnicott, D. W. (1971a). *Playing and reality*. London: Routledge, 1999.

Winnicott, D. W. (1971b). *Consultas terapêuticas em psiquiatria infantil* (J. M. X. Cunha, Trans.). Rio de Janeiro: Imago, 1984.

Winnicott, D. W. (1971f). O conceito de indivíduo saudável. In D. W. Winnicott, *Tudo começa em casa* (pp. 3-22). São Paulo: Martins Fontes, 1999.

Winnicott, D. W. (1971g). A criatividade e suas origens. In D. W. Winnicott, *O brincar & a realidade* (pp. 95-120). Rio de Janeiro: Imago, 1975.

Winnicott, D. W. (1971l). Inter-relacionar-se independentemente do impulso instintual e em função de identificações cruzadas.

356 REFERÊNCIAS

In D. W. Winnicott, *O Brincar & a realidade* (pp. 163-186). Rio de Janeiro: Imago, 1975.

Winnicott, D. W. (1971q). O lugar em que vivemos. In D. W. Winnicott, *O brincar & a realidade* (pp. 145-152). Rio de Janeiro: Imago Ed.,1975.

Winnicott, D. W. (1971va). Os elementos masculinos e femininos ex-cindidos [*split-off*] encontrados em homens e mulheres. In M. Davis, R. Sheperd, & C. Winnicott, *Explorações psicanalíticas: D. W. Winnicott* (pp. 134-144). Porto Alegre: Artes Médicas, 1994.

Winnicott, D. W. (1971xx). Remate. In D. W. Winnicott, *O brincar & a realidade* (p. 203). Rio de Janeiro: Imago, 1975.

Winnicott, D. W. (1972c). Resposta a comentários (parte III do cap. XXVIII). In M. Davis, R. Sheperd, & C. Winnicott, *Explorações psicanalíticas: D. W. Winnicott* (pp. 148-150). Porto Alegre: Artes Médicas, 1994.

Winnicott, D. W. (1974). O medo do colapso. In M. Davis, R. Sheperd, & C. Winnicott, *Explorações psicanalíticas: D. W. Winnicott* (pp. 70-76). Porto Alegre: Artes Médicas, 1994.

Winnicott, D. W. (1984h). Sum: eu sou. In D. W. Winnicott, *Tudo começa em casa* (pp. 41-51). São Paulo: Martins Fontes, 1999.

Winnicott, D. W. (1984i-a). Tipos de psicoterapia. In D. W. Winnicott, *Tudo começa em casa* (pp. 93-103). São Paulo: Martins Fontes, 1999.

Winnicott, D. W. (1984i-b). Variedades de psicoterapia. In D. W. Winnicott, *Privação e delinquência* (pp. 263-273). São Paulo: Martins Fontes, 1999.

Winnicott, D. W. (1986b). *Tudo começa em casa*. São Paulo: Martins Fontes, 1999.

A BRUXA METAPSICOLOGIA E SEUS DESTINOS 357

Winnicott, D. W. (1986d). A criança no grupo familiar. In D. W. Winnicott, *Tudo começa em casa* (pp. 123-136). São Paulo: Martins Fontes, 1999.

Winnicott, D. W. (1986f). A cura. In D. W. Winnicott, *Tudo começa em casa* (pp. 105-114). São Paulo: Martins Fontes, 1999.

Winnicott, D. W. (1986h). Vivendo de modo criativo. In D. W. Winnicott, *Tudo começa em casa* (pp. 23-39). São Paulo: Martins Fontes, 1999.

Winnicott, D. W. (1987b). *O gesto espontâneo*. São Paulo: Martins Fontes, 1990.

Winnicott, D. W. (1988). *Natureza humana*. Rio de Janeiro: Imago, 1990.

Winnicott, D. W. (1989a). *Explorações psicanalíticas: D. W. Winnicott* (J. O. A. Abreu, Trans.). Porto Alegre: Artes Médicas, 1994.

Winnicott, D. W. (1989vl). Psiconeurose na infância. In M. Davis, R. Sheperd, & C. Winnicott, *Explorações psicanalíticas: D. W. Winnicott* (pp. 53-58). Porto Alegre: Artes Médicas, 1994.

Winnicott, D. W. (1996q). Sim, mas como saber se isso é verdade? In D. W. Winnicott, *Pensando sobre crianças* (pp. 31-48). Porto Alegre: Artes Médicas, 1997.

GRÁFICA PAYM
Tel. [11] 4392-3344
paym@graficapaym.com.br